元史

明宋濂等撰

第十三册

卷一六二至卷一七五（傳）

中華書局

元史卷一百六十二

列傳第四十九

李忽蘭吉

李忽蘭吉，一名庭玉，隴西人。父節，仕金，歲乙未，自鞏昌石門山從汪世顯以城降。忽蘭吉隸皇子闊端爲質子，從攻西川。辛丑，以功爲管軍總領，兼總帥府知事，從征西番南澗有功。癸丑，世祖在潛邸，用汪德臣言，承制命忽蘭吉佩銀符，爲管軍千戶、都總領，佐汪惟正立利州。〔一〕乙卯正月，將兵三萬，取合江大獲山。宋劉都統率衆謀焚利州、沙市，次青山，忽蘭吉以伏兵取之，俘獲甚衆。都元帥阿答忽以聞，陞本帥府經歷，兼軍民都彈壓。丙辰，憲宗更賜金符，仍命爲千戶、都總領。戊午，忽蘭吉以兵先趨劍門覘伺，宋兵運糧於長寧，追至運曲垻，奪之，俘將校五人而還。

憲宗南征，忽蘭吉掌橋道饋餉之事，有功，賜璽書。從攻苦竹隘山寨，先登，斬守將楊立，獲都統張寔，招降長寧、清居、大獲山、運山、龍州等寨。十一月，大獲山守臣楊大淵納款，已而逃歸，憲宗怒，將屠其城，衆不知所爲。德臣諭忽蘭吉曰：「大淵之去，事頗難測，亟追之！」迺單騎至城下，門未閉，大呼入城曰：「皇帝使我來撫汝軍民。」一卒引入，甲士環立，忽蘭〔吉〕下馬，〔二〕執大淵手，謂之曰：「上方宣諭賜賞，不待而來，何也？」大淵曰：「誠不知國朝禮體，且久出，恐城寨有他變，是以亟歸，非敢有異謀也。」遂與偕來，一軍皆喜。忽蘭吉入奏，憲宗曰：「楊安撫反乎？」對曰：「無也。」憲宗曰：「汝何以知之？」對曰：「軍馬整肅，防內亂也；城門不閉，無他心也；一聞臣言，卽撫綏軍民，從臣以出，以是知之。」憲宗曰：「汝不懼乎？」對曰：「臣恐上勞聖慮，下苦諸軍，又爲一郡生靈命脈所寄，故不知其懼。」憲宗悅，賜蒲萄酒，大淵遂以故官侍郎、都元帥聽命，而民得生全。

憲宗命忽蘭吉與怯里馬哥領戰船二百艘，掠釣魚山，奪其糧船四百艘。憲宗次釣魚山，忽蘭吉作浮梁，以通往來。己未，與怯里馬哥、扎胡打、魯都赤、闊闊朮領蒙古、漢軍二千五百略重慶。六月，總帥汪德臣沒于軍，命忽蘭吉以其軍殿後，宋兵水陸晝夜接戰，皆敗之，部軍皆青居人，賞賚獨厚，遂與蒲察都元帥守青居，〔三〕治城壁，儲芻糧，招納降附，宗王穆哥承制命忽蘭吉佩金符，爲鞏昌元帥。

中統元年，德臣子惟正襲總帥，至青居。五月，忽蘭吉等赴上都。時渾都海據六盤山以叛，世祖遣忽蘭吉亟還，與汪良臣發所統二十四州兵追襲之。十月，從宗王哈必赤等次合納忽石溫之地，力戰，殺渾都海等於陣，餘黨悉平。二年六月，以功授鞏昌後元帥，賜金幣、鞍馬、弓矢。

九月，火都叛於西蕃點西嶺，汪惟正帥師襲之，至怯里馬之地，火都以五百人遁入西蕃。詔宗王只必鐵木兒，以答剌海、察吉里、速木赤將蒙古軍二千，忽蘭吉將總帥軍一千，追襲火都于西蕃。十月，擒之。四年，首將答剌海言忽蘭吉功高，詔賜虎符，忽蘭吉不受，問其故，對曰：「臣聞國制，將萬軍者佩虎符，若汪氏將萬軍，已佩之，臣何可復佩！」帝是其言，命於總帥汪惟正下充鞏昌路元帥，所屬官悉聽節制。六月，答機叛於西蕃，帝命好里燕納，與惟正追之松州，忽蘭吉以千騎先往，執答機。

至元元年，入覲，命與同僉總帥汪良臣還蜀，守青居。是時，國兵猶與宋兵相持于釣魚山。三年，宋兵陷大梁平山寨。平章賽典赤令忽蘭吉領兵千餘騎，掠其境，先以七百人覘之，聞寨中擁老幼西去，追擊之，斬首三百級，得馬二百八十，都元帥欽察等家屬百餘口先爲宋兵所得，亦奪還之。四年，以本職充閬蓬廣安順慶夔府等處蒙古漢軍都元帥參議。六年，賜虎符，授昭勇大將軍、夔東路招討使，以軍三千，立章廣平山寨，置屯田，出兵以絕大梁平山兩道。

十年正月，成都失利，帝遣人問所以失之故，及今措置之方，忽蘭吉附奏曰：「初立成都，惟建子城，軍民止於外城，別無城壁。宋軍乘虛來攻，失於不備，軍官皆年少不經事之人，以此失利。今西川地曠人稀，宜修置城寨，以備不虞；選任材智，廣畜軍儲，最爲急務。今蒙古、漢軍多非正身，半以驅奴代，宜嚴禁之。所謂修築城寨、練習軍馬、措畫屯田、規運糧餉、創造舟楫、完繕軍器，六者不可缺一；又當任賢遠讒，信賞必罰，修內治外，戰勝攻取，選用良將，隨機應變，則邊陲無虞矣。」六月，將兵赴成都，與察不花同權省事。十一月，復還守章廣平山寨，前後七年，每戰輒勝。

十三年，引兵略重慶，復取簡州。十四年，承制授延安路管軍招討使。十五年，禿魯叛于六盤山，忽蘭吉以延安路軍，會別速台、趙炳及總帥府兵于六盤，敗禿魯于武川，俘其孥，還，承制授京兆延安鳳翔三路管軍都尉，兼屯田守衞事。十月，改同知利州宣撫使，夔東招討如故，入覲，賜虎符，授四川北道宣慰使。忽蘭吉請以先受鞏昌元帥之職及虎符，與其弟庭望。二十年，改四川南道宣慰使。

二十一年，奉旨與參政曲里吉思、僉省巴八、左丞汪惟正，分兵進取五溪洞蠻。時思、播以南，施、黔、鼎、澧、辰、沅之界，蠻獠叛服不常，往往劫掠邊民，乃詔四川行省討之。曲里吉思、惟正一軍出黔中，巴八一軍出思、播，都元帥脫察一軍出澧州，忽蘭吉一軍自夔門會合。十一月，諸將鑿山開道，綿亘千里，諸蠻設伏險隘，木弩竹矢，伺間竊發，亡命迎敵者，皆盡殺之。遣諭諸蠻酋長率衆來降，獨散毛洞潭順走避嵓谷，〔四〕力屈始降。

二十三年，入覲，以老病，乞歸田里，帝憫之，得還鞏昌。二十六年，行省列奏忽蘭吉之功，請用范殿帥故事，商議本省軍事。二十七年，拜資善大夫，遙授陝西等處行尚書省左丞，商議軍事，食左丞之祿。元貞二年，入覲，授資德大夫、陝西等處行中書省右丞，議本省公事，卒。泰定元年，諡襄敏。

李庭

李庭小字劳山，本金人蒲察氏，金末來中原，改稱李氏，家于濟陰，後徙壽光。至元六年，以材武選隸軍籍，權管軍千戶。從伐宋，圍襄陽，宋將夏貴率戰船三千艘來援，泊鹿門山西岸，諸翼水軍攻之，相持七日。庭時將步騎，自請與水軍萬戶解汝楫擊之，斬其裨將王玘、元勝。河南行省承制授庭益都新軍千戶。宋襄陽守將呂文煥以萬五千人來攻萬山堡，萬戶張弘範方與接戰，庭單騎橫槍入陣，殺二人，槍折，倒持回擊一人墜馬，庭亦被二創，復奪後軍槍，裹創力戰，敗之。

八年春，眞除益都新軍千戶，賜號拔都兒，與宋兵戰襄陽城下，追奔逐北，直抵城門，流矢中左股而止。九年春，攻樊城外郛，砲傷額及左右手，奪其土城，遂進攻襄陽東堡，砲傷右肩，焚其樓，破一字城。文煥麾下有胖山王總管者，驍將也，庭設伏誘擒之，以功授金符。十年春，大軍攻樊城，庭運薪芻土牛塡城壕，立雲梯，城上矢石如雨，庭屢中砲，墜城下，絕而復甦，裹創再登，如是者數四，殺獲甚多。樊城破，襄陽降，以功授金虎符，爲管軍總管。

十一年九月，從伯顏發襄陽，次郢州。郢在漢水東，宋人復於漢水西築新郢，以遏我軍。黃家灣有溪通藤湖，至漢水數里，宋兵亦築堡設守備焉。庭與劉國傑先登，拔之，遂盪舟而進，攻沙洋、新城，砲傷左脅，破其外堡，復中砲，墜城下，矢貫于胸，氣垂絕，伯顏命剖水牛腹納其中，良久乃甦。以功加明威將軍，授益都新軍萬戶。師次漢口，宋將夏貴鎖戰艦，橫截江面，軍不得進，乃用庭及馬福等計，由沙蕪口入江。武磯堡四面皆水，庭決其水而攻之，大軍渡江，武磯堡亦破。遂從阿朮轉戰至鄂州，順流而東。十二年春，與宋將孫虎臣戰丁家洲，奪船二十餘，宋軍潰，以功加宣威將軍。宋兵斷眞州江路，庭焚其船二百餘，擊斬其護岸軍。聞夏貴欲由太湖援臨安，亟出兵逆戰裕溪口，敗之。諸軍攻常州，庭鏖戰，奪北門而入。

十三年春，至臨安，宋主降，伯顏命庭等護其內城，收集符印珍寶，仍令庭與唐兀台等防護宋主赴燕。世祖嘉其勞，大宴，命坐於左手諸王之下、百官之上，賜金百錠，金、珠衣各一襲，仍諭之曰：「劉整在時，不曾令坐於此，爲汝有功，故加以殊禮，汝子孫宜謹志之勿忘。」繼有旨：「汝在江南，多出死力，男兒立功，要在西北上也。今有違我太祖成憲者，汝其往征之。」乃别降大虎符，加鎮國上將軍、漢軍都元帥，仍命其次子大椿襲萬戶職。庭至哈剌和林、晃兀兒之地，越嶺北，與撒里蠻諸軍大戰，敗之。移軍河西，擊走叛臣霍虎，追至大磧而還。諸王昔里吉、脱脱木兒反，庭襲擊，生獲之，啓皇子只必帖木兒賜之死。復引兵會諸王納里忽，渡塔迷兒河，擊走其餘黨兀斤末台、要朮忽兒等，〔五〕河西悉平。

十四年，入朝，世祖勞之，賜以益都居第、單河官莊、鈔萬五千貫及弓矢諸物，拜福建行中書省參知政事。改福建道宣慰使。召赴闕，備宿衞。

十七年，拜驃騎衞上將軍、中書左丞，東征日本。十八年，軍次竹島，遇風，船盡壞，庭抱壞船板，漂流抵岸，下收餘衆，由高麗還京師，士卒存者十一二。繼以父歿，歸益都，召拜中書左丞、司農卿，不赴。

二十四年，宗王乃顏叛，驛召至上都，統諸衞漢軍，從帝親征。塔不台、金家奴來拒戰，衆號十萬，帝親麾諸軍圍之，庭調阿速軍繼進，流矢中胸貫脅，裹創復戰，帝遣止之，乃已。令軍中備百弩，俟敵列陣，百弩齊發，乃不復出。帝問庭：「彼今夜當何如？」庭奏：「必遁去。」

乃引壯士十人，持火砲，夜入其陣，砲發，果自相殺，潰散。帝問何以知之，庭曰：「其兵雖多，而無紀律，見車駕駐此而不戰，必疑有大軍在後，是以知其將遁。」帝大喜，賜以金鞍良馬。庭奏：「若得漢軍二萬，從臣便宜用之，乃顏可擒也。」帝難之，命與月兒魯蒙古軍並進，遂縛乃顏以獻。帝旣南還，庭又親獲塔不台、金剛奴，以功加龍虎衞上將軍，遙授中書省左丞。

二十五年，乃顏餘黨哈丹禿魯干復叛於遼東。詔庭及樞密副使哈答討之，大小數十戰，弗克而還。旣而庭整軍再戰，流矢中左脅及右股，追至一大河，選銳卒，潛負火砲，夜泝上流發之，馬皆驚走，大軍潛於下流畢渡。天明進戰，其衆無馬，莫能相敵，俘斬二百餘人，哈丹禿魯干走高麗死。拜資德大夫、尚書左丞，商議樞密院事，官其長子大用，仍賜鈔二萬五千貫。庭因奏：「今漢軍之力，困於北征，若依江南軍，每歲二八放散，以次番上，甚便。」帝可其奏，令著爲令。宗王海都將犯邊，伯顏以聞，帝命月兒魯與庭議所以爲備，庭請下括馬之令，凡得馬十一萬匹，軍中賴其用。拜榮祿大夫、平章政事，商議樞密院事，提調諸衞屯田事。

三十一年春，世祖崩，月兒魯與伯顏等定策立成宗，庭翊贊之功居多。成宗與太后眷遇甚至，每進食，必分賜之，大宴仍命序坐於左手諸王之下、百官之上，賜以珠帽、珠半臂、金帶各一，銀六鋌，莊田諸物稱是。奉旨整點江浙軍馬五百三十二所，還，入見，成宗親授以衣，慰勞之。

初，武宗出鎭北邊，庭請從行，成宗憫其老，不許，賜鈔五萬貫，依前榮祿大夫、平章政事，商議樞密院事，提調諸衞屯田，兼後衞親軍都指揮使。奉旨北征懷都，至野馬川而還。俄有中使傳旨拘漢軍之馬，以濟北軍，且令焚其鞍轡、行糧諸物。庭因感疾，詔內醫二人診視之，疾稍間，扈從上都，特降旨存護其家。大德八年二月卒。至大二年，贈推忠翊衞功臣、儀同三司、太保、上柱國，追封益國公，謚武毅。

子大用，同知歸德府事，以哀毀卒；大椿，襲職佩金虎符，爲宣武將軍、益都新軍萬戶，戍建康；大誠，襲職後衞親軍都指揮使。

史𡏖

史𡏖字君佐，一名塔剌渾，蠡州博野人。曾祖彬，有膽勇，太師、國王木華黎兵南下，居民被虜，蠡守閉城自守，彬謂諸子曰：「吾所恃者，郡守也。今棄民自保，吾與其束手以死，曷若死中求生！」乃率鄉人數百家，詣木華黎請降，木華黎書帛爲符，遣還。旣而州破，獨彬與同降者得免。

弼長通國語，膂力絕人，能挽强弓，里門鑿石爲獅，重四百斤，弼舉之，置數步外。潼關守將王彥弼奇其材，妻以女，又薦其材勇於左丞相耶律鑄。弼從鑄往北京，近侍火里台見弼所挽弓，以名聞世祖。召之，試以遠垛，連發中的，令給事左右，賜馬五匹。

中統末，授金符、管軍總管，命從劉整伐宋。攻襄樊，嘗出挑戰，射殺二人，因横刀呼曰：「我史奉御也！」宋兵却退。至元十年，諸將分十二道圍樊城，弼攻東北隅，凡十四晝夜，破之，殺其將牛都統。襄陽降，上其功，賜銀及錦衣、金鞍，陞懷遠大將軍、副萬戶。遂從丞相伯顏南征，攻沙洋堡，飛矢中臂，城拔，凝血盈袖，事聞，賜金虎符。軍至陽羅堡，伯顏誓衆曰：「先登南岸者爲上功。」弼率健卒直前，宋兵逆戰，奮呼擊走之，伯顏登南岸，論弼功第一，進定遠大將軍。鄂州平，進軍而東，至大孤山，風大作，伯顏命弼禱于大孤山神，風立止。

兵駐瓜洲，阿塔海言：「揚子橋乃揚州出入之道，宜立堡，選驍將守之。」伯顏授弼三千人，立木堡，據其地。弼遽以數十騎抵揚州城，或止之曰：「宋將姜才倔强，未可易也。」弼曰：「吾柵揚子橋，據其所必爭之地，才乘未固，必來攻我，則我之利也。」才果以萬衆，乘夜來攻，人挾束薪塡塹，弼戒軍中無譁，俟其至，下檑木，發砲石擊之，殺千餘人，才乃退，弼出兵擊之。會相威、阿朮兵繼至，大戰，才敗走，擒其將張都統。

十三年六月，才復以兵夜至，弼三戰三勝。天明，才見弼兵少，進迫圍弼，弼復奮擊之，騎士二人挾火鎗刺弼，弼揮刀禦之，左右皆仆，手刃數十百人。及出圍，追者尙數百騎，弼殿後，敵不敢近，會援兵至，大破之，才奔泰州。及守將朱煥以揚州降，使麥朮受其降於南門外，而弼從數騎，由保城入揚州，出南門，與之會，以示不疑。制授昭勇大將軍、揚州路總管府達魯花赤，兼萬戶。冬，遷黃州等路宣慰使。

十五年，入朝，陞中奉大夫、江淮行中書省參知政事，行黃州等路宣慰使。盜起淮西司空山，弼平之。十七年，南康都昌盜起，弼往討，誅其親黨數十人，脅從者宥之。江州宣課司稅及民米，米商避去，民皆閉門罷市，弼立罷之。十九年，改浙西宣慰使。二十一年，黃華反建寧，春復霖雨，米價湧貴，弼卽發米十萬石，平價糶之，而後聞于省，省臣欲增其價，弼曰：「吾不可失信，寧輟吾俸以足之。」省不能奪，益出十萬石，民得不饑。改淮東宣慰使，弼凡三官揚州，人喜，刻石頌之，號三至碑。遷僉書沿江行樞密院事，鎭建康。

二十六年，平台州盜楊鎭龍，拜尙書左丞，行淮東宣慰使。冬，入朝，時世祖欲征爪哇，謂弼曰：「諸臣爲吾腹心者少，欲以爪哇事付汝。」對曰：「陛下命臣，臣何敢自愛！」二十七年，遙授尙書省左丞，行浙東宣慰使，平處州盜。

二十九年，拜榮祿大夫、福建等處行中書省平章政事，往征爪哇，以亦黑迷失、高興副之，付金符百五十、幣帛各二百，以待有功。十二月，弼以五千人合諸軍，發泉州，風急濤湧，舟掀簸，士卒皆數日不能食。過七洲洋、萬里石塘，歷交趾、占城界，明年正月，至東董西董山、牛崎嶼，入混沌大洋橄欖嶼，假里馬答、勾闌等山，駐兵伐木，造小舟以入。時爪哇與鄰國葛郎構怨，爪哇主哈只葛達那加剌，已爲葛郎主哈只葛當所殺，其婿土罕必闍耶攻哈只葛當，不勝，退保麻喏八歇。聞弼等至，遣使以其國山川、戶口及葛郎國地圖迎降，求救。弼與諸將進擊葛郎兵，大破之，哈只葛當走歸國。高興言：「爪哇雖降，倘中變，與葛郎合，則孤軍懸絕，事不可測。」弼遂分兵三道，與興及亦黑迷失各將一道，攻葛郎。至答哈城，葛郎兵十餘萬迎敵，自旦至午，葛郎兵敗，入城自守，遂圍之。哈只葛當出降，并取其妻子官屬以歸。

土罕必闍耶乞歸易降表，及所藏珍寶入朝，弼與亦黑迷失許之，遣萬戶担只不丁、甘州不花，以兵二百人護之還國。土罕必闍耶於道殺二人以叛，乘軍還，夾路攘奪。弼自斷後，且戰且行，行三百里，得登舟，行六十八日夜，達泉州，士卒死者三千餘人。有司數其俘獲金寶香布等，直五十餘萬，又以沒理國所上金字表，及金銀犀象等物進，事具高興及爪哇國傳。於是朝廷以其亡失多，杖十七，沒家貲三之一。

元貞元年，起同知樞密院事，月兒魯奏：「弼等以五千人，渡海二十五萬里，入近代未嘗至之國，俘其王及諭降傍近小國，宜加矜憐。」遂詔以所籍還之，拜榮祿大夫、江西等處行中書省右丞。三年，陞平章政事，〔六〕加銀青榮祿大夫，封鄂國公，卒於家，年八十六。

高興

高興字功起，蔡州人也。其先，自薊徙汴，曾祖拱之，祖子洵，世以農爲業。金末兵亂，父青，又徙蔡而生興。

興少慷慨，多大節，力挽二石弓，嘗步獵南陽山中，遇虎，跳踉大吼，衆皆驚走，興神色自若，發一矢斃之。至元十一年冬，挾八騎詣黃州，謁宋制置陳奕。奕使隸麾下，且奇興相貌，以甥女妻之。

十二年，丞相伯顏伐宋，至黃州，興從奕出降，伯顏承制授興千戶，從破瑞昌之烏石堡、張家寨，進拔南陵。行省上其功，世祖命興專將一軍，常爲先鋒。宋張濡殺使者嚴忠範等於獨松關，伯顏使興討之。師次溧陽，再戰，斬其將三人、士卒三人，虜四十二人，〔七〕遂破溧陽，斬首七千級，授金符，爲管軍總管。從戰銀墅，斬宋將三人、士卒二千人。拔建平，斬其總制二人，虜知縣事黃君濯，由間道奪獨松關，進至武康，擒張濡。

十三年春，宋降，伯顏北還，留興以兵取郡縣之未下者，降建德守方回、婺州守劉怡。

衢、婺二州已降復叛，章焴自爲婺守，興以五千人討之，七戰，至破溪，相持四十餘日。興兵少不敵，力戰潰圍出，至建德境，與援兵合。復進戰蘭溪，斬首三千級，復取婺州，擒章焴斬之。進戰衢城下，斬首五百級，連戰赤山、陳家山（圍）、〔八〕江山縣，斬首三千級，虜五百人，獻魏福興等七人于行省，餘盡戮之，衢州平。追宋嗣秀王與檡入閩，與檡據橋，陣水南，興率奇兵奪橋進戰，殺其觀察使李世達，斬首三千餘級，擒與檡父子及其小王二、裨將二，獲印五、馬五百匹。下興化，降宋參知政事陳文龍、制置印德（傅）〔傳〕等百四十人，〔九〕軍三千，水手七千，獲海船七千餘艘。〔一〇〕遷鎮國上將軍、管軍萬戶。

十四年春，還鎮婺州，佩元降虎符，充衢婺招討使。東陽、玉山羣盜張念九、强和尚等殺宣慰使陳祐於新昌，興捕斬之。復從都元帥忙古臺平福、建、漳三州，破畝陽寨，屠福成寨。十五年夏，詔忙古臺立行省於福建，興立行都元帥府於建寧，以鎮之。政和人黃華，邵武人高日新、高從周，聚衆叛，皆討降之，以招討使行右副都元帥。

十六年秋，召入朝，侍燕大明殿，悉獻江南所得珍寶，世祖曰：「卿何不少留以自奉！」對曰：「臣素貧賤，今幸富貴，皆陛下所賜，何敢隱俘獲之物！」帝悅，曰：「直臣也。」興因奏所部士卒戰功，乞官之，帝命自定其秩，頒爵賞有差。遷興浙東道宣慰使，賜西錦服、金線鞍轡。奉省檄，討處州、福建及溫、台海洋羣盜，平之。

十七年，漳州盜數萬，據高安寨，官軍討之，二年不能下。詔以興爲福建等處征蠻右副都元帥。興與都元帥完者都等討之，直抵其壁，賊乘高瞰下擊之。興命人挾束薪蔽身，進至山半，棄薪而退，如是六日，誘其矢石殆盡，乃燃薪焚其柵，遂平之，斬賊魁及其黨首二萬級。十八年，盜陳吊眼聚衆十萬，連五十餘寨，扼險自固。興攻破其十五寨，吊眼走保千壁嶺，興上至山半，誘與語，接其手，掣下擒斬之，漳州境悉平。

十九年，入朝，賜銀五百兩、鈔二千五百貫，及錦服、鞍轡、弓矢，改浙西道宣慰使。降人黃華復叛，有衆十萬，興與戰于鉛山，獲八千人。華急攻建寧，興疾趨，與福建軍合，獲華將二人，華走江山洞，追至赤巖，華敗走，赴火死。二十一年，改淮東道宣慰使。二十三年，拜江淮行中書省參知政事，平婺州盜施再十。改浙東道宣慰使。

二十四年，尙書省立，拜行尙書省參知政事，捕斬柳分司於婺州。丁母憂。詔起復，討處州盜詹老鷂、溫州盜林雄。興濳由青田擣其巢穴，戰葉山，擒老鷂及雄等二百餘人，斬于溫州市。又奉省檄平徽州盜汪千十等。二十八年，罷福建行省，以參知政事行福建宣慰使，諭漳州盜歐狗降之。召入朝，拜江西行省左丞。

二十九年，復立福建行省，拜右丞。爪哇黥使者孟琪，詔興爲平章政事，與史弼、亦黑迷失，帥師征之，賜玉帶、錦衣、甲冑、弓矢、大都良田千畝。三十年春，浮海抵爪哇。亦黑迷失將水軍，興將步軍，會八節澗，爪哇主婿土罕必闍耶降。進攻葛郎國，降其主哈只葛當，事見弼傳。又諭降諸小國。哈只葛當子昔剌八的、昔剌丹不合，逃入山谷，興獨帥千人深入，虜昔剌丹不合。還至答哈城，史弼、亦黑迷失已遣使護土罕必闍耶歸國，具入貢禮。興深言其失計。土罕必闍耶果殺使者以叛，合衆來攻，興等力戰，却之，遂誅哈只葛當父子以歸。詔治縱爪哇者，弼與亦黑迷失皆獲罪，興獨以不預議，且功多，賜金五十兩。

成宗卽位，復拜福建行省平章政事，賜玉帶。大德三年，汀州總管府同知阿里，挾怨告興不法，召入對，盡得其誣狀，阿里伏誅。改江浙行省平章政事，賜海東青鶻，命其子伯顏入宿衞。四年，遣使賜海東白鶻、蒲萄酒、良藥。八年，授樞密副使。十年，進同知樞密院事，皆兼平章。改河南行省平章政事。

武宗卽位，召見，拜左丞相，商議河南省事，賜以先朝御服。仁宗寵眷勳舊，賜與尤厚。皇慶二年秋九月，卒，年六十九。贈太師、開府儀同三司、上柱國，追封梁國公，謚武宣。元統三年，加封南陽王。

子久住，泉州總管；長壽，同知建寧路總管府事；忙古台，襲萬戶；伯顏，同知寧國路總管府事；完者都，辰州路總管；寶哥，治書侍御史。

劉國傑

劉國傑字國寶，本女眞人也，姓烏古倫，後入中州，改姓劉氏。父德寧，爲宗王斡臣必闍赤，授管領益都軍民公事。

國傑貌魁雄，善騎射，膂力過人，少從軍漣海，以材武爲隊長。至元六年，選其兵取襄陽，以益都新軍千戶從張弘範戍萬山堡。宋兵窺伺，衆出取薪，大出兵來攻堡，國傑等以數百人敗之，斬首四千餘級，由是有名。從略荆南，抵歸峽，轉戰數千里，還，破宋兵襄陽下。從攻樊城，破外城，火砲傷股，裹創復戰，平其外城，授武略將軍，佩金符。從破張貴兵櫃門關，戰甚力。再攻樊城，被傷數處，血戰，竟破之。襄陽降。世祖聞其勇，召見，遷武德將軍、管軍總管，賜銀百兩、錦衣、弓矢以寵之。

從伯顏南征。十一年，次郢州。宋兵扼漢水，不得下，伯顏謀取黃家灣堡以入漢，國傑先登，拔之，加武節將軍。從破沙洋、新城，敗孫虎臣丁家洲，戰甚力，進萬戶。復從阿朮取淮南，別軍揚子橋，扼宋兵道。宋以萬衆夜奪堡，擊走之，擒其都統張林。宋將張世傑盛兵出焦山來禦師，施鐵繩，聯戰船，碇江中，以示必死。阿朮率諸軍進戰，萬戶劉琛，由江南繞其後，國傑與董文炳，左右夾擊之，焚其戰船，世傑軍大潰，追奔圌山，奪黃〔鵠白〕鷂船數百艘。〔二〕帝壯之，詔加懷遠大將軍，賜號霸都，國傑行第二，因呼之曰劉二霸都而不名。霸都，華言敢勇之士也。

宋亡，入朝，加僉書西川行樞密院事，選淮南兵使將之平蜀。未行，會北邊有警，加鎮國上將軍、漢軍都元帥，將衞兵，定北方。冬，召還，帝親解衣加玉帶賜之。十五年，復將左、右、中三衞兵，戍北邊，詔「有不用命者，斬之以聞」。十六年，諸王脫脫木反，寇和林。國傑度其衆悉至，營中必虛，選輕騎襲之，獲其衆萬計。脫脫木屢戰不利，又殘暴，失衆心，衆殺之來降。十八年，加輔國上將軍。

十九年，征東兵無功而還，帝怒，將盡罷大小將校，召國傑爲征東行省左丞。既至，帝語之故，國傑曰：「罪在元帥耳，倘蒙聖慈，復諸將之職，彼必人人思奮，以雪前恥矣。」帝從之，盡復其官，以屬國傑征日本。會黃華反建寧，乃命國傑以征東兵會江淮參政伯顏等討之。國傑破赤巖寨，黃華自殺，餘衆皆潰。福建行省左丞忽刺出將兵來會梧桐川，欲搜賊潰去者盡殺之，國傑曰：「首亂者，華也，餘皆脅從，招諭不歸，誅之未晚。」未幾，衆果出降。二十二年，〔三〕罷征東省，除僉書沿江行樞密院，改僉院。

二十三年，朝廷以湖廣重地，且多盜，拜本省左丞。國傑至，首平湖南盜李萬二。明年，廣東盜起，寇肇慶，其魁鄧太獠居前寨，劉太獠居後寨，相依以爲固。國傑趨擣後寨，破之，遂拔前寨，擒斬二人，捕民結盜者，皆杖殺之。加資德大夫。

二十五年，湖南盜詹一仔，誘衡、永、寶慶、武岡人，嘯聚四望山，官軍久不能討。國傑破之，斬首盜，餘衆悉降。將校請曰：「此輩久亂，急則降，降而有釁，復反矣，不如盡阬之。」國傑曰：「多殺不可，況殺降耶！吾有以處之矣。」乃相要地爲三屯：在衡曰清化，在永曰烏符，在武岡曰白倉，遷其衆守之，每屯五百人，以備賊，且墾廢田榛棘，使賊不得爲巢穴。降者有故田宅，盡還之，無者，使雜耕屯中，後皆爲良民。

有詔討江西諸盜，國傑趨赴之。十一月，破蕭太獠於陳古水，斬數百人，進平懷集諸寨賊。二十六年春，東入肇慶，攻閆太獠於清遠，還攻蕭太獠於懷集，擒之，復攻走嚴太獠。四月，攻曾太獠於金林，又破走之。賊深入保險，國傑鑿山而入，賊衆五千人，掩殺略盡。七月，次賀州，兵士冒瘴，皆疫，國傑親撫視之，療以醫藥，多得不死。會國傑亦病，乃移軍道州。廣東盜陳太獠寇道州，國傑討擒之，遂攻拔赤水賊寨。

二十七年，江西盜起龍泉，下令往擊之，諸將交諫曰：「此他省盜也。」國傑曰：「縱寇生患，患將難圖，豈可以彼此言耶！」乃選輕兵，棄旗鼓，去纓飾，一日夜趨賊境。賊衆數千逆戰，望見軍容不整，曰：「此鄉丁也。」易之。國傑以數十騎陷陣，衆從之，賊大敗，斬首五百餘級，奪所掠男女，日暮，忽收兵去。堡中民望見，怪之，莫知其誰。明日，又忽至，召堡民歸其男子曰：「吾劉二霸都也。」民皆驚以爲神，因告別盜鍾太獠居南安十八耒。國傑乘霧，突入其巢，賊衆驚亂，自相蹂踐，官軍搏之，自旦至午，所擒殺甚衆，還兵桂東。二月，龍泉盜復寇酃縣，國傑遂還酃。賊退保大井山，乃分軍三道趨之，道險，棄馬而入。時天大雨，賊不爲備，盡掩殺之，還鎭道州。八月，永州盜李末子千七寇全州，敗官兵，殺郡長官土魯。國傑進討，擒之，梟首而還。以前後功，加湖廣右丞。

二十八年，置湖廣等處行樞密院，遷副使，還軍武昌。秋，廣東盜再起，國傑復出道州。時知上思州黃勝許恃其險遠，與交趾爲表裏，寇邊。二十九年，詔國傑討之。賊衆勁悍，出入巖洞篁竹中如飛鳥，發毒矢，中人無愈者。國傑身率士奮戰，賊不能敵，走象山，山近交趾，皆深林，不可入，乃度其出入，列柵圍之，徐伐山通道，且戰且進，二年，拔其寨。勝許挺身走交趾，擒其妻子殺之。國傑三以書責交趾索勝許，交趾竟匿不與。夏，師還，盡取賊巢地爲屯田，募（度）〔慶〕遠諸獞人耕之，〔一三〕以爲兩江蔽障。後蠻人謂屯爲省地，莫敢犯者。詔遣使卽軍中以玉帶賜之。

三十年，入朝，帝謂朝臣曰：「湖廣重地，惟劉二霸都足以鎭此，他人不能也。」命無遷他官。俄議問罪交趾，加湖廣安南行平章事，以諸王亦吉列台爲監軍征之。未行，會帝崩，乃止。

成宗卽位，復置行樞密院於衡州，仍除副使。初，黔中諸蠻酋旣內附復叛，又巴洞何世雄犯澧州，泊崖洞田萬頃、楠木洞孟再師犯辰州，朝廷嘗討降之。升泊崖爲施溶州，以萬頃知州事，三十一年，萬頃復叛，攻之，不能下。至是，帝卽位，赦天下，幷赦萬頃等，亦不降，帝以命國傑。

九月，國傑馳至辰，進攻明溪賊酋萬丑，擁衆自上流而下，千戶崔忠、百戶馬孫兒戰死。十月，進兵桑木溪，萬丑復以千人拒戰，擊却之。明日，萬丑倍衆來攻，國傑鼓之，百戶李旺率死士陷陣，衆軍齊奮，賊敗，遂破其巢，焚之。進攻施溶，部將田榮祖請曰：「施溶，萬頃之腹心，石農次、三羊峯，其左右臂也，宜先斷其臂，而後腹心乃可攻。」國傑曰：「甚善。」麾諸軍攻石農次，賊不能支，棄寨遁，遂拔施溶，擒萬頃，斬之。復窮捕其黨，攀崖緣木而進，凡千餘里。元貞元年，卽軍中加榮祿大夫、湖廣行省平章政事。辰、澧地接溪洞，宋嘗選民立屯，免其徭役，使禦之，在澧者曰隘丁，在辰者寨兵，宋亡，皆廢，國傑悉復其制，班師。繼又經畫茶陵、衡、郴、道、桂陽，凡廣東、江西盜所出入之地，南北三千里，置戍三十有八，分屯將士以守之，由是東盡交廣，西亘黔中，地周湖廣，四境皆有屯戍，制度周密，諸蠻不能復寇，盜賊遂息。

六月，入朝，賜玉帶、錦衣、弓矢，臺臣言國傑在軍中每以家貲賞將士，帝命倍償之，部曲有功者，各遷官。大德五年，羅鬼女子蛇節反，烏撒、烏蒙、東川、芒部諸蠻從之皆叛，陷貴州。詔國傑將諸翼兵，合四川、雲南、思播兵以討之。賊兵勁利，且多健馬，官軍戰失利。國傑令人持一盾，布釘其上，俟陣合，卽棄盾僞遁，賊果逐之，馬奮不能止，遇盾皆倒，國傑鼓之，賊大敗。既而復合衆請戰，國傑不應，數日，度其氣衰，一鼓破走之，追戰數千里。七年春，擒斬蛇節、宋隆濟、阿女等，西南夷悉平。詔領其將士入見，張宴享之，賞賜甚厚。進光祿大夫，償其賞士金一千九百兩、鈔萬五千錠，將士遷官有差，命還益都上冢。

八年，還鎭。國傑久行邊，患瘴，至是病篤。平章卜隣吉台率僚屬問之，國傑曰：「交賊不臣，若病幸小愈，得滅此虜，則死無憾矣。」問以家事，不言。二月卒，〔一四〕年七十二。國〔傑〕性雄猛，〔一五〕視死如歸，嘗語人曰：「吾爲國宣力，雖身棄草野不恨，何必馬革裹屍還葬哉！」且善推誠得士心，故能立功如此。訃聞，帝深悼惜，贈推忠效力定遠功臣、光祿大夫、司徒、柱國，封齊國公，謚武宣。

子脫歡，湖廣行省平章政事，尙憲宗孫女。

校勘記

〔一〕佐汪惟正立利州　按本書卷三憲宗紀二年八月、三年正月條，卷一二九紐璘傳，卷一五五汪世顯傳附汪德臣傳，利州爲汪德臣所立。道光本從類編改「汪惟正」爲「汪德臣」。

〔二〕忽蘭〔吉〕下馬　從北監本補。

〔三〕遂與蒲察都元帥守青居　按本書卷五世祖紀中統三年十月丁卯條有「都元帥欽察戍靑居山」，卷一六一楊大淵傳有「靑居山征南都元帥欽察」。蒙史改「蒲」爲「欽」，疑是。

〔四〕散毛洞潭順　按本書卷一八成宗紀至元三十一年五月庚申條作「散毛洞主覃順」。此處「潭」當作「覃」。

〔五〕要朮忽兒　按「要木忽兒」一名本書多見，疑此處「朮」爲「木」之誤。

〔六〕三年陞平章政事　前文有「元貞元年起同知樞密院事」。按元貞無三年，此云「三年」，當有脫誤。本證云：「弼爲同知樞密院事在武宗至大三年，爲平章在延祐五年。」

〔七〕再戰斬其將三人士卒三人虜四十二人　按元文類卷六五元明善高興神道碑作「再戰，斬吳、杜、李三總管及甲首萬級，擒祝亮等四十二人」。此處「士卒三人」當作「士卒萬人」。

〔八〕陳家山(圍)　按元文類卷六五元明善高興神道碑有「戰陳家山，圍二日，斬甲首七千級。戰江山，斬三千首，擒五百人」。此處將碑「二日」以下八字略去，乃誤「圍」爲「園」，今删。

〔九〕印德(傳)〔傅〕　據元文類卷六五元明善高興神道碑改。按本書卷九世祖紀至元十四年三月乙未條有「印德傅」。

〔一〇〕海船七千餘艘　按元文類卷六五元明善高興神道碑「七千」作「七十」，蒙史從改，疑是。

〔一一〕黃〔鵠白〕鷂船　據本書卷八世祖紀至元十二年七月辛未條及元文類卷四一經世大典序錄征伐所見「黃鵠白鷂船」補。本證已校。

〔一二〕二十二年　按黃金華集卷二五劉國傑神道碑及靜軒集卷五劉氏先塋碑皆作「二十一年」，蒙史從改，疑是。

〔一三〕（度）〔慶〕遠　據黃金華集卷二五劉國傑神道碑、至正集卷四八劉國傑神道碑改。按本書卷六三地理志，慶遠屬湖廣，至元十三年置安撫司，十六年改路。蒙史已校。

〔一四〕二月卒　按黃金華集卷二五劉國傑神道碑、至正集卷四八劉國傑神道碑，劉國傑死于大德九年二月。此處當有「九年」二字。

〔一五〕國〔傑〕性雄猛　從北監本補。

元史卷一百六十三

列傳第五十

李德輝

李德輝字仲實，通州潞縣人。生五歲，父且卒，指德輝謂其家人曰：「吾爲吏，治獄不任苛刻，人蒙吾力者衆，天或報之，是兒其大吾門乎！」及卒，德輝號慟如成人。適歲凶，家儲粟纔五升，其母舂蓬稗、炊藜莧而食之。德輝天性孝悌，操履淸愼，旣就外傅，嗜讀書，束於貧，無以自資，乃輟業。年十六，監酒豐州，祿食充足甘旨，〔一〕有餘則市筆札錄書，夜誦不休。已乃厭糟麴，歎曰：「志士顧安此耶！仕不足以匡君福民，隱不足以悅親善身，天地之間，人壽幾何，惡可無聞，同腐草木也！」乃謝絕所與游少年，求先生長者講學，以卒其業。

時世祖在潛藩，用劉秉忠薦，使侍裕宗講讀，乃與竇默等皆就辟。癸丑，憲宗封宗親，割京兆隸世祖潛藩，擇廷臣能理財賦者俾調軍食，立從宜府，以德輝與孛得乃爲使。時汪世顯宿兵利州，〔三〕扼四川衿喉，以規進取，數萬之師仰哺德輝。乃募民入粟綿竹，散錢幣，給鹽券爲直，陸挽興元，水漕嘉陵，未期年而軍儲充羨，取蜀之本基於此矣。

中統元年，爲燕京宣撫使。燕多劇賊，造僞鈔，結死黨殺人。德輝悉捕誅之，令行禁止。然事多不白中書，由是忤平章王文統意，去位。三年，文統以反誅，德輝遂起爲山西宣慰使。權勢之家籍民爲奴者，咸按而免之，復業近千人。

至元元年，罷宣慰司，授太原路總管。時潛藩故傅相無有出爲二千石者，帝以太原難治，故以德輝爲守。至郡，崇學校，表孝節，勸耕桑，立社倉，一權度，凡可以阜民者無不爲之。嘉禾瑞麥，六出其境。五年，徵爲右三部尙書。人有訟財而失其兄子者，德輝曰：「此叔殺之無疑。」遂竟其獄。權貴人爲請者甚衆，德輝不應，罪狀旣明，請者乃慚服。七年，帝以蝗旱爲憂，命德輝錄囚山西、河東。行至懷仁，民有魏氏發得木偶，持告其妻挾左道爲厭勝，謀不利於己。移數獄，詞皆具。德輝察其寃，知其有愛妾，疑妾所爲，將搆陷其妻也。召妾鞫之，不移時而服，遂杖其夫而論妾以死。

皇子安西王鎭關中，奏以德輝爲輔，遂改安西王相。至則視瀕涇營牧故地，可得數千頃，起廬舍，疏溝澮，假牛、種、田具與貧民二千家，屯田其中，歲得粟麥芻藁萬計。十二年，詔以王相撫蜀。時重慶猶城守不下，朝廷各置行樞密院於東、西川，合兵萬人圍之。德輝至成都，兩府爭遣使咨受兵食方略，德輝戒之曰：「宋已亡矣，重慶以彈丸之地，不降何歸。政以公輩利其剽殺，民不得有子女，懼而不來耳。嚮日兵未嘗戰，中使奉璽書來赦，公輩既不能正言明告，嚴備止攻，以須其至，反購得軍吏杖之，僞爲得罪，使懼而叛去，水陸之師雷鼓繼進，是堅其不下也。中使不諭詐計，竟以不奉明詔復命。如是者，非玩寇而何！況復軍政不一，相訾紛紛，朝夕敗矣，豈能成功哉！」德輝出，未至秦，瀘州叛，而重慶圍果潰，再退守瀘州。

十四年，詔以德輝爲西川行樞密院副使，仍兼王相。諸軍既發，德輝留成都給軍食。是年，復瀘州。十五年，再圍重慶，踰月拔之，紹(興)[慶]、〔三〕南平、夔、施、思、播諸山壁水栅皆下。而東川樞府，猶故將也，懲前與西川相覦望致敗，惡相屬，願獨軍圍合州。德輝乃出合俘繫順慶獄者縱之，使歸語州將張珏，以天子威德遠著，宋室既亡，三宮皆北，我朝含弘，錄功忘過，能早自歸，必取將相，與夏、呂比。又爲書，以禮義禍福反復譬解之，以爲：「汝之爲臣，不親於宋之子孫，合之爲州，不大於宋之天下，彼子孫已舉天下而歸我，汝猶偃然負阻窮山，而曰吾忠於所事，不亦惑哉！且昔此州之人不自爲謀者，以國有主，耻被不義之名，故爾得制其死命。主今亡矣，猶欲以是行之，則戲下盜遇君，竊君首以徼福一旦，不難也。」珏未及報，而德輝還王邸。

既而合州遣李興、張(郤)〔邰〕十二人詗事成都，〔四〕皆獲之，釋不殺，復爲書縱歸，使諭其將王立如諭珏者，而辭益剴切。立亦計夙與東府有深怨，懼誅，卽使興等導帥幹楊獅懷蠟書，間至成都降。德輝從兵纔數百人赴之，東府害其來，皆曰：「公昔爲書招珏，誠亦極矣，竟無功而還。今立，珏牙校也，習狙詐不信，特以計致公來，使與吾爭垂成之功，延命晷刻耳，未必誠降。」德輝曰：「昔合以重慶存，故力可以同惡，今已孤絕，窮而來歸，亦其勢然。吾非攘人之功者，誠懼公等憤其後服，誣以嘗抗蹕先朝，利其剽奪，而快心於屠城也。吾爲國活此民，豈計汝嫌怒爲哉！」卽單舸濟江，薄城下，呼立出降，安集其民，而罷置其吏，合人自立而下，家繪事之。川蜀平，復以王相還邸。

十七年，置行中書省，以德輝爲安西行省左丞。〔五〕是年，西南夷羅施鬼國既降復叛，詔雲南、湖廣、四川合兵三萬人討之。兵且壓境，德輝適被命在播，乃遣安珪馳驛止三道兵勿進，復遣張孝思諭鬼國趣降。其酋阿察熟德輝名，曰：「是活合州李公耶，其言明信可恃。」卽身至播州，泣且告曰：「吾屬百萬人，微公來，死且不降，今得所歸，蔑有二矣。」德輝以其言上聞，乃改鬼國爲順元路，以其酋爲宣撫使。其後有以受鬼國馬千數譖德輝于朝者，帝曰：「是人朕所素知，雖一羊不妄受，寧有是耶！」

德輝卒年六十三，蠻夷聞訃，哭之哀如私親，爲位而祭者動輒千百人。合州安撫使王立，衰絰率吏民拜哭，聲震山谷，爲發百人護喪興元。播州安撫使何彥(清)〔請〕率其民立廟祀之。〔六〕

張雄飛

張雄飛字鵬舉，琅琊臨沂人。父琮，仕金，守盱眙。金人疑之，罷其兵柄，徙居許州。有尋復命守河陰，仍留家人於許。雄飛幼失母，琮妾李氏養之。國兵屠許，惟工匠得免。有田姓者，琮故吏也，自稱能爲弓，且詐以雄飛及李氏爲家人，由是獲全，遂徙朔方，雄飛時方十歲。至霍州，李欲逃，恐其累己，雄飛知之，頃刻不去左右，李乃變服與俱還，寓潞州。雄飛既長，往師前進士王寶英於趙城。金亡，雄飛不知父所在，往來澤、潞，求之十餘年，常客食僧舍。已而入關陝，歷懷、孟、潼、華，終求其父弗得，遂入燕。居數歲，盡通國言及諸部語。

至元二年，廉希憲薦之于世祖，召見，陳當世之務，世祖大悅。授同知平陽路轉運司事，搜抉蠹弊悉除之。帝問處士羅英，誰可大用者，對曰：「張雄飛眞公輔器。」帝然之。命驛召雄飛至，問以方今所急，對曰：「太子天下本，願早定以繫人心。閭閻小人有升斗之儲，尙知付託，天下至大，社稷至重，不早建儲貳，非至計也。向使先帝知此，陛下能有今日乎？」帝方臥，矍然起，稱善者久之。

他日，與江孝卿同召見，帝曰：「今任職者多非材，政事廢弛，譬之大厦將傾，非良工不能扶，卿輩能任此乎？」孝卿謝不敢當。帝顧雄飛，雄飛對曰：「古有御史臺，爲天子耳目，凡政事得失，民間疾苦，皆得言；百官姦邪貪穢不職者，卽糾劾之。如此，則紀綱舉、天下治矣。」帝曰：「善。」乃立御史臺，以前丞相塔察兒爲御史大夫，雄飛爲侍御史，且戒之曰：「卿等既爲臺官，職在直言，朕爲汝君，苟所行未善，亦當極諫，況百官乎！汝宜知朕意。人雖嫉妬汝，朕能爲汝地也。」雄飛益自感勵，知無不言。

參議樞密院事費正寅素憸狡，有告其罪者，詔丞相線眞等與雄飛雜治之。請托交至，雄飛無所顧，盡得其罪狀以聞，正寅與其黨管如仁等皆伏誅。會議立尙書省，雄飛力爭於帝前，忤旨，左遷同知京兆總管府事。宗室公主有家奴逃渭南民間爲贅壻。主適過臨潼，識之，捕其奴與妻及妻之父母，皆械繫之，盡沒其家貲。雄飛與主爭辨，辭色俱厲。主不得已，以奴妻及妻之父母、家貲還之，惟挾其奴以去。

入爲兵部尙書。平章阿合馬在制國用司時，與亦麻都丁有隙，至是，羅織其罪，同僚爭相附會，雄飛不可曰：「所犯在制國用時，平章獨不預耶？」衆無以答。秦長卿、劉仲澤亦以忤阿合馬，皆下吏，欲殺之，雄飛亦持不可。阿合馬使人啗之，曰：「誠能殺此三人，當以參政相處。」雄飛曰：「殺無罪以求大官，吾不爲也。」阿合馬怒，奏出雄飛爲澧州安撫使，而三人竟死獄中。

時澧州初下，民懷反側，雄飛至，布宣德教以撫綏之，民遂安。有巨商二人犯匿稅及毆人事，僚佐受賂，欲寬其罪，雄飛繩之益急。或曰：「此細事，何執之堅？」雄飛曰：「吾非治匿稅毆人者，欲改宋弊政，懲不畏法者爾。」細民以乏食，羣聚發富家廩，所司欲論以强盜，雄飛曰：「此盜食，欲救死，非强也。」寬其獄，全活者百餘人。澧西南接溪洞，傜人乘間抄掠居民，雄飛遣楊應申等往諭以威德，諸傜悉感服。

十四年，改安撫司爲總管府，命雄飛爲達魯花赤，遷荆湖北道宣慰使。有告常德富民十餘家，與德山寺僧將爲亂，衆議以兵討之。雄飛曰：「告者必其仇也。且新附之民，當以靜鎭之，兵不可遽用，苟有他，吾自任其責。」遂止，徐察之，果如所言。先是，荆湖行省阿里海牙以降民三千八百戶沒入爲家奴，自置吏治之，歲責其租賦，有司莫敢言。雄飛言于阿里海牙，請歸其民於有司，不從。雄飛入朝奏其事，詔還籍爲民。

十六年，拜御史中丞，行御史臺事。阿合馬以子忽辛爲中書右丞，行省江淮，恐不爲所容，奏留雄飛不遣，改陝西漢中道提刑按察使。未行，阿合馬死，朝臣皆以罪去。拜參知政事。阿合馬用事日久，賣官鬻獄，紀綱大壞，雄飛乃先自降一階，於是僥倖超躐者皆降之。忽辛有罪，敕中貴人及中書雜問，忽辛歷指宰執曰：「汝曾使我家錢物，何得問我！」雄飛曰：「我曾受汝家錢物否？」曰：「惟公獨否。」雄飛曰：「如是，則我當問汝矣。」忽辛遂伏辜。二十一年春，册上尊號，議大赦天下，雄飛諫曰：「古人言：無赦之國，其刑必平。故赦者，不平之政也。聖明在上，豈宜數赦！」帝嘉納之，語雄飛曰：「大獵而後見善射，集議而後知能言，汝所言者是，朕今從汝。」遂止降輕刑之詔。

雄飛剛直廉愼，始終不易其節。嘗坐省中，詔趣召之，見於便殿，謂雄飛曰：「若卿，可謂眞廉者矣。聞卿貧甚，今特賜卿銀二千五百兩、鈔二千五百貫。」雄飛拜謝，將出，又詔加賜金五十兩及金酒器。雄飛受賜，封識藏於家。後阿合馬之黨以雄飛罷政，詣省乞追奪賜物，裕宗在東宮聞之，命參政溫迪罕諭丞相安童曰：「上所以賜張雄飛者，旌其廉也，汝豈不知耶？毋爲小人所詐。」塔卽古阿散請檢核前省錢穀，復用阿合馬之黨，竟矯詔追奪之。塔卽古阿散等俄以罪誅，帝慮校核失當，命近臣伯顏閱之。中書左丞耶律老哥勸雄飛詣伯顏自辨，雄飛曰：「上以老臣廉，故賜臣，然臣未嘗敢輕用，而封識以俟者，政虞今日耳，又可自辨乎？」二十一年，盧世榮以言利進用，雄飛與諸執政同日皆罷。二十三年，起爲燕南河北道宣慰使，決壅滯，黜姦貪，政化大行。卒于官。

子五人：師野，師謌，師白，師儼，師約。師野宿衞東宮時，荆湖行省平章政事阿里海牙入覲，言之宰相，欲白皇太子，請以師野爲荆南總管，雄飛固止之。歸謂師野曰：「今日欲有官汝者，汝宿衞日久，固應得官，然我方爲執政，天下必以我私汝，我一日不去此位，汝輩勿望有官也。」其介愼如此。

張德輝

張德輝字（輝）〔耀〕卿，〔七〕冀寧交城人。少力學，數舉於鄉。金貞祐間兵興，家業殆盡，試掾御史臺。會盜殺卜者，有司蹤跡之，獲僧匿一婦人，搒掠誣服，獄具，德輝疑其寃，其後果得盜。趙秉文、楊慥咸器其材。金亡，北渡，史天澤開府眞定，辟爲經歷官。歲乙未，從天澤南征，籌畫調發，多出德輝。天澤將誅逃兵，德輝救止，配令穴城。光州華山農民爲寨以自固，天澤議攻之，德輝請招之降，全活甚衆。

歲丁未，世祖在潛邸，召見，問曰：「孔子歿已久，今其性安在？」對曰：「聖人與天地終始，無往不在。殿下能行聖人之道，性卽在是矣。」又問：「或云，遼以釋廢，金以儒亡，有諸？」對曰：「遼事臣未周知，金季乃所親睹，宰執中雖用一二儒臣，餘皆武弁世爵，及論軍國大事，又不使預聞，大抵以儒進者三十之一，國之存亡，自有任其責者，儒何咎焉！」世祖然之。因問德輝曰：「祖宗法度具在，而未盡設施者甚多，將如之何？」德輝指銀槃，喻曰：「創業之主，如製此器，精選白金良匠，規而成之，畀付後人，傳之無窮。當求謹厚者司掌，乃永爲寶用。否則不惟缺壞，亦恐有竊而去之者矣。」世祖良久曰：「此正吾心所不忘也。」又訪中國人材，德輝擧魏璠、元裕、李治等二十餘人。又問：「農家作勞，何衣食之不贍？」德輝對曰：「農桑，天下之本，衣食之所從出者也。男耕女織，終歲勤苦，擇其精者輸之官，餘麤惡者將以仰事俯育。而親民之吏復橫斂以盡之，則民鮮有不凍餒者矣。」

歲戊申春，釋奠，致胙於世祖，世祖曰：「孔子廟食之禮何如？」對曰：「孔子爲萬代王者師，有國者尊之，則嚴其廟貌，修其時祀，其崇與否，於聖人無所損益，但以此見時君崇儒重道之意何如耳。」世祖曰：「今而後，此禮勿廢。」世祖又問：「典兵與宰民者，爲害孰甚？」對曰：「軍無紀律，縱使殘暴，害固非輕；若宰民者，頭會箕斂以毒天下，使祖宗之民如蹈水火，爲害尤甚。」世祖默然，曰：「然則奈何？」對曰：「莫若更遣族人之賢如口溫不花者，使掌兵權，勳舊則如忽都虎者，使主民政，若此，則天下均受賜矣。」

是年夏，德輝得告，將還，更薦白文擧、鄭顯之、趙元德、李(造)〔進〕之、〔六〕高鳴、李槃、李濤數人。陛辭，又陳先務七事：敦孝友，擇人才，察下情，貴兼聽，親君子，信賞罰，節財用。世祖以字呼之，賜坐，錫賚優渥。有頃，奉旨敎冑子孛羅等。壬子，德輝與元裕北覲，請世祖爲儒教大宗師，世祖悅而受之。因啓：「累朝有旨蠲儒戶兵賦，乞令有司遵行。」從之。仍命德輝提調眞定學校。

世祖卽位，起德輝爲河東南北路宣撫使，下車，擊豪强，黜贓吏，均賦役。耆耋不遠數千里來見，〔九〕曰：「六十年不復見此太平官府矣。」戴之若神明。西川帥紐鄰重取兵千餘人，守吏畏其威，莫敢申理，隸鳳翔屯田者八百餘人，屯罷，兵不歸籍；會簽防戍兵，河中浮梁故有守卒，不以充數。悉條奏之，帝可其請。兵後孱民多依庇豪右，及有以身傭藉衣食，歲久掩爲家奴，悉遣還之爲民。

二年，考績爲十路最。陛見，帝勞之，命疏所急務，條四事：一曰嚴保擧以取人材；二曰給俸祿以養廉能；三曰易世官而遷都邑；四曰正刑罰而勿屢赦。帝嘉納焉。遷東平路宣慰使，春旱，禱泰山而雨。東平賦夥獄繁，視河東相倍蓰，凡遇贓奸，悉窮之，不少貸。奏免遠輸豆粟二十萬斛，和糴粟十萬斛。〔一〇〕寶合丁議賦繭絲，令民稅而後輸。德輝曰：「是誣上以毒下也，且後期之責孰任之！」遂罷其事。孀婦馬氏，將鬻其女以代納逋賦，分己俸代償之，仍蠲其額。

至元三年秋，參議中書省事。五年春，擢侍御史，辭不拜。有言沿邊將校冒代軍士、虛糜廩帑者，敕按之，奏曰：「在昔將校，備嘗艱阻，與士卒同甘苦，今年少子弟襲爵，或以微勞進用，豈知軍旅之事乎！致使朝廷遣使覆按，此省院素失約束耳。痛繩之，則人不自安，第易其部署，選武毅才略者任之，庶使軍政自新。又時委司憲者體究，庶革其弊。」有旨命德輝議御史臺條例，德輝奏曰：「御史，執法官。今法令未明，何據而行？此事行之不易，陛下宜愼思之。」有頃，復召曰：「朕慮之熟矣，卿當力行之。」對曰：「必欲行之，乞立宗正府以正皇族，外戚得以糾彈，女謁毋令奏事，諸局承應人皆得究治。」帝良久曰：「其徐行之。」德輝請老，命舉任風憲者，疏烏古倫貞等二十人以聞。

初，河東歉，請於朝，發常平貸之，幷減其秋租有差。賦役不均，官吏並緣爲姦，賦一征十年，〔二〕不勝其困苦，民率流亡。德輝閱實戶編，均其等第，出納有法，數十年之弊一旦革去。

德輝天資剛直，博學有經濟器，毅然不可犯，望之知爲端人，然性不喜嬉笑。與元裕、李治游封龍山，時人號爲龍山三老云。卒年八十。

馬亨

馬亨字大用，邢州南和人。世業農，以貲雄鄉里。亨少孤，事母孝，金季習爲吏。庚寅，太宗始建十路徵收課稅使，河北東西路使王晉辟亨爲掾，以才幹稱。甲午，晉薦於中書令耶律楚材，授轉運司知事，尋陞經歷，擢轉運司副使。

庚戌，太保劉秉忠薦亨於世祖，召見潛邸，甚器之。既而籍諸路戶口，以亨副八春、忙哥撫諭西京、太原、平陽及陝西五路，俾民弗擾。既還，圖山川形勢以獻，餘使者多以賄敗，惟亨等各賜衣九襲。癸丑，從世祖征雲南，留亨爲京兆榷課所長官。〔一二〕京兆，藩邸分地也，亨以寬簡治之，不事掊克，凡五年，民安而課裕。

丁巳，憲宗遣阿藍答兒等覈藩府錢穀，亨時輦歲辦課銀五百鋌，輸之藩府，道出平陽，適與之遇。亨策曰：「見之，則銀必拘留，不見，則必以罪加我，與其銀弗達王府，寧獲罪焉。」避而過之，阿藍答兒果怒，遣使逮之王府。世祖詢亨曰：「汝往，得無撫汝罪耶？」對曰：「無害，願一行。」乃慰遣亨。既至，拘係之，窮治百端，竟無所得，惟以支竹課分例錢充公用，及僦公廨輦運脚價爲不應，勒償其直而已。世祖知其誣，更賜銀三十二鋌。己未，從世祖攻鄂州，洎北還，遣亨馳驛往西京等處罷所簽軍，幷撫諭山西、河東、陝右、漢中。既還，復遣轉餉江上軍實。

中統元年，世祖卽位，陝西、四川立宣撫司，詔亨議陝西宣撫司事。尋賜金符，遷陝西四川規措軍儲轉運使。時阿藍答兒等叛，亨與宣撫使廉希憲、商挺合謀，誅劉太平等，悉定關輔。尋建行省，命亨兼陝西行省左右司郎中。時興元畜糧五萬石，欲轉餉大安軍，計傭直萬緡，衆推亨往，時丁內艱，以攝省府事強起之。至則以兵官丁產均其役，不閱月而事集，無勞民傷財之嘆。與元判官費正寅狡悍不法，〔一三〕莫有能治之者。亨白省府，欲以法繩之，反誣搆行省前保關中有異謀，詔右丞粘合珪讞之，亨力辨之，冤搆釋然。

四年，遷陝西五路西蜀四川廉訪都轉運使。未幾，朝廷以考課檄諸路轉運司，至則併轉運司入總管府，咸奪其制書，授亨工部侍郎、解鹽副使。亨乃上言：「以考課定賞罰，其人甫集，而一切罷之，則是非安在？宜還其命書，俾仕者有所勸勉。」從之。亨復上便宜六事：一曰東宮保傅當用正人，以固國本；二曰中書大政，擇任儒臣，以立朝綱；三曰任相惟賢，官不必備，今宰相至十七員，宜加裁汰；四曰左右郎署毗贊大政，今用豪貴子弟，豈能贊襄；五曰六曹之職分理萬機，今止設左右二部，事何由辦；六曰建元以來，便民條畫已多，有司往往視爲文具，宜令憲司糾舉，務在必行。疏聞，帝即召見，有旨：「卿比安在，胡不早言？」亨對曰：「新自陝西來覲。」帝諭曰：「卿久著忠勤，自今不令卿遠出矣。」

至元三年，進嘉議大夫、左三部尚書，尋改戶部尚書，金穀出納，有條不紊。時有賈胡，恃制國用使阿合馬，欲貿交鈔本，私平準之利，以增歲課爲辭。帝以問亨，對曰：「交鈔可以權萬貨者，法使然也。法者，主上之柄，今使一賈擅之，廢法從私，將何以令天下？」事遂寢。亨又建言立常平、義倉，謂備荒之具，宜亟舉行。而時以財用不足，止設義倉。

七年，立尚書省，仍以亨爲尚書，領左部。亨上言：「尚書省專領金穀百工之事，其銓選宜歸中書，以示無濫。」尋爲平章阿合馬所忌，以誣免官。會國兵圍襄、樊，廷議河南行省調發軍餉，詔以阿里爲右丞、姚樞爲左丞、亨爲僉省任其事，水陸供餽，未嘗有闕，亨之力爲多。十年，還京師，帝方欲柄用之，遽嬰末疾。十四年，卒，年七十一。

子紹庭，雲南諸路肅政廉訪司副使。

程思廉

程思廉字介甫，其先洛陽人，元魏時以豪右徙雲中，遂家東勝州。父恒，國初佩金符，爲沿邊監榷規運使、解州鹽使。

思廉用太保劉秉忠薦，給事裕宗潛邸，以謹愿聞。命爲樞密院監印，平章政事哈丹行省河南，署爲都事。丞相史天澤尤器之。時方規取襄樊，使任轉餉，築城置倉以受粟，轉輸者與民爭門，不時至，思廉令行者異路。粟至，多露積，一夕大雨，思廉安臥不起，省中召詰之，思廉曰：「此去敵近，中夜騷動，衆必驚疑，或致他變。縱有漂濕，不過軍中一日糧耳。」聞者韙之。

至元十二年，調同知淇州，徙東平路判官，入爲監察御史，以劾權臣阿合馬繫獄。其黨巧爲機穽，思廉居之泰然，卒不能害。累遷河北河南道按察副使，道過彰德，聞兩河歲饑，而徵租益急，欲止之。有司謂法當上請，思廉曰：「若然，民已不堪命矣。」卽移文罷徵，後果得請。二十年，河北復大饑，流民渡河求食，朝廷遣使者，集官屬，絕河止之。思廉曰：「民急就食，豈得已哉！天下一家，河北、河南皆吾民也。」亟令縱之。且曰：「雖得罪死不恨。」章上，不之罪也。衞輝、懷孟大水，思廉臨視賑貸，全活甚衆。水及城不沒者數板，卽修隄防，露宿督役，水不爲患，衞人德之。遷陝西漢中道按察使，以母老不赴。俄丁母憂。

二十六年，立雲南行御史臺，〔一四〕起復思廉爲御史中丞。始至，蠻夷酋長來賀，詞若遜而意甚倨，思廉奉宣上意，綏懷遠人，且明示禍福，使毋自外，聞者慴服。雲南舊有學校，而禮敎不興，思廉力振起之，始有從學問禮者。

成宗卽位，除河東山西廉訪使，太原歲飼諸王駝馬一萬四千餘匹，思廉爲請，止飼千匹。平陽諸郡歲輸租稅於北方，民甚苦之，思廉爲請，得輸河東近倉。舊法，決事咸有議劄，權歸曹吏，思廉自判牘尾，某當某罪，吏皆束手。

思廉累任風憲，剛正疾惡，言事剴切，如請早建儲貳、訪求賢俊、辨車服、議封謚、養軍力、定律令，皆急務也。與人交有終始，或有疾病死喪，問遺賙卹，往返數百里不憚勞，仍爲之經紀家事，撫視其子孫。其於家族，尤盡恩意。好薦達人物，或者以爲好名，思廉曰：「若避好名之譏，人不復敢爲善矣。」卒，年六十二，謚敬肅。

烏古孫澤

烏古孫澤字潤甫，臨潢人。其先女眞烏古部，因以爲氏。祖璧，仕金爲明威將軍、資用庫使，從金主遷汴。汴城陷，轉徙居大名。父仲，倜儻有奇節，遭金季世，憤無所施，用高言危行，親交避之，遂縱酒陽狂以自晦，然教澤特嚴。

澤性剛毅，讀書舉大略，一切求諸己，不事章句，才幹過人。世祖將取江南，澤以選輸鈔至淮南餉軍，丞相阿朮見而奇之，補淮東大都督府掾。

至元十四年，元帥唆都下兵閩、越，見澤，與語而合，即辟元帥府提控案牘。時宋廣王據福州，改元炎興，度我軍且至，遂入于海，復聚兵甲子門。其將張世傑攻泉州，興化守臣陳瓚舉郡應之。文天祥置都督府于南劍州，守臣張淸行都督府事，謀復建寧。閩中郡縣往往復從宋，江東大擾。唆都時軍浙東，建、信告急，唆都謀于衆曰：「我軍當何先？」澤曰：「彼據閩、廣，而我往浙右，非策之善。譬之伐木，務除其根，當先向南。」會行省檄唆都，與左丞塔出會兵甲子門，遂度兵閩關，八戰而至南劍，殺其守臣張淸，宋師遂退。

冬十月，收福州，進攻興化，拔之。唆都怒其民反覆，下令屠城，澤屢諫不聽，復前說曰：「世傑不虞我軍遽至，方急攻泉州，謀固其植。我新得泉州，民志未固，且暮且失守。比我定興化，整兵而南，彼樹植將日固矣。莫若開其遺民，使走泉南扇動之，世傑將膽落而走。是我不戰而完泉州，捷於吾兵之馳救也。」唆都喜，開南門縱民去，因得脫死者甚衆。世傑得逃民，知興化已破，乃解泉州圍去。唆都至泉州，部署別將，裝大艦趣甲子門，自將下漳州，軍于海豐，引精騎與塔出會。十二月，入廣州。

十五年春正月，還擊潮州，守將馬發備禦甚固，澤曰：「潮人所以城守不下者，以外多壁壘，爲之援應也。第翦其外應，潮必覆矣。」乃分兵攻其一大壘，破之，餘壘盡散走，二旬而潮拔，馬發死焉。既而文天祥軍潰於江西，廣王暨張世傑死于海中，唆都還軍福建。

夏五月，詔立行中書省于福建，以唆都行參知政事，澤行省都事，從朝京師，命知興化軍，賜金織衣，賞其善謀也。繼改興化軍爲路，授澤行總管府事，民歌舞迎候于道曰：「是吾民復生之父母也。」喜極而繼以泣。郡新殘于兵，白骨在野，首下令掩埋之；又衣食其流離之民，有棄子于道者，置慈幼曹籍而撫育之。郡中惡年少喜爲不義，以資求竄名卒伍，冀後得計功版授。官吏恐激變，不敢詰，澤悉追毁所授，誅其尤無良者，貪暴始戢。

始陳瓚以郡應張世傑，民多戰死者，至是，吏援例將籍其產，澤語吏曰：「國家至仁，誅止陳瓚，從瓚者猶蒙宥，民奈何連坐！」亟爲令曰：「民不幸詿誤從陳瓚誅，及闘死無後者，其田廬貲產並給其族姻，有司無所與。」吏不能逆，乃止。當江南未定，盜賊所在有之，民自相什伍，保衞鄉里。及時平，行省議籍爲兵，上下洶洶，澤白行省曰：「國兵非少，今籍民以示少，非所以安反側也。且當籍者衆，民或有他心。」議遂格。澤又興學校，召長老及諸生講肄經義，行鄉飲酒禮，旁郡聞而慕之。興化故號多士，士咸知嚮慕，以澤與常袞、方儀，並肖像祠于學官。

至元二十一年，調永州路判官。湖廣平章政事要束木貪縱淫虐，誅求無厭。或妄言初歸附時，州縣長吏及吏胥富人比屋斂銀，將輸之官，銀已具而事遂中止。要束木卽下令，責民自實，使者旁午，隨地置獄，株連蔓引，備極慘酷，民以考掠瘐死者載道，所獲不貲，要束木盡掩有之。有使至永，澤戒吏美供帳，豐酒食，務順適其意。使者感愧，無所發其毒，因間以利害曉之，一郡由是獲安。是歲，盜起寶慶、武崗，皆永旁郡也。行省遣澤討平之，俘獲五百餘人，簡出其詿誤者百有五十人，上書言狀，誅其首惡者三十一人，餘得減死。

二十六年，丞相桑哥建議考校錢穀，天下騷動。澤嘆曰：「民不堪命矣。」卽自上計行省，要束木怒曰：「郡國錢糧無不增羨，永州何爲獨不然！此直孫府判倚其才辨慢我，亟拘繫之，非死不釋也。」明年，桑哥敗，要束木伏誅，澤始得釋。

二十九年，湖廣平章政事闊里吉思薦澤才堪將帥，以行省員外郎從征海南黎。黎人平，軍還，上功，授廣南西道宣慰副使。秋七月，併左右兩〔江〕道歸廣西宣慰司，置〔都〕元帥府，〔一三〕澤爲廣西兩江道宣慰副使、僉都元帥府事。兩江荒遠瘴癘，與百夷接，不知禮法，澤作司規三十有二章，以漸爲敎，其民至今遵守之。又省廐置二十二所，以紓民力。歲饑，上言蠲其田租，發象州、賀州官粟三千五百石以賑饑者，既發，乃上其事。時行省平章哈剌哈孫，察其心誠愛民，不以專擅罪之。邕管徼外蠻數爲寇，澤循行並徼，得阨塞處，布畫遠邇，募民伉健者四千六百餘戶，置雷留那扶十屯，列營堡以守之。陂水墾田，築八堨以節瀦洩，得稻田若干畝，歲收穀若干石爲軍儲，邊民賴之。海北元帥薛赤干贓利事覺，行省檄澤驗治。澤馳至雷州，盡發其奸贓，縱所掠男女四百八十二口、牛數千頭，金銀器物稱是，海北之民欣忭相慶。

御史臺言：「烏古孫澤奉使知大體，如汲長孺；爲將計萬全，如趙充國。可屬大任。」詔擢爲海北海南廉訪使。故例，圭田至秋乃入租，後遂計月受之，澤視事三月，民輸租計米五百石，澤曰：「夫子有言，事君者先其事，後其食。吾涖政日淺，而受祿四倍，非情所安。」量食而入，餘悉委學官，給諸生以勸業。常曰：「士非儉無以養廉，非廉無以養德。」身一布袍數年，妻子樸素無華，人皆言之，澤不以爲意也。

雷州地近海，潮汐齧其東南，陂塘鹻，農病焉。而西北廣衍平衺，宜爲陂塘，澤行視城陰，曰：「三溪徒走海，而不以灌溉，此史起所以薄西門豹也。」乃教民浚故湖，築大堤，堨三溪瀦之，爲斗門七，堤堨六，以制其贏耗；釃爲渠二十有四，以達其注輸。渠皆支別爲牐，設守視者，時其啓閉，計得良田數千頃，瀕海廣潟並爲膏土。民歌之曰：「舄鹵爲田兮，孫父之教。渠之泱泱兮，長我秔稻。自今有年兮，無旱無澇。」

至大元年，改福建廉訪使。澤宿有德於閩，閩人安之。有芝五色產於憲司之澄清堂，士民以爲澤之所致。以母年踰八十，求歸養長沙。歲餘，母喪，澤以哀毁卒。妻杜，以夫死，飲食不入口者十有三日，不死，乃復食。澤積官自承直郎至中大夫，謚正憲。

子良禎，仕至中書右丞，以功名終。

趙炳

趙炳字彥明，惠州灤陽人。父弘，有勇略，國初爲征行兵馬都元帥，積階奉國上將軍。炳幼失怙恃，鞠於從兄。歲饑，往平州就食，遇盜，欲殺之，兄解衣就縛。炳年十二，泣請代兄，盜驚異，舍之而去。甫弱冠，以勳閥之子，侍世祖於潛邸，恪勤不怠，遂蒙眷遇。世祖次桓、撫間，以炳爲撫州長，城邑規制，爲之一新。己未，王師伐宋。未幾，北方有警，括兵斂財，燕薊騷動。王師北還，炳遠迓中途，具以事聞，追所括兵及橫斂財物，悉歸於民，世祖嘉其忠。

中統元年，命判北京宣撫司事。北京控制遼東，番夷雜處，號稱難治。時參知政事楊果爲宣撫使，聞炳至，喜曰：「吾屬無憂矣。」三年，括北京鷹坊等戶丁爲兵，蠲其賦，令炳總之。時李璮叛，據濟南，炳請討之。國兵圍城，炳將千人獨當北面，有所俘獲，即縱遣去，曰：「脅從之徒，不足治也。」

濟南平，入爲刑部侍郎，兼中書省斷事官。時有攜妓登龍舟者，即按之以法，未幾，其人死，其子犯蹕訴寃，詔讓之，炳曰：「臣執法尊君，職當爲也。」帝怒，命之出，既而謂侍臣曰：「炳用法太峻，然非循情者。」改樞密院斷事官。濟南妖民作亂，賜金虎符，加昭勇大將軍、濟南路總管。炳至，止罪首惡，餘黨解散。歲凶，發廩賑民，而後以聞，朝廷不之罪也。遷遼東提刑按察使，遼東聞其來，豪猾屏跡。

至元九年，帝念關中重地，風俗强悍，思得剛鯁舊臣以臨之，授炳京兆路總管，兼府尹。皇子安西王開府於秦，詔治宮室，悉聽炳裁製。王府吏卒橫暴擾民者，即建白，繩以法。王命之曰：「後有犯者，勿復啓，請若自處之。」自是豪猾斂戢，秦民以安。有旨以解州鹽賦給王府經費，歲久，積逋二十餘萬緡，有司追理，僅獲三之一，民已不堪。炳密啓王曰：「十年之逋，責償一日，其孰能堪！與其裒斂病民，孰若惠澤加於民乎！」王善其言，遽命免徵。會王北伐，詔以京兆一年之賦充軍資，炳復請曰：「所徵逋課，足佐軍用，可貸歲賦，以蘇民力。」令下，秦民大悅。

十四年，加鎮國上將軍、安西王相。王府冬居京兆，夏徙六盤山，歲以爲常。王旣北伐，六盤守者搆亂，炳自京兆率兵往捕，甫及再旬，元惡授首。十五年春，六盤再亂，復討平之。王還自北，嘉賞戰功，賚賜有加。是歲十一月，王薨。

十六年秋，被旨入見便殿，帝勞之曰：「卿去數載，衰白若此，關中事煩可知已。」詢及民間利病，炳悉陳之，因言王薨之後，運使郭琮、郎中郭叔雲竊弄威柄，恣爲不法。帝臥聽，遽起曰：「聞卿斯言，使老者增健。」飲以上尊馬湩。改中奉大夫、安西王相，兼陝西五路西蜀四川課程屯田事，餘職如故，卽令乘傳偕敕使數人往按琮等。至則琮假嗣王旨，入炳罪，收炳妻孥囚之。時嗣王之六盤，徙炳等於平涼北崆峒山，囚閉益嚴。炳子仁榮訴於上，卽詔近侍二人馳驛而西，脫炳，且械琮黨偕來。琮等留使者，醉以酒，先遣人毒炳於平涼獄中，其夜星隕，有聲如雷，年五十九，實十七年三月也。帝聞之，撫髀嘆曰：「失我良臣！」俄械琮等百餘人至，帝親鞫問，盡得其情，旣各伏辜，命仁榮手刃琮、叔雲於東城，籍其家以付仁榮，仁榮曰：「不共戴天之人，所蓄之物，皆取於民，何忍受之！」帝善之，別賜鈔二萬二千五百緡，爲治喪具。國朝舊制，無賻臣下禮，蓋殊恩也。六月，詔雪炳寃，特贈中書左丞，謚忠愍。

子六人：仁顯，早亡；次仁表，仁榮，仁旭，仁舉，仁軌。仁榮，仕至中書平章政事；餘俱登顯仕。

校勘記

〔一〕祿食充足甘旨　元文類卷四九李德輝行狀「充」作「先」，較長。

〔二〕時汪世顯宿兵利州　考異云：「案世顯以癸卯歲卒，在癸丑之前十年，傳殆誤矣。考姚燧撰李忠宣公行狀云：時汪忠烈公始宿兵利州。忠烈者，田哥之謚，非世顯也。」道光本改作「汪德臣」。

〔三〕紹（興）〔慶〕　從道光本改。此言李德輝作戰四川事，紹興遠在江浙，與此無涉。

〔四〕張（郃）〔郃〕　道光本與元文類卷四九姚燧李德輝行狀合，從改。按本書卷一六七呂𡌴傳作「張郃」。

〔五〕以德輝爲安西行省左丞　本證云：「案紀，是年七月立行省于京兆，以前安西相李德輝爲參知政事。十月立陝西四川等處行中書省，以李德輝爲左丞，時德輝已卒。是安西行省德輝止爲參政，其爲左丞則在陝蜀行省，且未聞命而卒也。傳俱誤。」

〔六〕播州安撫使何彥（清）〔請〕率其民立廟祀之　按元名臣事略卷一一引李謙李德輝神道碑作「僉播州安撫使何彥請順民欲，立廟以祀」，元文類卷四九姚燧李德輝行狀作「僉播州安撫司事何彥抗章請卽州治之東爲廟」。此處誤「請」爲「淸」，今改。

〔七〕張德輝字（輝）〔耀〕卿　據元名臣事略卷一〇宣慰張公、秋澗集卷四一張德輝挽詩序改。類編已校。

〔八〕李（造）〔進〕之　據元名臣事略卷一〇引王惲張德輝行狀、遺山集卷一二李進之迂軒二首改。

〔九〕耆耋不遠數千里來見　按元名臣事略卷一〇引王惲張德輝行狀作「耆耋不遠數百里來覲」，疑此處「千」當作「百」。

〔一〇〕和糴粟十萬斛　按元名臣事略卷一〇引王惲張德輝行狀「糴」作「糴」，蒙史從改，疑是。

〔一一〕賦一征十年　按元名臣事略卷一〇引王惲張德輝行狀作「賦一征十」，類編刪「年」字，疑是。

〔一二〕從世祖征雲南留亨爲京兆榷課所長官　此句有「從」字不文，當有衍誤。蒙史刪「從」。

〔一三〕興元判官費正寅　疑當作「費寅」，「正」字衍。見卷一二六校勘記〔七〕。

〔一四〕二十六年立雲南行御史臺　本書卷一六世祖紀至元二十七年五月己巳條、卷八六百官志皆繫二十七年。新元史改「六」爲「七」，是。

〔一五〕秋七月併左右兩〔江〕道歸廣西宣慰司置〔都〕元帥府　據本書卷一八成宗紀元貞元年六月乙

卯條、卷六三地理志補。又按此非至元二十九年事，當繫元貞元年，疑「秋七月」上脫「元貞元年」。

元史卷一百六十四

列傳第五十一

楊恭懿

楊恭懿字元甫，奉元人。力學强記，日數千言，雖從親逃亂，未嘗廢業。年十七，西還，家貧，服勞爲養。暇則就學，書無不讀，尤深於易、禮、春秋，後得朱熹集註四書，歎曰：「人倫日用之常，天道性命之妙，皆萃此書矣。」父沒，水漿不入口者五日，居喪盡禮。宣撫司、行省以掌書記辟，不就。

至元七年，與許衡俱被召，恭懿不至。衡拜中書左丞，日於右相安童前稱譽恭懿之賢，丞相以聞。十年，詔遣使召之，以疾不起。十一年，太子下教中書，俾如漢惠聘四皓者以聘恭懿，丞相遣郎中張元智爲書致命，乃至京師。既入見，世祖遣國王和童勞其遠來，繼又親詢其鄉里、族氏、師承、子姓，無不周悉。十二年正月二日，帝御香殿，以大軍南征，使久不至，命筮之，其言祕。侍讀學士徒單公履請設取士科，詔與恭懿議之。恭懿言：「明詔有謂：士不治經學孔孟之道，日爲賦詩空文。斯言誠萬世治安之本。今欲取士，宜敕有司，舉有行檢、通經史之士，使無投牒自售，試以經義、論策。夫旣從事實學，則士風還淳，民俗趨厚，國家得才矣。」奏入，帝善之。會北征，恭懿遂歸田里。

十六年，詔安西王相敦遣赴闕。入見，詔於太史院改曆。十七年二月，進奏曰：「臣等偏考自漢以來曆書四十餘家，精思推算，舊儀難用，而新者未備，故日行盈縮，月行遲疾，五行周天，其詳皆未精察。今權以新儀木表，與舊儀所測相較，得今歲冬至晷景及日躔所在，與列舍分度之差，大都北極之高下，晝夜刻長短，參以古制，創立新法，推算成辛巳曆。雖或未精，然比之前改曆者，附會（元曆）〔曆元〕，更（日立）〔立日〕法，〔一〕全踵故習，顧亦無愧。然必每歲測驗修改，積三十年，庶盡其法。可使如三代日官，世專其職，測驗良久，無改歲之事矣。」又合朔議曰：

日行歷四時一周，謂之一歲；月踰一周，復與日合，謂之一月；言一月之始，日月相合，故謂合朔。自秦廢曆紀，漢太初止用平朔法，大小相間，或有二大者，故日食多在晦日或二日，測驗時刻亦鮮中。宋何承天測驗四十餘年，進元嘉曆，始以月行遲速定小餘以正朔望，使食必在朔，名定朔法，有三大二小，時以異舊法，罷之。梁虞劆造大同曆，隋劉焯造皇極曆，皆用定朔，爲時所阻。唐傅仁均造戊寅曆，定朔始得行。貞觀十九年，四月頻大，人皆異之，竟改從平朔。李淳風造麟德曆，雖不用平朔，遇四大則避人言，以平朔間之，又希合當世，爲進朔法，使無元日之食。至一行造大衍曆，謂「天事誠密，四大〔二〕〔三〕小何傷」。〔三〕誠爲確論，然亦循常不改。

臣等更造新曆，一依前賢定論，推算皆改從實。今十九年曆，自八月後，四月併大，實日月合朔之數也。

詳見郭守敬傳。是日，方列跪，未讀奏，帝命許衡及恭懿起，曰：「卿二老，毋自勞也。」授集賢學士，兼太史院事。

十八年，辭歸。二十年，以太子賓客召；二十二年，以昭文館學士、領太史院事召；〔三〕二十九年，以議中書省事召。皆不行。三十一年，卒，年七十。

王恂

王恂字敬甫，中山唐縣人。父良，金末爲中山府掾，時民遭亂後，多以詿誤繫獄，良前後所活數百人。已而棄去吏業，潛心伊洛之學，及天文律曆，無不精究，年九十二卒。

恂性穎悟，生三歲，家人示以書帙，輒識風、丁二字。母劉氏，授以千字文，再過目，即成誦。六歲就學，十三學九數，輒造其極。歲己酉，太保劉秉忠北上，途經中山，見而奇之，及南還，從秉忠學於磁之紫金山。

癸丑，秉忠薦之世祖，召見于六盤山，命輔導裕宗，爲太子伴讀。中統二年，擢太子贊善，時年二十八。三年，裕宗封燕王，守中書令，兼判樞密院事，敕兩府大臣：凡有咨禀，必令王恂與聞。初，中書左丞許衡，集唐、虞以來嘉言善政，爲書以進。世祖嘗令恂講解，且命太子受業焉。又詔恂於太子起居飲食，愼爲調護，非所宜接之人，勿令得侍左右。恂言：「太子，天下本，付託至重，當延名德與之居處。況兼領中書、樞密之政，詔條所當徧覽，庶務亦當屢省，官吏以罪免者毋使更進，軍官害人，改用之際尤不可非其人。民至愚而神，變亂之餘，吾不之疑，則反覆化爲忠厚。」帝深然之。

恂早以算術名，裕宗嘗問焉。恂曰：「算數，六藝之一；定國家，安人民，乃大事也。」每侍左右，必發明三綱五常，爲學之道，及歷代治忽興亡之所以然。又以遼、金之事近接耳目者，區別其善惡，論著其得失，上之。裕宗問以心之所守，恂曰：「許衡嘗言：人心如印板，惟板本不差，則雖摹千萬紙皆不差；本既差，則摹之於紙，無不差者。」裕宗深然之。詔擇勳戚子弟，使學於恂，師道卓然。及恂從裕宗撫軍稱海，乃以諸生屬之許衡，及衡告老而去，復命恂領國子祭酒。國學之制，實始於此。

帝以國朝承用金大明曆，歲久浸疏，欲釐正之，知恂精於算術，遂以命之。恂薦許衡能明曆之理，詔驛召赴闕，命領改曆事，官屬悉聽恂辟置。恂與衡及楊恭懿、郭守敬等，偏考曆書四十餘家，晝夜測驗，創立新法，參以古制，推算極爲精密，詳在守敬傳。十六年，〔四〕授嘉議大夫、太史令。十七年，曆成，賜名授時曆，以其年冬，頒行天下。

十八年，居父喪，哀毀，日飲勺水。帝遣內侍慰諭之。未幾，卒，年四十七。初，恂病，裕宗屢遣醫診治，及葬，賻鈔二千貫。後帝思定曆之功，以鈔五千貫賜其家。延祐二年，贈推忠守正功臣、光祿大夫、司徒、上柱國、定國公，謚文肅。

子寬、賓，並從許衡游，得星曆之傳於家學。裕宗嘗召見，語之曰：「汝父起於書生，貧無貲蓄，今賜汝鈔五千貫，用盡可復以聞。」恩恤之厚如此。寬由保章正，歷兵部郎中，知蠡州。賓由保章副，累遷祕書監。

郭守敬

郭守敬字若思，順德邢臺人。生有異操，不爲嬉戲事。大父榮，通五經，精於算數、水利。時劉秉忠、張文謙、張易、王恂，同學於州西紫金山，榮使守敬從秉忠學。

中統三年，文謙薦守敬習水利，巧思絕人。世祖召見，面陳水利六事：其一，中都舊漕河，東至通州，引玉泉水以通舟，歲可省雇車錢六萬緡。通州以南，於蘭榆河口徑直開引，由蒙村跳梁務至楊村還河，以避浮雞淘盤淺風浪遠轉之患。其二，順德達泉引入城中，分爲三渠，灌城東地。其三，順德(澧)〔灃〕河東至古任城，〔五〕失其故道，沒民田千三百餘頃。此水開修成河，其田即可耕種，自小王村(徑)〔經〕滹沱，〔六〕合入御河，通行舟栰。其四，磁州東北滏、漳二水合流處，引水由滏陽、邯鄲、洺州、永年下經雞澤，合入(澧)〔灃〕河，可灌田三千餘頃。其五，懷、孟沁河，雖澆灌，猶有漏堰餘水，東與丹河餘水相合。引東流，至武陟縣北，合入御河，可灌田二千餘頃。其六，黃河自孟州西開引，少分一渠，經由新、舊孟州中間，順河古岸下，至溫縣南復入大河，其間亦可灌田二千餘頃。每奏一事，世祖歎曰：「任事者如此，人不爲素餐矣。」授提舉諸路河渠。四年，加授銀符、副河渠使。

至元元年，從張文謙行省西夏。先是，古渠在中興者，一名唐來，其長四百里，一名漢延，長二百五十里，它州正渠十，皆長二百里，支渠大小六十八，灌田九萬餘頃。兵亂以來，廢壞淤淺。守敬更立牐堰，皆復其舊。

二年，授都水少監。守敬言：「舟自中興沿河四晝夜至東勝，可通漕運，及見查泊、兀郎海古渠甚多，宜加修理。」又言：「金時，自燕京之西麻峪村，分引盧溝一支東流，穿西山而出，是謂金口。其水自金口以東，燕京以北，灌田若干頃，其利不可勝計。兵興以來，典守者懼有所失，因以大石塞之。今若按視故蹟，使水得通流，上可以致西山之利，下可以廣京畿之漕。」又言：「當於金口西預開減水口，西南還大河，令其深廣，以防漲水突入之患。」帝善之。十二年，丞相伯顏南征，議立水站，命守敬行視河北、山東可通舟者，爲圖奏之。

初，秉忠以大明曆自遼、金承用二百餘年，浸以後天，議欲修正而卒。十三年，江左既平，帝思用其言。遂以守敬與王恂，率南北日官，分掌測驗推步於下，而命文謙與樞密張易爲之主領裁奏於上，左丞許衡參預其事。守敬首言：「曆之本在於測驗，而測驗之器莫先儀表。今司天渾儀，宋皇祐中汴京所造，不與此處天度相符，比量南北二極，約差四度；表石年深，亦復欹側。」守敬乃盡考其失而移置之。既又別圖高爽地，以木爲重棚，創作簡儀、高表，用相比覆。又以爲天樞附極而動，昔人嘗展管望之，未得其的，作候極儀。極辰既位，天體斯正，作渾天象。象雖形似，莫適所用，作玲瓏儀。以表之矩方，測天之正圜，莫若以圜求圜，作仰儀。古有經緯，結而不動，守敬易之，作立運儀。日有中道，月有九行，守敬一之，作證理儀。表高景虛，罔象非眞，作景符。月雖有明，察景則難，作闚几。曆法之驗，在於交會，作日月食儀。天有赤道，輪以當之，兩極低昂，標以指之，作星晷定時儀。又作正方案、(九)〔丸〕表、〔七〕懸正儀、座正儀，爲四方行測者所用。又作仰規覆矩圖、異方渾蓋圖、日出入永短圖，與上諸儀互相參考。

十六年，改局爲太史院，以恂爲太史令，守敬爲同知太史院事，給印章，立官府。及奏進儀表式，守敬當帝前指陳理致，至於日晏，帝不爲倦。守敬因奏：「唐一行開元間令南宮說天下測景，書中見者凡十三處。今疆宇比唐尤大，若不遠方測驗，日月交食分數時刻不同，晝夜長短不同，日月星辰去天高下不同，卽目測驗人少，可先南北立表，取直測景。」帝可其奏。遂設監候官一十四員，分道而出，東至高麗，西極滇池，南踰朱崖，北盡鐵勒，四海測驗，凡二十七所。

十七年，新曆告成，守敬與諸臣同上奏曰：

臣等竊聞帝王之事，莫重於曆。自黃帝迎日推策，帝堯以閏月定四時成歲，舜在璇璣玉衡以齊七政。爰及三代，曆無定法，周、秦之間，閏餘乖次。西漢造三統曆，百三十年而後是非始定。東漢造四分曆，七十餘年而儀式方備。又百二十一年，劉洪造乾象曆，始悟月行有遲速。又百八十年，姜岌造三紀甲子曆，始悟以月食衝檢日宿度所在。又五十七年，何承天造元嘉曆，始悟以朔望及弦皆定大小餘。又六十五年，祖冲之造大明曆，始悟太陽有歲差之數，極星去不動處一度餘。又五十二年，張子信始悟日月交道有表裏，五星有遲疾留逆。又三十三年，劉焯造皇極曆，始悟日行有盈縮。又三十五年，傅仁均造戊寅元曆，頗采舊儀，始用定（制）〔朔〕。〔八〕又四十六年，李淳風造麟德曆，以古曆章蔀元首分度不齊，始爲總法，用進朔以避晦晨月見。又六十三年，一行造大衍曆，始以朔有四大三小，定九服交食之異。又九十四年，徐昂造宣明曆，始悟日食有氣、刻、時三差。又〔二〕百三十六年，〔九〕姚舜輔造紀元曆，始悟食甚泛餘差數。以上計千一百八十二年，曆經七十改，其創法者十有三家。

自是又百七十四年，聖朝專命臣等改治新曆，臣等用創造簡儀、高表，憑其測實數，所考正者凡七事：

一曰冬至。自丙子年立冬後，依每日測到晷景，逐日取對，冬至前後日差同者爲準。得丁丑年冬至在戊戌日夜半後八刻半，又定丁丑夏至在庚子日夜半後七十刻；又定戊寅冬至在癸卯日夜半後三十三刻；己卯冬至在戊申日夜半後五十七刻〔半〕；〔一〇〕庚辰冬至在癸丑日夜半後八十一刻〔半〕。〔一一〕各減大明曆十八刻，遠近相符，前後應準。

二曰歲餘。自大明曆以來，凡測景、驗氣，得冬至時刻眞數者有六，用以相距，各得其時合用歲餘。今考驗四年，相符不差，仍自宋大明壬寅年距至今日八百一十年，每歲合得三百六十五日二十四刻二十五分，其二十五分爲今曆歲餘合用之數。

三曰日躔。用至元丁丑四月癸酉望月食既，推求日躔，得冬至日躔赤道箕宿十度，黃道箕九度有奇。仍憑每日測到太陽躔度，或憑星測月，或憑月測日，或徑憑星度

測日，立術推算。起自丁丑正月至己卯十二月，凡三年，共得一百三十四事，皆躔於箕，與(日)〔月〕食相符。〔二〕

四曰月離。自丁丑以來至今，憑每日測到逐時太陰行度推算，變從黃道求入轉極遲、疾并平行處，前後凡十三轉，計五十一事。內除去不眞的外，有三十事，得大明曆入轉後天。又因考驗交食，加大明曆三十刻，與天道合。

五曰入交。自丁丑五月以來，憑每日測到太陰去極度數，比擬黃道去極度，得月道交於黃道，共得八事。仍依日食法度推求，皆有食分，得入交時刻，與大明曆所差不多。

六曰二十八宿距度。自漢太初曆以來，距度不同，互有損益。大明曆則於度下餘分，附以太半少，皆私意牽就，未嘗實測其數。今新儀皆細刻周天度分，每度爲三十六分，以距線代管窺，宿度餘分並依實測，不以私意牽就。

七曰日出入晝夜刻。大明曆日出入晝夜刻，皆據汴京爲準，其刻數與大都不同。今更以本方北極出地高下，黃道出入內外度，立術推求每日日出入晝夜刻，得夏至極長，日出寅正二刻，日入戌初二刻，晝六十二刻，夜三十八刻。冬至極短，日出辰初二刻，日入申正二刻，晝三十八刻，夜六十二刻。永爲定式。

所創法凡五事：一曰太陽盈縮。用四正定氣立爲升降限，依立招差求得每日行分初末極差積度，比古爲密。二曰月行遲疾。古曆皆用二十八限，今以萬分日之八百二十分爲一限，凡析爲三百三十六限，依垜疊招差求得轉分進退，其遲疾度數逐時不同，蓋前所未有。三曰黃赤道差。舊法以一百一度相減相乘，今依算術句股弧矢方圜斜直所容，求到度率積差，差率與天道實脗合。四曰黃赤道內外度。據累年實測，內外極度二十三度九十分，以圜容方直矢接句股爲法，求每日去極，與所測相符。五曰白道交周。舊法黃道變推白道以斜求斜，今用立渾比量，得月與赤道正交，距春秋二正黃赤道正交一十四度六十六分，擬以爲法。推逐月每交二十八宿度分，於理爲盡。

十九年，恂卒。時曆雖頒，然其推步之式，與夫立成之數，尚皆未有定藁。守敬於是比次篇類，整齊分杪，裁爲推步七卷，立成二卷，曆議擬藁三卷，轉神選擇二卷，上中下三曆注式十二卷。二十三年，繼爲太史令，遂上表奏進。又有時候箋注二卷，修改源流一卷。其測驗書，有儀象法式二卷，二至晷景考二十卷，五星細行考五十卷，古今交食考一卷，新測二十八舍雜坐諸星入宿去極一卷，新測無名諸星一卷，月離考一卷，並藏之官。

二十八年，有言灤河自永平挽舟踰山而上，可至開平；有言瀘溝自麻峪可至尋麻林。朝廷遣守敬相視，灤河既不可行，瀘溝舟亦不通，守敬因陳水利十有一事。其一，大都運糧河，不用一畝泉舊原，別引北山白浮泉水，西折而南，經瓮山泊，自西水門入城，環匯於積水潭，復東折而南，出南水門，合入舊運糧河。每十里置一牐，比至通州，凡爲牐七，距牐里許，上重置斗門，互爲提閼，以過舟止水。帝覽奏，喜曰：「當速行之。」於是復置都水監，俾守敬領之。帝命丞相以下皆親操畚（牐）〔鍤〕倡工，〔一三〕待守敬指授而後行事。

先是，通州至大都，陸運官糧，歲若干萬石，方秋霖雨，驢畜死者不可勝計，至是皆罷之。三十年，帝還自上都，過積水潭，見舳艫蔽水，大悅，名曰通惠河，賜守敬鈔萬二千五百貫，仍以舊職兼提調通惠河漕運事。守敬又言：於澄淸牐稍東，引水與北壩河接，且立牐麗正門西，令舟楫得環城往來。志不就而罷。三十一年，拜昭文館大學士、知太史院事。

大德二年，召守敬至上都，議開鐵幡竿渠，守敬奏：「山水頻年暴下，非大爲渠堰，廣五七十步不可。」執政吝於工費，以其言爲過，縮其廣三之一。明年大雨，山水注下，渠不能容，漂沒人畜廬帳，幾犯行殿。成宗謂宰臣曰：「郭太史神人也，惜其言不用耳。」七年，詔內外官年及七十，並聽致仕，獨守敬不許其請。自是翰林太史司天官不致仕，定著爲令。延祐三年卒，年八十六。

楊桓

楊桓字武子，兗州人。幼警悟，讀論語至宰予晝寢章，慨然有立志，由是終身非疾病未嘗晝寢。弱冠，爲郡諸生，一時名公咸稱譽之。中統四年，補濟州教授，後由濟寧路教授召爲太史院校書郎，奉敕撰儀表銘、曆日序，文辭典雅，賜楮幣千五百緡，辭不受。遷祕書監丞。

至元三十一年，拜監察御史。有得玉璽於木華黎曾孫碩德家者，〔一四〕桓辨識其文，曰「受天之命、既壽永昌」，乃頓首言曰：「此歷代傳國璽也，亡之久矣。今宮車晏駕，皇太孫龍飛，而璽復出，天其彰瑞應於今日乎！」卽爲文述璽始末，奉上于徽仁裕聖皇后。

成宗卽位，桓疏上時務二十一事：一曰郊祀天地；二曰親享太廟，備四時之祭；三曰先定首相；四曰朝見羣臣，訪問時政得失；五曰詔儒臣以時侍講；六曰設太學及府州儒學，教養生徒；七曰行誥命以褒善敍勞；八曰異章服以別貴賤；九曰正禮儀以肅宮庭；十曰定官制以省內外冗員；十一曰講究錢穀以裕國用；十二曰訪求曉習音律者以協太常雅樂；十三曰國子監不可隸集賢院，宜正其名；十四曰試補六部寺監及府州司縣吏；十五曰增內外官吏俸祿；十六曰禁父子骨肉、奴婢相告訐者；十七曰定婚姻聘財；十八曰罷行用官錢營什一之利；十九曰復笞杖以別輕重之罪；二十曰郡縣吏自中統前仕宦者，宜加優異；二十一曰爲治之道宜各從本俗。疏奏，帝嘉納之。

未幾，陞祕書少監，預修大一統志。秩滿歸兗州，以貲業悉讓弟楷，鄉里稱焉。大德三年，以國子司業召，未赴，卒，年六十六。

桓爲人寬厚，事親篤孝，博覽羣籍，尤精篆籀之學。著六書統、六書泝源、書學正韻，大抵推明許愼之說，而意加深，皆行于世。

楊果

楊果字正卿，祁州蒲陰人。幼失怙恃，自宋遷亳，復徙居許昌，以章句授徒爲業，流寓轗軻十餘年。金正大甲申，登進士第。會參政李蹊行大司農於許，果以詩送之，蹊大稱賞，歸言於朝，用爲偃師令。到官，以廉幹稱，改蒲城，改陝，皆劇縣也。果有應變材，能治煩劇，諸縣以果治效爲最。

金亡，歲己丑，楊奐徵河南課稅，起果爲經歷。未幾，史天澤經略河南，果爲參議。時兵革之餘，法度草創，果隨宜贊畫，民賴以安。世祖中統元年，設十道宣撫使，命果爲北京宣撫使。明年，拜參知政事。及例罷，猶詔與左丞姚樞等日赴省議事。至元六年，出爲懷孟路總管，大修學廟。以前嘗爲中書執政官，移文申部，特不署名。以老致政，卒于家，年七十五，謚文獻。

果性聰敏，美風姿，工文章，尤長於樂府，外若沉默，內懷智用，善諧謔，聞者絕倒。微時，避亂河南，娶羇旅中女，後登科，歷顯仕，竟與偕老，不易其初心，人以是稱之。有西菴集，行於世。

王構

王構字肯堂，東平人。父公淵，遭金末之亂，其兄三人挈家南奔，公淵獨誓死守墳墓，伏草莽中，諸兄呼之不出，號慟而去，卒得存其家，而三兄不知所終。

構少穎悟，風度凝厚。學問該博，文章典雅，弱冠以詞賦中選，爲東平行臺掌書記。參政賈居貞一見器重，俾其子受學焉。

至元十一年，授翰林國史院編修官。時遣丞相伯顏伐宋，先下詔讓之，命構屬草以進，世祖大悅。宋亡，構與李槃同被旨，至杭取三館圖籍、太常天章禮器儀仗，歸于京師。凡所薦拔，皆時之名士。十三年秋，還，入覲，遷應奉翰林文字，陞修撰。丞相和禮霍孫由翰林學士承旨拜司徒，辟構爲司直。時丞相阿合馬爲盜擊死，世祖亦悟其姦，復相和禮霍孫，更張庶務，構之謀畫居多。歷吏部、禮部郎中，審囚河南，多所平反。改太常少卿，定親享太廟儀注。擢淮東提刑按察副使，召見便殿，親授制書，賜上尊酒以遣之。尋以治書侍御史召。屬桑哥爲相，俾與平章卜忽木檢覈燕南錢穀，而督其逋負。以十一月晦行，期歲終復命。明年春還，宿盧溝驛，度逾期，禍且不測，謂卜忽木曰：「設有罪，構當以身任之，不以累公也。」會桑哥死，乃免。有旨出銓選江西。入翰林，爲侍講學士。世祖崩，構撰謚册。成宗立，由侍講爲學士，纂修實錄，書成，參議中書省事。時南士有陳利便請捜括田賦者，執政欲從之。構與平章何榮祖共言其不可，辨之甚力，得不行。以疾歸東平。久之，起爲濟南路總管。諸王從者怙勢行州縣，民莫敢忤視，構聞諸朝，徙之北境。學田爲牧地所侵者，理而歸之。官貸民粟，歲饑而責償不已，構請輸以明年。武宗卽位，以纂修國史，趣召赴闕，拜翰林學士承旨，未幾，以疾卒，年六十三。

構歷事三朝，練習臺閣典故，凡祖宗謚册册文皆所撰定，朝廷每有大議，必咨訪焉。喜薦引寒士，前後省臺、翰苑所辟，無慮數十人，後居清要，皆有名于時。

子士熙，仕至中書參政，卒官南臺御史中丞；士點，淮西廉訪司僉事，皆能以文學世其家。

魏初

魏初字大初，弘州順聖人。從祖璠，金貞祐三年進士，補尚書省令史。金宣宗求直言，璠首論將相非人，及不當立德陵事，疏奏，不報。後復上言：「國勢危逼，四方未聞有勤王之舉，隴右地險食足，其帥完顏胡斜虎亦可委仗，宜遣人往論大計。」大臣不悅而止。閱數月，胡斜虎兵來援，已無及，金主悔焉。

金將武仙軍次五垛山不進。求使仙者，或薦璠，卽授朝列大夫、翰林修撰，給騎四人以從。至則仙已遁去，部曲亦多散亡，璠撫循招集，得數千人，推其中材勇者爲帥長，仍制符印予之，以矯制自劾，金主謂其處置得宜。繼聞仙率餘衆保留山，璠直趣仙所宣諭之。或讒於仙，謂璠欲奪其軍，仙怒，命士拔刃若欲鏦璠然，且引一吏與璠辨。璠不爲動，大言曰：「王人雖微，序于諸侯之上，將軍縱不加禮，奈何聽讒邪之言，欲以小吏置對耶！且將軍跳山谷，而左右無異心者，以天子大臣故也，苟不知尊天子，安知麾下無如將軍者。不然，吾有死，無辱命。」仙不能屈。璠復激使進兵，不應，比還，金主已遷歸德，復遷蔡州。金亡，璠無所歸，乃北還鄉里。

庚戌歲，世祖居潛邸，聞璠名，徵至和林，訪以當世之務。璠條陳便宜三十餘事，舉名士六十餘人以對，世祖嘉納，後多采用焉。以疾卒于和林，年七十，賜諡靖肅。

初，其從孫也，璠無子，以初爲後。初好讀書，尤長於春秋，爲文簡而有法，比冠，有聲。中統元年，始立中書省，辟爲掾史，兼掌書記。未幾，以祖母老辭歸，隱居教授。會詔左丞許衡、學士竇默及京師諸儒，各陳經史所載前代帝王嘉言善政，選進讀之士，有司以初應詔。帝雅重璠名，方之古直，詢知初爲璠子，〔一五〕歎獎久之，卽授國史院編修官，尋拜監察御史。首言：「法者，持天下之具，御史臺則守法之司也。方今法有未定，百司無所持循，宜參酌考定，頒行天下。」

帝宴羣臣於上都行宮，有不能釂大巵者，免其冠服。初上疏曰：「臣聞君猶天也，臣猶地也，尊卑之禮，不可不肅。方今內有太常、有史官、有起居注，以議典禮、記言動；外有高麗、安南使者入貢，以覲中國之儀。昨聞錫宴大臣，威儀弗謹，非所以尊朝廷、正上下也。」疏入，帝欣納之，仍諭侍臣自今毋復爲此舉。時襄樊未下，將括民爲兵，或請自大興始。初言：「京師天下之本，要在殷盛，建邦之初詎宜騷動！」遂免括大興兵。

初又言：「舊制，常參官諸州刺史，上任三日，舉一人自代。況風紀之職與常員異，請自今監察御史、按察司官，在任一歲，各舉一人自代，所舉不當，有罰，不惟砥礪風節，亦可爲國得人。」遂舉勸農副使劉宣自代。出僉陝西四川按察司事，歷陝西河東按察副使，入爲治書侍御史。又以侍御史行御史臺事于揚州，擢江西按察使，尋徵拜侍御史。行臺移建康，出爲中丞，卒，年六十一。子必復，集賢侍講學士。

焦養直

焦養直字無咎，東昌堂邑人。夙以才器稱。至元十八年，世祖改符寶郎爲典瑞監，思得一儒者居之。近臣有以養直薦者，帝卽命召見，敷對稱旨，以眞定路儒學敎授超拜典瑞少監。二十四年，從征乃顏。二十八年，賜宅一區。入侍帷幄，陳說古先帝王政治，帝聽之，每忘倦。嘗語及漢高帝起自側微，誦所舊聞，養直從容論辨，帝卽開納，由是不薄高帝。大德元年，成宗幸柳林，命養直進講資治通鑑，因陳規諫之言，詔賜酒及鈔萬七千五百貫。二年，賜金帶、象笏。三年，遷集賢侍講學士，賜通犀帶。七年，詔傅太子於宮中，啓沃誠至，帝聞之，大悅。八年，代祀南海。九年，進集賢學士。十一年，陞太子諭德。至大元年，授集賢大學士，謀議大政悉與焉。告老歸而卒，贈資德大夫、河南等處行中書省右丞，謚文靖。

子德方，以廕爲興國路總管府判官。

孟攀鱗

孟攀鱗字駕之，雲內人。曾祖彥甫，以明法爲西北路招討司知事。有疑獄當死者百餘人，彥甫執不從，後三日得實，皆釋之。祖鶴、父澤民，皆金進士。

攀鱗幼日誦萬言，能綴文，時號奇童。金正大七年，擢進士第，仕至朝散大夫、招討使。歲壬辰，汴京下，北歸居平陽。丙午，爲陝西帥府詳議官，遂家長安。世祖中統三年，授翰林待制、同修國史。

至元初，召見，條陳七十事，大抵勸上以郊祀天地，祠太廟，制禮樂，建學校，行科舉，擇守令以字民，儲米粟以贍軍，省無名之賦，罷不急之役，百司庶府統於六部，紀綱制度悉由中書，是爲長久之計。世祖悉嘉納之，咨問諄諄。後論王百一、許仲平優劣，對曰：「百一文華之士，可置翰苑；仲平明經傳道，可爲後學矜式。」帝深然之。又嘗召問宗廟、郊祀儀制，攀鱗悉據經典以對。時帝將親祀，詔命攀鱗會太常議定禮儀，攀（龍）〔鱗〕夜晝郊祀及宗廟圖以進，〔一六〕帝皆親覽焉。復以病請西歸，帝令就議陝西五路四川行中書省事。四年卒，年六十四。延祐三年，贈翰林學士承旨、資德大夫、上護軍、平原郡公，謚文定。

尙野

尙野字文蔚，其先保定人，徙滿城。野幼穎異，祖母劉，厚資之使就學。至元十八年，以處士徵爲國史院編修官。二十年，兼興文署丞，出爲汝州判官，廉介有爲，憲司屢薦之。

二十八年，遷南陽縣尹。初至官，獄訟充斥，野裁決無留滯，涉旬，遂無事。改懷孟河渠副使，會遣使問民疾苦，野建言：「水利有成法，宜隸有司，不宜復置河渠官。」事聞于朝，河渠官遂罷。

大德六年，遷國子助教。諸生入宿衞者，歲從幸上都，丞相哈剌哈孫始命野分學於上都，以教諸生，仍鑄印給之，上都分學自野始。俄陞國子博士，誨人先經學而後文藝，每謂諸生曰：「學未有得，徒事華藻，若持錢買水，所取有限，能自鑿井及泉而汲之，不可勝用矣。」時學舍未備，野密請御史臺，乞出帑藏所積，大建學舍以廣教育。仁宗在東宮，野爲太子文學，多所裨益，時從賓客姚燧、諭德蕭𣂏入見，帝爲加禮。

至大元年，除國子司業，近臣奏分國學西序爲大都路學，帝已可其奏，野謂國學、府學混居，不合禮制，事遂寢。四年，拜翰林直學士、知制誥同修國史。詔野赴吏部，試用廕補官，野多所優假，或病其太寬，野曰：「今初設此法，冀將來者習詩書、知禮義耳，非必責效目前也。」衆乃服。

皇慶元年，陞翰林侍講學士。延祐元年，改集賢侍講學士，兼國子祭酒。二年夏，移疾歸滿城，四方來學者益衆。六年，卒于家，年七十六。贈通奉大夫、太常禮儀院使、護軍，追封上黨郡公，謚文懿。

野性開敏，志趣正大，事繼母以孝聞，文辭典雅，一本於理。

子師易，蘄州路總管府判官；師簡，中奉大夫、奎章閣侍書學士、同知經筵事。

李之紹

李之紹字伯宗，東平平陰人。自幼穎悟聰敏，從東平李謙學。家貧，教授鄉里，學者咸集。至元三十一年，纂修世祖實錄，徵名儒充史職，以馬紹、李謙薦，授將仕佐郎、翰林國史院編修官。直學士姚燧欲試其才，凡翰林應酬之文，積十餘事，併以付之。之紹援筆立成，併以槀進。燧驚喜曰：「可謂名下無虛士也。」

大德二年，聞祖母疾，辭歸。復除編修官，陞將仕郎。六年，陞應奉翰林文字。七年，遷太常博士。九年，丁母憂，累起復，終不能奪。至大三年，仍授太常博士，階承事郎。四年，陞承直郎、翰林待制。皇慶元年，遷國子司業。延祐三年，陞奉政大夫、國子祭酒。夙夜孳孳，惟以教育人材爲心。四年十二月，陞朝列大夫、同僉太常禮儀院事。六年，改翰林直學士，復以疾還。七年，召爲翰林直學士。至治二年，陞翰林侍講學士、知制誥同修國史。三年，告老而歸。泰定三年八月卒，年七十三。

子勗，蔭父職，同知諸暨州事。

之紹平日自以其性遇事優游少斷，故號果齋以自勵。有文集藏于家。

校勘記

〔一〕附會(元曆)〔曆元〕更(日立)〔立日〕法　道光本與元名臣事略卷一三引楊恭懿墓誌合，從改正。

〔二〕四大(二)〔三〕小何傷　從道光本改。按本書卷五三曆志有「天事誠密，雖四大三小庸何傷」。

〔三〕二十二年以昭文館學士領太史院事召　按元文類卷六〇姚燧楊恭懿神道碑作「二十二年召。明年，以昭文館大學士、正議大夫、領太史院事召」。此處脫「召。明年」，遂以二十三年事誤繫二十二年。

〔四〕十六年　按上文有中統年號，此處當有「至元」二字。考異已校。

〔五〕(澧)〔灃〕河　見卷五校勘記〔一五〕。下同。類編已校。

〔六〕自小王村(徑)〔經〕滹沱　據元文類卷五〇齊履謙郭守敬行狀改。類編已校。

〔七〕(九)〔丸〕表　道光本與元文類卷五〇齊履謙郭守敬行狀合，從改。

〔八〕始用定(制)〔朔〕　道光本與元文類卷五〇齊履謙郭守敬行狀合，從改。本書卷五三曆志有「自有曆以來，下訖麟德而定朔始行」。

〔九〕又〔二〕百三十六年　道光本與元文類卷五〇齊履謙郭守敬行狀合，從補。

〔一〇〕戊申日夜半後五十七刻〔半〕　據元文類卷五〇齊履謙郭守敬行狀補。類編已校。

〔一一〕癸丑日夜半後八十一刻〔半〕　據元文類卷五〇齊履謙郭守敬行狀補。類編已校。

〔一二〕與(日)〔月〕食相符　道光本與元文類卷五〇齊履謙郭守敬行狀合，從改。

〔一三〕皆親操畚(牐)〔鍤〕倡工　道光本與元文類卷五〇齊履謙郭守敬行狀合，從改。

〔一四〕木華黎曾孫碩德　「曾」當作「玄」。見卷一一六校勘記〔三〕。

〔一五〕詢知初爲璠子　上文謂魏初爲魏璠從孫，與青崖集卷五先君墓碣銘符，此作「璠子」，誤。道光本從類編改「子」爲「後」。

〔一六〕攀(龍)〔鱗〕　從北監本改。

元史卷一百六十五

列傳第五十二

張禧（弘綱）〔一〕

張禧，東安州人。父仁義，金末徙家益都。及太宗下山東，仁義乃走信安。時燕薊已下，獨信安猶爲金守，其主將知仁義勇而有謀，用之左右。國兵圍信安，仁義率敢死士三百，開門出戰，圍解，以功署軍馬總管。守信安踰十年，度不能支，乃與主將舉城內附。率其部曲從宗王合丑平定河南，授管軍元帥。後攻歸德，飛矢入口，折其二齒，鏃出項後，卒，賜爵縣侯。

禧年十六，從大將阿朮魯南攻徐州、歸德，復從元帥察罕攻壽春、安豐、廬、滁、黃、泗諸州，皆有功。禧素峭直，爲主將所忌，誣以他罪，欲置之法。時王鶚侍世祖於潛邸，禧密往依之，鶚請左丞闊闊薦禧與其子弘綱俱入見。

歲己未，從世祖南伐，濟江，與宋兵始接戰，卽擒其一將。進攻鄂州，諸軍穴城以入，宋樹栅爲夾城於內，入戰者輒不利，乃命以厚賞募敢死士。禧與子弘綱俱應募，由城東南入戰，將至城下，帝憫其父子俱入險地，遣阿里海牙諭禧父子，止一人進戰。禧所執槍，中弩矢而折，取弘綱槍以入，破城東南角。有逗留不進者十餘人，立城下，弘綱復奪其槍入。轉戰良久，禧身中十八矢，一矢鏃貫腹，悶絕復甦，曰：「得血竭飲之，血出可生。」世祖亟命取血竭，遣人往療之。瘡旣愈，復從大將納剌忽與宋兵戰于金口、李家洲，皆捷。

世祖卽位，賜金符，授新軍千戶。三年，從征李璮。〔二〕時宋乘璮叛，遣夏貴襲取蘄縣、宿州等城，禧移兵攻之，貴走，盡復諸城。

至元元年，陞唐鄧等州盧氏保甲丁壯軍總管。宋侵均州，總管李玉山敗走，帝命禧代之。三年，與宋將呂文煥戰于高頭赤山，乘勝復均州。四年，改水軍總管，益其軍二千五百，令習水戰。五年，從攻襄樊。六年七月，夏貴率兵援襄陽，禧從元帥阿朮戰，却之。八年，江水暴溢，宋遣范文虎以戰艦千餘艘來援。元帥阿朮命禧率輕舟，夜銜枚入其陣中，插葦以識水之深淺。及還，阿朮卽命禧率四翼水軍進戰，宋兵潰，追至淺水，奪戰艦七十餘艘。九年，攻樊城，焚其串樓，敗宋將張貴于鹿門山。

十年，行省集諸將問破襄陽之策，禧言：「襄、樊夾漢江而城，敵人横鐵鎖、置木樧于水中，今斷鎖毀橛，以絕其援，則樊城必下。樊城下，則襄陽可圖矣。」行省用其計，乃破樊城，而襄陽繼降，帝遣使錄諸將功，授宣武將軍、水軍萬戶，佩金虎符，丞相伯顏因命禧爲水軍先鋒。

十二年，敗宋將孫虎臣于丁家洲，尋移屯黃池，以斷宋救兵。九月，從阿朮與宋都統姜才戰，有功，加信武將軍。十三年，從下溫、台、福建。十四年，加懷遠大將軍、江陰路達魯花赤、水軍萬戶。十六年，入朝，進昭勇大將軍、招討使。

十七年，加鎮國上將軍、都元帥。時朝廷議征日本，禧請行，卽日拜行中書省平章政事，與右丞范文虎、左丞李庭同率舟師，泛海東征。至日本，禧卽捨舟，築壘平湖島，約束戰艦，各相去五十步止泊，以避風濤觸擊。八月，颶風大作，文虎、庭戰艦悉壞，禧所部獨完。文虎等議還，禧曰：「士卒溺死者半，其脫死者，皆壯士也，曷若乘其無回顧心，因糧於敵以進戰。」文虎等不從，曰：「還朝問罪，我輩當之，公不與也。」禧乃分船與之。時平湖島屯兵四千，乏舟，禧曰：「我安忍棄之！」遂悉棄舟中所有馬七十匹，以濟其還。至京師，文虎等皆獲罪，禧獨免。子弘綱。

弘綱字憲臣，年十八，父禧爲主將所誣，繫獄，將殺之，弘綱直入獄中，獄卒併繫之。弘綱佯狂詭笑，守者易之，既寢，遂與其父逸去。後從其父攻城徇地，屢有功，自昭信校尉、管軍總把，佩銀符，換金符，爲千戶，陞總管、廣威將軍、招討副使，加定遠大將軍、招討使，鎮江陰。

盜起安吉，弘綱率兵往捕，未踰旬，擒之。從參政高興破建德溪寨諸賊，後賜三珠虎符，授昭勇大將軍、河南諸翼征行萬戶。從右丞劉深征八百媳婦國，師次八番，與叛蠻宋隆濟等力戰而歿。贈宣忠秉義功臣、資善大夫、湖廣等處行中書省左丞、上護軍，追封齊郡公，謚武(宣)〔定〕。〔三〕

子漢，當襲職，讓其弟鼎。漢後爲監察御史，累官至集賢直學士。鼎，襲江陰水軍萬戶。

賈文備

賈文備字仲武，祁州蒲陰人。父輔，仕金爲祁州刺史。武仙憚輔膽略，密令所親圖之。輔以衆歸太祖，詔隸張柔，以兵攻蠡州、慶都、安平、束鹿諸縣，皆下之。柔開帥府於滿城，命輔行元帥府事於祁州。從定山東，遷左副元帥。柔將兵在外，輔常居守，累功，改行軍千戶，賜金符，尋領順天河南等路軍民萬戶，卒。

文備襲父千戶職，張柔命屯三汊口，備宋兵。宋以雲梯二十餘來攻，文備率兵鏖戰，却之，憲宗賜弓矢銀盂。歲乙卯，復令襲父左副元帥職，兼領順天路。中統（三）〔二〕年，〔四〕升開元府路女眞水達達等處宣撫使，佩金虎符。三年，遷開元東京懿州等處宣慰使。四年，改授萬戶，領張柔所部軍，屯亳州。宋兵時鈔掠淮甸，文備戰却之。

至元二年，加昭勇大將軍、眞定路總管，兼府尹。六年，調衛輝路總管。七年，授西蜀成都統軍，以疾不赴。八年，授宿州萬戶，尋改河南等路統軍，圍襄樊。九年，移蔡州，兼水陸漕運。宋兵時掠糧餉，文備敗之，併奪其船。詔罷統軍，文備入覲，賜弓矢、金鞍、錦衣、白金。十一年，復授萬戶、漢軍都元帥，領劉整軍，駐亳州。宋將夏貴知亳無備，盛引兵來襲，文備出奇邀擊，大破之，帝賜金鞍、金織、文段、白金。

丞相伯顏伐宋，文備領左翼諸軍以從，抵郢州。宋築二城夾江，布戰艦數千艘于江中，陳兵兩岸，軍不得進。文備泛舟，由淪河徑出大江，攻武磯堡。乃從阿朮先渡江，大軍繼之，遂取鄂、漢，以功賜白金，加昭毅大將軍，守鄂州。

十二年，從平章政事阿里海牙趣湖南，至潭州城下。文備冒鋒鏑，砲傷右手，流矢中左臂，攻戰愈急，宋臣李芾死之，轉運判官鍾蜚英等以城降。十三年，加昭武大將軍，守潭州。十四年，衡、永、郴等郡寇發，文備悉討平之。十五年，進鎭國上將軍、湖南道宣慰使，徇瓊崖等州及廣東瀕海諸城，追宋衞王昺。十六年，召還，拜淮東宣慰使，〔三〕加金吾上將軍，鎭慶元。十八年，復授都元帥。二十年，改江東宣慰使，討建寧盜黃華。二十二年，拜荆湖占城行中書省參知政事。二十三年，改湖廣行省參知政事。二十四年，致仕。後十七年，以疾卒。延祐四年，贈江西等處行中書省左丞，追封武威郡公，謚莊武。

解誠

解誠，易州定興人。善水戰，從伐宋，設方略，奪敵船千計，以功授金符、水軍萬戶，兼都水監使。焦湖之戰，獲戰艦三百艘。宋以舟師來援，誠據舟厲聲呵之，援兵不敢動，急移舟抵岸，乘勢追殺之，奪其軍餉三百餘斛。既又從攻安豐、壽、復、泗、亳諸州，俱有功；又從下雲南大理國，以功賜金虎符。從攻鄂，奪敵艦千餘艘，殺溺敵軍甚衆。世祖嘉其功，嘗降制奬之。

至元三十年，卒，贈推忠宣力功臣、龍虎衞上將軍、同知樞密院事、上護軍，追封易國公，謚武定。

子汝楫襲，從討李璮，平宋，累獲功賞，卒，贈推忠效節功臣、資德大夫、中書右丞、上護軍，追封易國公，謚忠毅。

子帖哥襲，從征廣西，下靜江府，改授水軍招討使。尋復爲萬戶，從征交趾，有功，陞廣東道宣慰使，卒，贈資德大夫、河南江北等處行中書省左丞、上護軍，平陽郡公，謚武宣。

子世英，由監察御史，遷山南江北道僉事。

管如德

管如德，黃州黃陂縣人。父景模，爲宋將，以蘄州降，授淮西宣撫使。如德爲江州都統制，至元十二年，亦以城降。先是，如德嘗被俘虜，思其父，與同輩七人間道南馳，爲邏者所獲，械送于郡。如德伺邏者怠，卽引械擊死數十人，各破械脫走，間關萬里達父所。景模喜曰：「此眞吾兒也。」至是，入覲，世祖笑曰：「是孝於父者，必忠於我矣。」一日，授以强弓二，如德以左手兼握，右手悉引滿之，帝曰：「得無傷汝臂乎？後毋復然！」嘗從獵，遇大溝，馬不可越，如德卽解衣浮渡，帝壯之，由是稱爲拔都，賞賚優渥。帝問：「我何以得天下，宋何以亡？」如德對曰：「陛下以福德勝之。襄樊，宋咽喉也，咽喉被塞，不亡何恃！」帝曰：「善。」帝又命習國書，曰：「習成，當爲朕言之。」一日，帝語如德曰：「朕治天下，重惜人命，凡有罪者必令面對再四，果實也而後罪之，非如宋權姦擅權，書片紙數字卽殺人也。汝但一心奉職，毋懼忌嫉之口。」授湖北招討使，總管本部軍馬，佩金虎符。

是年六月，丞相阿朮南攻宋。如德以軍爲前鋒，至揚州揚子橋，與宋戰，晝夜不息，如德先登陷陣，擒其帥張都統等，宋軍遂潰。七月，進軍(佳)〔焦〕山江上，〔六〕復大戰，奪宋帥夏都統牌印衣甲及餉軍海船，悉送阿朮所。事聞，帝命賞之。軍至鎭江，如德招安諸郡，守將皆望風降附。丞相伯顏取臨安，復選能招諸郡者，衆推如德，如德銜命往喻，紹興諸郡皆下。初，世祖以寶刀賜如德，及與敵戰，刀刃盡缺。宋平，入覲，如德以刀上呈，曰：「陛下向所賜刀，從軍以來，刀缺如是矣。」帝嘉其樸。

十二年，遷浙西宣慰使，上時政五條：一曰立額薄征；二曰息兵懷遠；三曰立法用人；四曰省役恤民；五曰設官制祿。時法制未備，仕多冗員，又方用兵日本倭國，而軍民之官，廪祿未有定制，故如德言及之，權臣抑不得上。二〔十〕年，丞相阿塔海命馳驛奏出征事，〔七〕入見，世祖問曰：「江南之民，得無有二心乎？」如德對曰：「往歲旱澇相仍，民不聊生，今累歲豐稔，民沐聖恩多矣，敢有貳志！使果有貳志，臣曷敢飾辭以欺陛下乎！」帝善其言，且喻之曰：「阿塔海有未及者，卿善輔導之，有當奏聞者，卿勿憚勞，宜馳捷足之馬，來告於朕。」

二十四年，遷江西行省參知政事，破豪猾，去姦吏，居民大悅。是時，贛、汀二州盜起，如德指揮諸將討平之，其脅從者多所全宥。二十六年，遷江西行尙書省左丞，時鍾明亮以循州叛，殺掠州縣，千里丘墟，帝命如德統四省兵討之。諸將欲直擣其巢穴，如德曰：「嘻！今田野之氓，疲於轉輸，介冑之士，病於暴露，重困斯民，而自爲功，吾不爲也。」於是遣使喻以禍福，賊感如德誠信，卽擁十餘騎，詣贛州石城縣降。平章政事奥魯赤，怒其跋扈不臣，欲以事殺明亮，如德聞之曰：「皇元仁厚，未嘗殺降，明亮叛人，何足惜，所重者，信不可失耳！」年四十有四，卒于軍，贈江西行省左丞、平昌郡公，諡武襄。

子九，淳祖，積官中順大夫、龍興路富州尹。

趙匣剌

趙匣剌者，始以父任爲千戶，佩金符。中統三年，守東川。四年，宋夏貴以兵侵虎嘯山寨，元帥欽察遣匣剌率兵往禦之，貴敗走，追至新明縣，斬首三十餘級。宋劉雄飛以兵犯青居山舊府，匣剌與戰於都尉垻，敗之，斬首二十餘級。欽察攻釣魚山，遣匣剌以兵千五百人略地至南垻，擊敗宋軍，生獲軍士五十七人，老幼三百四十人。從攻大良平，宋昝萬壽運糧至渠江之鵝灘，匣剌邀擊之，斬首五十餘級，宋兵大敗。匣剌亦被三創，矢鏃中左肩不得出。欽察惜其驍勇，取死囚二人，刲其肩，視骨節淺深，知可出，卽爲鑿其創，拔鏃出之，匣剌神色不爲動。

至元三年，爲東川路先鋒使。四年，元帥拜答攻開州，至萬寶山，遣匣剌以兵五百人擊宋軍，生獲四十人。五年，兼管京兆、延安兩路新軍，戍東安、虎嘯山兩城。宋楊立以兵護糧，送大良平，匣剌察知之，遂率所部兵與立戰於三重山，斬首百五十級，擒獲四十餘人。立敗走，棄其糧千餘石，因盡奪其甲仗旗幟而還。

六年，行院遣匣剌攻釣魚山之沙市，焚其敵樓。從左丞曲力吉思等入朝，詔賞白金五十兩，細甲一注。九年，統軍合剌攻釣魚山，時匣剌爲先鋒，領兵千人，略地至葛樹坪，與宋兵遇，生獲二十餘人，斬首四十級。十年三月，復從行院合答攻釣魚山之沙市，匣剌乘夜蟻附而登，殺其守兵，燒其積聚，生獲二十餘人以歸。又擊敗宋將張珏兵於武勝軍。行院新拔禮義山寨，命匣剌守之。

十二年，率舟師會攻釣魚山，戰數有功。進圍重慶，宋將趙安勒兵出戰，匣剌迎擊之，夜至二鼓，敵衆大潰。行院以其功上聞，未報而疾作，乃遣往瀘州治疾，至之夕，瀘州復叛，匣剌輿疾出戰，遂爲其所獲，與從者二十人皆死之。子世顯，船橋副萬戶。

周全

周全，其先汝寧光州人。仕宋爲武翼大夫、廣南西路馬步軍副總管。至元十二年，丞相伯顏總兵下江南，全率衆來歸，遂以行省檄遙授衡州知州。是年秋七月，入覲，賜金符，授明威將軍，遙授泉州知州，兼管軍千戶。冬十月，從元帥宋都䚟下江西諸城邑。明年，進兵福建，宋制置使黃萬石降。冬十月，從大軍征廣東，十一月，至韶州城下，嚴攻具，率勇士先登，與宋兵合戰，斬馘甚衆，殺其安撫使熊飛。十二月，以遊騎巡廣中，過靈星海石門。敵勢甚張，全奮戈殺敵，乘勝奪其旗鼓，火其船，及諸軍下廣州，全功居多。

十四年，從攻廣西靜江府，宋安撫李夢龍率衆來降。其有負固不下者，悉戰敗之，奪敵艦以千計，殺敵溺死者無算，兩廣以平。第功，賜虎符，授管軍總管。十五年，盜據贛州崖石山寨，全率兵討平之，焚其寨。十七年，進廣威將軍、管軍副萬戶，鎮守龍興。二十年，以疾去官。

大德九年，卒，贈懷遠大將軍、南安寨兵萬戶府萬戶、輕車都尉，追封汝南郡侯。子祖瑞，襲職。

孔元

孔元字彥亨，眞定人，驍勇有智略。歲丁酉，棄家從軍，隸丞相史天澤麾下。戊戌，從攻焦湖，圍壽春，先登，拔其西堡。己亥，從征安豐，力戰却敵。己酉，從圍泗州，拔之。辛亥，從攻五堂山寨，俘其衆以歸。戊午，從攻樊城，親王塔察兒命取樊西堡，元率死士挺槍大呼，擊殺數百人，斬首十九級以獻。中統元年，扈駕北征。二年，宣授管軍總把。至元十一年，從伐宋，爲前鋒，所向克捷。十四年，進武略將軍、管軍千戶。明年，還軍北征，進武義將軍、侍衞親軍千戶，賜佩金符。又明年，國兵討叛王失里木等，從行院別乞里迷失追其衆至兀速洋而還。分軍之半，扼其要害地，餘衆遂潰，獲輜重牛馬。帝大悅，賞賚甚厚，加宣武將軍、右衞親軍總管。十九年，以疾卒。

子鷹揚襲，授昭信校尉、右衞親軍弩軍千戶，仍佩金符。至大元年，以疾卒。子成祖襲，延祐二年，卒。子那海襲。

朱國寶

朱國寶，其先徐州人，後徙寶坻。父存器，歷官至修內司使。嘗夜行盧溝橋，獲金一囊，坐而待其主以付之，其人請中分，存器笑而遣之。

憲宗將攻宋，募兵習水戰，國寶以職官子從軍，隸水軍萬戶解誠麾下。己未，世祖以兵攻鄂，國寶攝千戶，率銳卒於中流與宋師鏖戰，凡十七戰，諸軍畢濟。中統二年，授千戶，佩銀符。三年，圍李璮於濟南，佩金符，鎮戍（海東）〔東海〕。〔八〕從征襄陽，攝四翼鎮撫，督造戰艦，築萬山堡。至元十一年，拔沙洋，隳新城，皆與有力焉。初，師次江上，國寶請於丞相伯顏，願當前鋒，既而奪船二十艘以獻，伯顏壯之。宋據上流，方舟數百，結爲堡柵，伯顏指示曰：「復能奪取是乎？」國寶卽奮往破柵。既渡江，下鄂、漢。

十二年，進兵臨岳州，與宋兵戰於岳之桃花灘，獲其將高世傑，進昭信校尉、管軍總管。既降湖右，加宣武將軍，統蒙古諸軍，鎭常德府，知安撫司事。時宋諸郡邑多堅守不下，國寶傳檄招諭，踰月悉平，惟辰、沅、靖、鎭遠未下。宋將李信、李發結武岡洞蠻，分據扼寨，國寶擊敗之，其衆退保飛山、新城。思、播蠻來援，國寶復與戰，破之，擒張星、沈舉等三百餘人。進攻新城，獲信、發等，獻俘江陵。行省奏功，賜金虎符。十四年，會諸道兵攻廣西靜江，拔之，進秩管軍萬戶，鎭守梧州，領安撫司事。

十五年，加懷遠大將軍。初，宋臨安之破也，張世傑挾二王由閩蹈海，衆復滋蔓。時南恩、新州何華、張翼，舉兵興復，軍勢甚盛。國寶選精銳，擊殺華、翼，擒其黨二人，斬首萬餘級，俘五百餘人、船七百艘，奪其兵器無算，降其將十餘、軍士二百、民三萬餘戶。十六年，遷定遠大將軍、海北海南道宣慰使。蜑賊連結鬱林、廉州諸洞，恣行剽掠，國寶悉平之，磔尸高化，以懲反側。任龍光等率所部五千戶降。移瓊州，立官程，更弊政，訓兵息民，具有條制。南寧謝有奎負固不服，國寶開示信義，有奎感悟，以其屬來歸。於是黎民降者三千戶，蠻洞降者三十所。十八年，破臨高蠻寇五百人，招降居亥、番毫、銅鼓、博吐、桐油等十九洞，遣部將韓旺率兵略大黎、密塘、横山，誅首惡李實，火其巢，生致大鍾、小鍾諸部長十有八人，加鎮國上將軍、海北海南道宣慰使都元帥。供給占城軍餉，事集而民不擾。二十三年，遷廣南西道宣慰使。二十四年，入覲，帝慰勞之。二十五年，進輔國上將軍、都元帥、參知政事，行尚書省事。以軍事至贛州，得疾，卒于傳舍，年五十九。

子斌，襲職，累官加賜金虎符、海北海南宣慰使都元帥；贇，上副萬戶，佩金虎符，鎮福州；次鼎；次鉉。

張立

張立，泰安長淸人。初隸嚴實麾下，略江淮有功，署爲百戶。歲戊午，憲宗征蜀，徵諸道兵，立從行。次大獲山，宋人阻山爲城，帶江爲池，恃以自固，立統鋭卒，攻陷外堡，奪戰船百餘艘。復從攻釣魚山，有功，賜金帛。中統初，從世祖北征，還，授管軍總把，賜銀符，進侍衞軍鎮撫，换金符，改侍衞軍千戶。尋遷左衞親軍副都指揮使，賜金虎符。

十四年春，率步卒千人轉粟赴和林，道出應昌。會酋帥畔换謀不軌，以射士三千踵其後，欲乘間奪其資糧。立覺其有異，急命環車爲栅以備之，賊衆已合，矢如雨下。初，立之發上都也，每車載二板，以備不虞。至是，建板于車，矢不能入，騎卒稍前，即以戈擣之，强弩繼發，賊不得近，相持連日，乃解去。是歲，增置前後衞兵，進明威將軍、後衞親軍都指揮使，賜雙珠虎符，加昭勇大將軍，以老乞退。

子珪襲。珪卒，子伯潛襲。

齊秉節

齊秉節字子度，濱州蒲臺人。父珪，從嚴實攻歸德、廬州，有功，授無棣縣尹，攝征行千戶，後兼總管，鎭棗陽。中統三年，李璮以益都叛，徵諸道兵進討，棗陽精銳盡行，僅留羸卒千餘。珪時攝萬戶府事，與宋襄、郢對壘。敵來覘虛實，珪城守周密，以東門外壕狹小可越，命浚之爲備。宋將聶都統、陳總管果率兵萬餘，抵城東門，以板渡壕，壕廣，板不能及，珪率衆力戰，敵退走，城賴以完。事聞，賜金符，眞授千戶。至元三年，告老，舉秉節自代。

秉節魁偉沉毅，涉獵書史，稍知兵法，襲父爵，仍鎭棗陽。五年，從伐宋，築新城白河口堡鹿門山，略地郢州大洪山黃仙洞，數著戰功。七年，陞上千戶，權萬戶。十一年，從丞相伯顏至郢，盪舟由陸入江，攻武磯堡，擒宋將閻都統。

十二年，國兵敗宋賈似道、孫虎臣舟師于丁家洲，命秉節屯建康，與宋將趙淮戰于西離山，追至溧陽，自辰及午，宋軍乃退。八月，遷武義將軍。十二月，從定太平、安慶諸郡，與宋將張咨議戰于崑山，殺之。十四年，授宣武將軍、管軍總管。時黄州復叛，令秉節往討，斬余總轄于陣。〔九〕十七年，授明威將軍。二十三年，移鎮饒州。安仁劇賊蔡福一叛，秉節與有司會兵討之，擒福一，餘黨悉平。二十五年，陞廣威將軍、棗陽萬戶府副萬戶。二十八年，卒，年六十二。子英襲。

張萬家奴

張萬家奴，父札古帶，事睿宗於潛邸。從破金有功，賜虎符，授河東南北路船橋隨路兵馬都總管萬戶。從西征，下興元，圍嘉定，歿于軍。

萬家奴數從都元帥大答火魯征討，有功。中統二年，從都元帥紐璘入朝，授以父官。宋兵入成都，從行院阿脫擊破之。至元四年，帥師會立眉、簡二州。從也速答兒攻瀘州，大敗宋軍，殺傷過半，俘四十餘人以歸。

七年，率諸軍城張廣平，與宋人戰，斬首三百餘級，獲都統一人。從攻重慶，破朝陽寨，圍嘉定，柵平康、太和、懷遠諸寨，分兵以守之，且日出師，水陸接戰，功居多。而諸將攻瀘州，往往失利，乃詣闕請自任以攻取之效，許之。遂率舟師百五十艘，自桃竹灘至折魚灘，分守江面，謹風火，嚴號令，約日進攻。先據神臂門，爲梯衝登城，殺二百餘人，斬關而入，遂拔之，加昭勇大將軍。會圍重慶，將其衆斷馬湖江，分兵水陸往來爲游徼，加昭毅大將軍。以所部轉餉成都及下流諸屯，尋遷招討使。與都元帥藥剌海討亦奚不薛蠻，平之，進副都元帥。詔其子孝忠爲船橋萬戶。以萬家奴將四川、湖南兵征哈剌章。時雲南惡昌、多興、羅羅諸蠻皆叛，殺掠使者，劫奪人民，州郡莫能制。遂以其兵討之，勦其衆，民爲之立祠。二十年，從征緬，戰死之。

雲南王命其子保童，將其軍從征，入太公城，有功，襲副都元帥。又從征至甘州山丹，亦戰死。

孝忠少從父軍中，好攻戰。至元十九年，從都元帥也速答兒討亦奚不薛蠻，遇其衆于會靈關，追至沙谿，敗之。進攻龍家寨阿那關，克之，遂攻亦奚不薛營，大破之。又以八百人敗阿永蠻於鹿札河，乘勝至打鼓寨，連破之。諸蠻平，以功賜金帛、弓矢、鞍轡，還軍成都。二十二年，從討烏蒙蠻。復擊降大垻都掌、蟻子諸蠻，加明威將軍。二十七年，詔從西征，至沙、瓜諸州，還，賜虎符，僉書四川等處行樞密院事。院罷，以本軍萬戶鎮成都，卒。

郭昂

郭昂字彦高，彰德林州人。習刀槊，能挽强，稍通經史，尤工於詩。至元二年，上書言事，平章廉希憲材之，授山東統軍司知事，尋改經歷，遷襄陽總軍司，轉沅州安撫司同知，佩金符，招降溪洞八十餘栅。播州張華聚衆容山，昂率兵屠之，山徭、木猫、土獠諸洞盡降。十六年，以諸洞酋入朝，帝賜金綺衣、鞍轡，進安遠大將軍。徇沅州西南界，復新化、安仁二縣，擒劇賊張虎，縱之曰："汝非吾敵，願降即來，不然，吾復擒汝不難也。"明日，虎降，幷其衆三千餘人，悉使歸民籍。軍還，衆斂白金以獻，一無所受，行至江陵，衆復從致金而去，昂悉上之行省，宰臣令藏於庫，以示諸將。

二十六年，江西盜起，昂討之，進逼南安明揚、上龍、巖湖、綠村、石門、雁湖、赤水、黑風峒諸蠻，立太平寨而還。會大饑，以賊酋家貲分賑之。授萬戶，賜金虎符，鎭撫州。未幾，省檄昂赴廣東監造戰船，行至廣東界，遇盜，移檄諭以禍福。廣東素服其威信，及見其檄，卽俱降。授廣東宣慰使，卒，年六十一。

子震，杭州路鎭守萬戶；惠，僉江西廉訪司事；豫，知寧都州。

綦公直

綦公直，益都樂安人，世業農。至元五年，爲益都勸農官。九年，爲沂、莒、膠、密、寧海五州都城池所千戶。十年，賜金符，命造征日本戰船于高麗。時宋未下，世祖知其勇，遣使召見，俾與乎不烈拔都等領兵，同行荊南等處招討司事。抵峽州青草灘，霖雨，不進，還屯玉泉山。率兵三千攻安進下寨，破之，殺宋軍百餘人，獲牛馬七百。還至襄陽，樞密院命督造戰艦、運舟。

襄陽既下，奉旨領鄧州、光化、唐州漢軍，及郢、復熟券軍九千二百人，從諸軍南伐。（二十）〔十二〕年冬，至隆興。〔一〇〕宋軍突出城門逆戰，公直敗之，追抵城下，遂踰壕拔木，焚其樓櫓，斬首萬餘級，生擒七百人，隆興降。由是南安、吉、贛皆望風款附，平堡柵六百餘所。公直又令第三子忙古台攻梅關，破淮德山寨，入廣東，至南海，皆下之。詔授公直武毅將軍、管軍上千戶；召入，加昭勇大將軍、管軍萬戶，佩金虎符，領侍衞親軍。時伯延伯答罕、禿忽魯叛于西夏，命公直率軍討平之。

十八年五月，陞輔國上將軍、都元帥、宣慰使，鎮別十八里。初，帝詔以長子泰襲萬戶；公直自陳，父年老，乞以泰爲樂安縣尹，就養其父，制可，仍終身勿徙他職。至是，乃以忙古台襲萬戶，佩金虎符，從之鎭。公直陛辭，曰：「臣父喪五年，願葬以行。」帝許之。至家，葬事畢，遂計樂安稅課及貧民逋負，悉以賜金代輸之，乃行。二十三年，諸王海都叛，侵別十八里，公直從丞相伯顏進戰於洪水山，敗之，追擊浸遠，援兵不至，第五子瑗力戰而死，公直與妻及忙古台俱陷焉。

二十四年，忙古台奔還，授定遠大將軍、中侍衞親軍副都指揮使，改湖州砲手軍匠萬戶。討衢州山賊，有功，加昭勇大將軍。泰後終於知寧海州。

楊賽因不花

楊賽因不花，初名漢英，字熙載，賽因不花，賜名也。其先，太原人。唐季，南詔陷播州，有楊端者，以應募起，竟復播州，遂使領之。五代以來，世襲其職。五傳至昭，無子，以族子貴遷嗣。又八傳至粲，粲生价，价生文，文生邦憲，皆仕宋，爲播州安撫使。至元十三年，宋亡，世祖詔諭之，邦憲奉版籍內附，授龍虎衞上將軍、紹慶珍州南平等處沿邊宣慰使、播州安撫使，卒，年四十三，贈推忠效順功臣、平章政事，追封播國公，謚惠敏。

漢英，邦憲子也，生五歲而父卒。二十二年，母田氏攜至上京，見世祖於大安（殿）〔閣〕。〔一〕帝呼至御榻前，熟視其眸子，撫其頂者久之，乃諭宰臣曰：「楊氏母子孤寡，萬里來庭，睽甚憫之。」遂命襲父職，錫金虎符，因賜名賽因不花。及陛辭，詔中書錫宴，賜金幣綵繒，賚其從者有差。二十五年，再入覲，時年十二，帝見其應對明敏，稱善者三。復因宰臣奏安邊事，帝益嘉之。是年，改安撫司爲宣撫司，授宣撫使，尋陞侍衞親軍都指揮使。

成宗卽位，賽因不花兩入見，贈謚二代。大德五年，宋隆濟及折節等叛，詔湖廣行省平章劉二拔都、指揮使也先忽都魯，率兵偕賽因不花討之。六年秋九月，師出播境，連與賊遇，破之。前駐蹉泥，賊騎猝至，賽因不花奮擊先進，大軍繼之，賊遂潰，乘勝逐北，殺獲不可勝計。遂降阿苴，下笮籠，望塵送款者相繼。七年正月，進屯暮窩，賊衆復合，又與戰于墨特川，大破之。折節懼，乞降，斬之，又擒斬隆濟等，西南夷悉平。八年，賽因不花復入見，進資德大夫。

至大四年，加勳上護軍，詔許世襲。播南盧崩蠻內侵，詔賽因不花暨恩州宣慰使田茂忠，率兵討之，以疾卒於軍，年四十。贈推誠秉義功臣、銀青榮祿大夫、平章政事、柱國，追封播國公，謚忠宣。子嘉貞嗣。

鮮卑仲吉

鮮卑仲吉，中山人。歲乙亥，國兵定中原，仲吉首率平灤路軍民詣軍門降，太祖命爲灤州節度使。從阿朮魯南征，充右副元帥，攻取信安、關州諸城，〔一二〕以功賜虎符，授河北等路漢軍兵馬都元帥。歲壬辰，平蔡有功，〔一三〕加金吾衞上將軍、興平路都元帥、右監軍、永安軍節度使，兼灤州管內觀察使、提舉常平倉事、開國侯，尋卒。

子準，充管軍千戶，從札〔剌〕台火兒赤東征高麗。〔一四〕中統元年，賜金符，扈駕征阿里不哥，以功受上賞。三年，從征李璮。至元十年，授侍衞親軍千戶、昭武大將軍、大都屯田萬戶，佩虎符，卒。

子誠襲，授宣武將軍、高郵上萬戶府副萬戶，佩虎符，改授懷遠大將軍、僉武衞親軍都指揮使司事。領兵征爪哇，攻八百媳婦國，使廣東，克勤于役，尋以疾卒。子忽篤土襲。

完顏石柱

完顏石柱，祖德住，仕金爲管軍千戶。父拿住，歸太祖，從征西域、河西，又從太宗攻下鳳翔、同州，有功，賜號八都兒，佩銀符，爲同州管民達魯花赤，改賜金符，兼征行千戶，總管八都軍。憲宗以拿住年老，命石柱襲其職。

己未，石柱從世祖征合剌章還，都元帥紐璘攻馬湖江，石柱奪浮橋，與宋兵戰，有功，賞白金七百五十兩。軍(龍)〔隆〕化縣，〔一五〕與宋兵戰，大敗之。中統二年，授征行萬戶，佩金符。三年，從都元帥帖哥攻嘉定，有功，改賜金虎符。至元四年，敗宋兵于九頂山，生獲四十餘人。五年，攻瀘州之水寨，擊五獲寨，渡馬湖江，迎擊宋兵，敗之。從行省也速帶兒攻建都，建都降，從攻嘉定，復瀘州，取重慶，石柱之功居多。十四年，遷昭勇大將軍。十六年，授四川東道宣慰使。十七年，改鎭國上將軍、四川西道宣慰使，總管隨路八都萬戶。二十年，拜四川行省參知政事，卒。弟眞童襲爲隨路八都萬戶。

校勘記

〔一〕〔弘綱〕 據本書原目錄補。

〔二〕三年從征李璮 按征李璮事在中統三年。上文有「世祖卽位」，下文書「至元元年」，此處當脫「中統」二字。蒙史已校。

〔三〕武(宣)〔定〕 據吳文正集卷三五張弘綱墓表、至正集卷三〇左丞張武定公挽詩序改。

〔四〕中統(三)〔二〕年 道光本與本書卷四世祖紀中統二年八月辛丑條合，從改。按下文有「三年」。

〔五〕召還拜淮東宣慰使 下文有「鎭慶元」。按本書卷六二地理志、卷九一百官志，浙東道宣慰司治慶元。蒙史改「淮」爲「浙」，疑是。

〔六〕七月進軍(佳)〔焦〕山 道光本與本書卷八世祖紀至元十二年七月辛未條合，從改。

〔七〕二〔十〕年丞相阿塔海命馳驛奏出征事　從道光本補。本書卷一二世祖紀至元二十年正月乙丑條有「以阿塔海依舊爲征東行中書省丞相」。按前文記至元十二年事，後文記二十四年事，此處「二年」顯有脫誤。

〔八〕鎮戍（海東）〔東海〕　據本書卷五世祖紀至元三年九月戊午條及卷五九地理志改正。蒙史已校。

〔九〕余總轄　按宋史卷一六七職官志，崇寧四年，以太中大夫以上知州，置副總管、鈐轄各一員，州別無「總轄」。蒙史改「總」爲「鈐」，疑是。

〔一〇〕（二十）〔十二〕年冬至隆興　按本書卷八世祖紀至元十二年七月己卯、十一月己卯條，元攻隆興在至元十二年，據改正。新元史已校。

〔一一〕見世祖于大安（殿）〔閣〕　從道光本改。按本書卷一八四崔敬傳，上都「閣有大安，殿有鴻禧」。蒙史已校。

〔一二〕攻取信安關州諸城　元無「關州」其地。光緒灤州志鮮卑仲吉神道碑有攻信安事，但不書「關州」。疑此處「關州」兩字衍誤。

〔一三〕歲壬辰平蔡有功　本證云：「案金亡于蔡，紀金亡在甲午，此云壬辰平蔡，疑誤。」

〔一四〕札〔剌〕台火兒赤　據本書卷一三五塔出傳所見補。按本書卷三憲宗紀四年夏條作「札剌亦兒部人火兒赤」。蒙史已校。

〔一五〕（龍）〔隆〕化縣　據宋史卷八九地理志、本書卷八世祖紀至元十二年十二月丙寅條改。按宋無「龍化縣」。考異已校。

元史卷一百六十六

列傳第五十三

王綧

王綧，高麗王㬚之猶子也，〔一〕美容儀，慷慨有志略，善騎射，讀書通大義，以質子入朝。歲癸丑，高麗權臣高令公叛，憲宗命耶虎大王東征，綧奉旨爲使講和，仍鎭守其地，時高麗人戶新附者，就命綧總之。中統元年，授金符總管，陞佩虎符，兼領軍民。三年，率兵征濟南李壇。至元七年，高麗臣林衍叛，世祖遣頭輦哥國王討之，綧簽領部民一千三百戶，與國王同行。是年十一月，以疾辭還，家居。二十年九月，卒，壽六十一。子三人。

阿剌怙木兒襲職，授虎符，總管高麗人戶。至元八年，將兵討叛賊金通精，賊敗走躭羅。十一年，進昭勇大將軍，從都元帥忽都征日本國，頗有戰功。〔十〕五年，〔二〕加鎭國上將軍、安撫使、高麗軍民總管，尋陞輔國上將軍、東征左副都元帥。十八年，復征日本，遇風濤，遂沒于軍。

闊闊帖木兒，入侍武宗潛邸，積勞授太中大夫、管民總管。兀愛襲兄阿剌帖木兒職，佩金虎符，授安遠大將軍、安撫使、高麗軍民總管、東征左副都元帥。二十四年，乃顏叛，力戰屢捷。復從月魯兒那演討塔不歹、朵歡大王于蒙可山、那江，統兵五千餘衆，與八剌哈赤脫歡相拒，絕流戰黑龍江，箭中右臂，忍傷復戰，敵大敗。二十五年，征哈丹禿魯〔干〕，〔三〕隸平章闊里帖木兒麾下，論功居多。冬十二月，賊軍古都禿魯干次於斡禿魯塞，平章率兀愛討降之。明年，加授昭武大將軍、遼陽等處行中書省事。又明年，哈丹等入寇高麗國境，遣兀愛鎭守，仍修城壁，嚴卒伍，軍威大振，賊遂潛遁。九月，哈丹禿魯干復寇纏春，兀愛引兵擊却之。

二十八年，入覲世祖于內殿，嘉其戰功，賜尙方玉帶及銀酒器。二十九年，改東征左副都元帥府，立總管高麗女直漢軍萬戶府，乃授兀愛三珠虎符，陞鎭國上將軍，總管高麗女直漢軍萬戶府，兼瀋陽安撫使、高麗軍民總管。

隋世昌

隋世昌，其先登州棲霞人。父寶，徙居萊陽，金末隸軍伍，主帥奇其貌，以爲管軍謀克，俄授懷遠大將軍、管軍都總領，鎮行村海口。太宗下山東，寶遂來歸，授萊陽令，歷萊州節度判官，終高密令。

世昌其第四子也，涉獵書史，善騎射，身長八尺，鍛渾鐵爲鎗，重四十餘斤，能左右擊刺。歲癸丑，選充隊長。宋兵來攻海州，世昌戰却之。壬戌，克東海，世昌先登，陞馬軍隊官。己未，攻漣水城，世昌樹雲梯攀緣而上，身被數鎗，衆從之，遂克其城，陞馬軍千戶。

中統元年，宋將夏貴軍淮南新城，世昌夜乘艨艟抵城下，宋兵出戰，斬首數百級，刺殺其守將二人。未幾，漣水復叛歸宋，世昌軍于東馬寨城外，宋兵來攻，世昌擊走之。三年，改步軍千戶，還鎮行村海口。至元元年，朝議分揀正軍奧魯，授萊陽縣諸軍奧魯長官。

六年，伐宋。七年，以世昌爲淄萊萬戶府副都鎮撫，守萬山堡，建言修一字城以圍襄、樊，陞管軍千戶。九年，敗宋兵于鹿門山。元帥劉整築新門，使世昌總其役，樊城出兵來爭，且拒且築，不終夜而就。整授軍二百，令世昌立礮簾於樊城欄馬牆外，夜大雪，城中矢石如雨，軍校多死傷，達旦而礮簾立。宋人列艦江上，世昌乘風縱火，燒其船百餘。樊城出兵鏖戰欄馬牆下，世昌流血滿甲，勇氣愈壯，而樊城竟破，襄陽亦下，遷武略將軍。引兵由黃泥堡入漢江，破沙洋。攻新城，世昌坎其城而先登，中數矢，傷臂，兜鍪皆裂，昏眩墜地，少蘇復進，遂下新城。明日丞相伯顏視所坎城，高一丈五尺餘，論功爲上。從諸軍渡江，抵南岸，宋兵聯舟來拒，世昌舍舟師，率蒙古哈必赤軍步戰，斬其將一人，宋師潰，世昌追之，復與戰，大敗之。

十二年，從戰于丁家洲，以功陞管軍千戶，佩金符。十三年，圍揚州，世昌絕其糧道，兼搜湖泊，宋兵聞鐵鎗名，不敢近。揚州平，充四城兵馬使，從平章阿朮入見，授宣武將軍、管軍總管。十四年，戍揚州，擊野人原、司空山等七寨，皆下之，進安撫使，佩金虎符，鎮瀲浦。十七年，拜定遠大將軍、管軍萬戶，尋以獲海賊功進階安遠大將軍。二十三年，改沂郯上副萬戶。

世昌前後數百戰，體皆金瘡，竟以是疾卒，年六十一，封定海郡侯，謚忠勇。子國英嗣。

羅璧

羅璧字仲玉，鎭江人。父大義，爲宋將。璧年十三而孤，長從朱禩孫入蜀，累官武翼大夫、利州西路馬步軍副總管。禩孫移荆湖，璧從之，至江陵。右丞阿里海牙領軍下江陵，璧從禩孫降，授宣武將軍、管軍千戶，隸丞相阿朮麾下。招收淮軍，討歙寇有功，領本州安撫事。至元〔十〕五年，〔四〕從元帥張弘範定廣南，賜金符，陞明威將軍、管軍總管，鎭金山。居四年，海盜屏絕。徙鎭上海，督造海舟六十艘，兩月而畢。

至元十二年，始運江南糧，而河運弗便。十九年，用丞相伯顏言，初通海道漕運，抵直沽以達京城，立運糧萬戶三，而以璧與朱清、張瑄爲之。乃首部漕舟，由海洋抵楊村，不數十日入京師，賜金虎符，進懷遠大將軍、管軍萬戶，兼管海道運糧。二十四年，乃顏叛，璧復以漕舟至遼陽，浮海抵錦州小凌河，至廣寧十寨，諸軍賴以濟，加昭勇大將軍。二十五年，督漕至直沽倉，潞河決，水溢，幾及倉，璧樹柵，率所部畚土築堤捍之。陞昭毅大將軍、同知淮西道宣慰司事。請兩淮荒閑之田給貧民耕墾，三年而後量收其入，從之。歲得粟數十萬斛，陞鎭國上將軍、海北海南道宣慰使都元帥。

大德三年，除饒州路總管，改廣東道宣慰使都元帥。山海獠夷不沾王化，負固反側，乃誘致諸洞蠻夷酋長，假以官位，曉以禍福，由是咸率衆以歸。除都水監，改正奉大夫。通州復多水患，鑿二渠以分水勢；又浚阜通河而廣之，歲增漕六十餘萬石。奉命括兩淮屯田，得疾，歸鎭江而卒，年六十六。子坤載。

劉恩

劉恩字仁甫，洛之洛水人，後徙威州。父辛，歸國，署貝州長。恩幼知讀書，勇而有謀，以材武隸軍籍，累功爲百戶，俄遷管軍總管，佩銀符，太傅府經歷。從入蜀，數有戰功。宋劉整將兵守瀘州，中統三年都元帥紐璘遣恩諭整降，以功易賜金符。至元三年，宋將以戰船五百艘，載甲士三萬人，夾江上游，先以一萬人據雲頂山，欲取漢州。恩率千人渡江與戰，殺其將二人、士卒三千餘人，溺死者不可勝計，授成都路管軍副萬戶。六年，從平章賽典赤攻嘉定，過九頂山，與宋軍遇，生擒其部將十八人，械送京師，賞賚甚厚。

九年，從皇子西平王、行省也速帶兒征建都，恩將游兵爲先鋒。師次其地，一日三戰皆捷。建都兵夜來犯圍，恩禦之，死者千餘人。時師久駐，食且盡，恩畫策招諭沿江諸蠻，得糧三萬石、牛羊二萬頭，士氣益振。建都因山爲城，山有七巔，恩奪其五，斷其汲道。建都窮蹙，乃降。入朝，升管軍萬戶，戍眉州。

十二年，昝萬壽以嘉定降，恩移戍嘉定。安西王遣使召恩至六盤山，問曰：「江南已平，四川未下奈何？」恩曰：「若以重臣之不徇私者奉詔督責之，則半年可下矣。」王卽遣恩與府僚朮兒赤乘傳以聞，帝以爲然，命丞相不花等行樞密院於西川，授恩同僉院事。十五年，重慶降，守將張萬走夔府，以兵固守，不花遣恩招之，萬以城降。旬月之間，得其大小州邑六十四。

十六年，入朝，賞賚有加，授四川西道宣慰使，改副都元帥。率蒙古、漢軍萬人征斡端，進都元帥，宣慰使如故，賜宿烈孫皮衣一、錦衣一，及弓刀諸物。師次甘州，奉詔留屯田，得粟二萬餘石。十八年，命恩進兵斡端，海都將玉論亦撒率兵萬人迎戰，游騎先至，恩設伏以待，大敗之。海都又遣八把率衆三萬來侵，恩以衆寡不敵，成師而還。二十二年，僉行樞密院事，卒。子德祿，襲成都管軍萬戶。

石高山

石高山，德興府人。父忽魯虎，以侍衞軍從太祖定中原，太宗賜以東昌、廣平四十餘戶，遂徙居廣平之洺水。

中統三年，高山因平章塔察兒入見世祖，因奏曰：「在昔太祖皇帝所集按察兒、孛羅、窟里台、孛羅海拔都、闊闊不花五部探馬赤軍，金亡之後，散居牧地，多有入民籍者。國家土宇未一，宜加招集，以備驅策。」帝大悅，曰：「聞卿此言，猶寐而覺。」卽命與諸路同招集之。旣籍其數，仍命高山佩銀符領之。

四年，授管軍總管，鎭息州，軍令嚴肅，寇不敢窺。居四年，邊境晏然，賜金符以奬之。至元八年，從取光州，克棗陽，進攻襄樊，皆有功。十年，從阿朮略地淮上。十一年，從下江南，以功陞顯武將軍。十二年冬，丞相伯顏命以所部兵取寧國，下令無虜掠，旣至城下，喩以禍福，寧國開門迎降，秋毫無犯。復令兵從至焦山，與宋將孫虎臣、張世傑轉戰百餘里，殺獲甚多，以功賜金虎符，進信武將軍，鎮高郵。宋平，伯顏等朝京師，帝問：「有瘦而善戰者，朕忘其名。」伯顏以高山對，且盛稱其功。帝卽召見，命高山自擇一大郡以佚老，而以所部軍俾其子領之，高山辭曰：「臣筋力尚壯，猶能爲國驅馳，豈敢爲自安計。」帝從之，進顯武將軍，〔五〕領兵北征，屯亦脫山。十六年，命同忽都魯領三衞軍戍和林，因屯田以給軍儲，歲不乏用。乃顏叛，督戰有功，賜三珠虎符、蒙古侍衞親軍都指揮使，守衞東宮。成宗憫其老，以其子闊闊不花襲職，賜鈔三百錠。大德七年，卒於家，年七十六。

鞏彥暉

鞏彥暉，易州人，與兄彥榮俱以武勇稱。初，彥榮以百夫長隸千戶何伯祥麾下，累有戰功，後告老，以彥暉代之。

諸軍伐宋，彥暉從破棗陽，斬首甚衆。萬戶張柔之駐曹武也，彥暉與伯祥別將一軍破大洪諸寨。宋人出荆、鄂，選兵二萬救之，彥暉與伯祥逆戰，斬首五百級，生擒曹路分等一十六人。是夜，宋兵來攻，彥暉率甲士三十人，追擊于曹武鎮，敵潰走，擒其主將以歸。戰光州，柔軍于東北，夜二鼓，命彥暉率勁卒二百伏西南，五鼓，東北聲振天地，彥暉植梯先登，衆繼之，破其外城，遂急攻，幷其子城破之。戰滁州，彥暉率浮渾脫者十人，夜渡池水，入欄馬牆，殺守軍三鋪，焚其東南角排寨木簾，大軍繼之，比明拔其城。

會大軍攻黃州，諸將壁壘未定，有舟來覘，柔遣彥暉伏甲二百於赤壁之下，敵軍夜半果水陸並至，彥暉等曳槍俟其半過而擊之，敵大撓，死者無算，生擒十七人。師還，又破張家寨，以守將獻。從攻壽州，奪其門，生擒三人以出。泗州之役，諸將自四鼓集城下，爲塹水所阻，黎明無敢渡者，兩軍交射如雨，彥暉被重甲徑渡，敵將來禦，彥暉刺其胸搏殺之，衆畢渡，至晡得其外城，尋登其月城。彥暉將下，顧伯祥失所在，乃與王進反求之，敵復追襲，彥暉力戰，翼伯祥以出，由是伯祥與彥暉如親昆弟然。事聞，賜彥暉銀符牌，俾兼鎮撫事。

歲己未十一月，兵渡江，次武昌。宋援兵四集，彥暉逆戰，有舟數十來挑戰，彥暉逐之入湖中，伏出，圍彥暉數匝，左右莫能近。彥暉矢盡，短兵接，身被重傷，度不可免，遂投水中。敵援之出，載歸江州，見宋官不屈，問以事不對，竟死，年五十六。

長子信，襲授銀符，易州等處管軍總把。中統三年，從征李璮。至元四年，從元帥阿朮南征。九年，從攻樊城，先登，奪其土城，焚西南角樓，殺敵軍十人，擒五人。宋將矮張以舟兵來援，自高頭堡戰鬬八十餘里，抵襄陽城下，奪戰艦二，獲其裨將二人、軍八人。

十一年，從丞相伯顏攻沙陽堡，率勇士五十，縱火焚其寨，敵軍大亂，遂破之。是年，從渡江，與宋兵戰，俘生口十一，奪戰艦二。繼又領軍由陸進，直抵鄂城下，殺宋兵數十人，擒江路分一人以歸。十二年，戰丁家洲，殺宋兵七十餘人，奪戰艦二。江南平，以功陞武略將軍、管軍千戶，鎭太平州。十六年，以疾辭。

子思明、思溫、思恭。思明初患目疾，以思溫襲。及思溫卒，而思明疾愈，復以思明襲。思明卒，以思恭襲懷孟萬戶府管軍下千戶，佩金符。

蔡珍

蔡珍，彰德安陽人。父興，幼隸軍籍，從宗王口溫不花出征，權管軍百戶。興告老，以珍代之。

珍素驍勇。歲戊午，從憲宗攻宋合州釣魚山。中統元年，從世祖征阿里不哥。三年，從征李璮。後從鎭襄陽，徇安慶，攻五河，所至有功。

南方平，遂入備宿衞。十四年，授忠顯校尉、管軍總把，尋命權千戶。是年冬，扈駕駐黑城。珍遣兵士儲芻藁，築土室，軍府賴其用。道遇凍者，必扶入密室溫煦之。軍糧必爲撙節，不使頓絕以致饑困。十五年，充本衞都鎭撫。十七年，陞忠武校尉、中衞親軍總把，俄改屬後衞，賜銀符。

時白海初建行營，命珍督役，卒事，民不知擾，雖草木無纖介損。帝臨幸，問其故，近臣以蔡珍號令嚴肅爲對，帝嘉之，賞以鈔若干。二十一年，改授膠東海道都漕運司丁壯萬戶府都鎮撫。二十七年，進後衞親軍千戶，佩金符。元貞元年，進階武略。俄告老而歸，子恕襲。

張泰亨

張泰亨，堂邑縣人。父山，爲管軍百戶，泰亨襲職。從攻宋釣魚山及樊城，征女兒阿塔有功。中統二年，授銀符、侍衞軍總把。三年，從圍李璮有功。至元四年，賜金符，陞京東歸德等處新軍千戶。從征西川有功，授元帥府鎮撫。六年，改省都鎮撫。七年，從攻襄陽，矢中右臂。十年，從攻樊城。十二年，進武略將軍、管軍總管，尋進明威將軍。從攻潭州，矢中鼻，拔矢奮戰，却敵兵。十三年，賜虎符，進階武德。從征廣西，破靜江府。十四年，還軍潭州，金瘡發，卒。

子繼祖襲，移鎮鄂州，舟過洞庭，溺死。

子震幼，以兄顯祖代之。二十四年，從征交趾，陷沒。震襲職，授金符、昭信校尉、管軍上千戶。延祐二年，覃恩加武略將軍，尋進階武德。五年，陞武節將軍、潁州萬戶府副萬戶。

天曆二年，卒，子斑襲。

賀祉

賀祉，益都人。父進，嘗平漣水有功，爲元帥左監軍，守淄州；改千戶，守膠州。祉初以質子入宿衞，至元六年，襲父職爲千戶，仍守膠州。七年，宋兵攻膠州，祉固守戰退之。十年，領舟師五百艘爲先鋒，攻五河口城。軍還，殿後。時宋兵以巨索橫截淮水，號混江龍，祉用大刀斷之，却其救兵，淸河城遂降。攻高郵、寶應，戰淮安城下，尸塡壕中。丞相伯顏以其功上聞，授武節將軍。攻泗州，獲戰船五百艘還。從右丞別乞里迷失入朝，帝賜以弓矢、錦衣、鞍勒，加宣武將軍。鎭新城，絕淮安、寶應糧道，降之，得戰船六百艘及器械。上於行樞密院，遂命領寶應軍民事。十四年，特賜金虎符、懷遠大將軍。

二十年，建寧路黃華反，以所領軍捕之，有功。二十四年，以征交趾請行，湖廣行省檄令守輜重，屯思明州。軍還，至建康卒。

孟德

孟德，濟南人。國初由鄒平縣令、淄州節度使累官至同知濟南路事。太宗卽位之八年，諸王闊端命德爲元帥，佩金符，領濟南軍攻宋徐州、光州，降其衆而有其地。歲甲辰，定宗母六皇后稱制，大王按只台以德爲萬戶，攻濠、蘄、黃等州，積有戰功。憲宗卽位之三年，命德守睢州。五年，移守海州。宋安撫呂文德以兵擾邊，德敗之，俘其太尉劉海。丁巳，從伯顏攻襄樊。己未，與子義從世祖攻鄂州，先登。中統三年，從征李壇。壇平，德以老告歸。

義襲爲萬戶，領兵守沂、郯。四年，賜虎符。至元元年，城郯。六年，從山東統軍帖赤如五河，宋軍拒南岸，義率兵渡河擊之，凡數戰有功。九年，授懷遠大將軍，遷宿州萬戶。十一年，宋制置夏貴攻正陽，義奪戰艦數艘，遂敗之。十二年，掠地至安慶等處，攻揚子橋獲功。十三年三月，改守杭州。九月，從下福建、溫、台等處。十四年四月，授昭勇大將軍、瑞州路達魯花赤。十月，徙鎭閩州。十六年，授昭勇大將軍、招討使。二十二年，復爲沂郯萬戶。元貞元年，以老辭職。

子智襲職，授三珠虎符、宣武將軍，爲萬戶。延祐二年，進明威將軍，以病去職。子安世襲。

鄭義

鄭義，河間人也。初，事太宗，佩金符，山東路都元帥，兼景州軍民人匠長官。從伐金，歲壬辰，與敵戰于歸德，死之。弟德溫襲。甲午，從攻徐州，陷陣而死。子澤襲。從萬戶史天澤出征，多立戰功。年老，弟江代其職。世祖北征，賜金符，授侍衞親軍副都指揮使，判武衞軍事，兼景州軍民人匠長官。

中統三年，李壇據濟南叛，世祖令各州縣長官子弟充千戶，於是以江子郇爲千戶，領景州新簽軍千餘，敗賊衆于王馬橋，諸王哈必赤賞銀五十兩。壇平，郇以例罷。江陞爲武衞親軍都指揮使，賜虎符，尋改屬左衞。至元八年，從攻襄陽，歿于陣，郇襲其職。

張榮實 子玉附

張榮實，霸州保定縣人。父進，金季封北平公，守信安城。壬辰歲，率所部兵民降，太宗命爲征行萬戶。甲午，征河南，與金將國用安戰徐州，死焉。

榮實始以質子入宿衞，繼授金符，充征行水軍千戶。丁酉，改雄州保定新城長官。庚子，復命統領水軍。甲辰，從大將察罕軍至淮上，遇宋將呂文德，與戰，俘五十餘人，賞銀椀、戰馬。從攻江陵，略襄陽，宋以舟師橫截漢水，兵不得渡，榮實戰却之，獲人百餘，戰船數十艘，察罕以聞，賜錦袍及銀十五斤。又破宋軍于太湖，賞銀百兩。己未，從世祖南征，駐陽羅渡。宋兵十萬、舟二千迎戰，橫截江水。帝以榮實習於水，命居前列，遂取輕舟率麾下水校鏖戰北岸，獲宋大船二十，俘二百，溺死不可勝計，斬宋將呂文信。中統元年，帝卽位，錄其勳勞，授金虎符、水軍萬戶，仍以其子顏代爲霸州七處管民萬戶。三年，李壇叛，榮實從史天澤討平之，賞金盌及銀二百五十兩、馬一匹，命鎭膠西。

至元五年，從丞相阿朮攻襄陽，敗夏貴，擒張順；又攻樊城，俘其二將，賞銀百兩及弓矢鞍勒。十一年，增領新軍，從丞相伯顏南征，榮實以所部軍先進，諸將飛渡，鄂、漢皆降，論功授昭毅大將軍。從阿里海牙攻岳州，降宋將高世傑，破沙洋、新（市）〔城〕，〔六〕降江陵，以功加昭武大將軍。偕元帥宋都台征江西隆興，擒宋將密佑，撫州降。十三年，授同知江西道宣慰使司事，未旬日，陞鎭國上將軍、福建道宣慰使。進兵廣東，破降韶州。十四年，改江東宣慰使、行省參知政事。帝以廣東餘黨未附，命與右丞塔出撫定之。

十五年，入覲，帝賜酒慰勞，授湖北道宣慰使、諸路水軍萬戶。是年，以疾卒，年六十一。子顏、玉、珪。

玉襲父職，爲懷遠大將軍、諸路水軍萬戶。十六年，討吉安叛賊有功，入朝，賜金織文衣、弓矢、佩刀，加輔國上將軍、都元帥、兼水軍萬戶，鎮黃州。繼奉旨與元帥唐兀台改立蘄黃等路都元帥府，仍管領本道鎮守軍馬。二十年，廣東盜起，遏絕占城糧運。二十一年，玉率兵討平之。從參知政事也的迷失入朝，賜金織文衣、鞍勒、弓刀。會元帥罷，命玉充保定水軍上萬戶。二十二年，番陽湖賊起，詔徙水軍萬戶府於南康。二十四年，從參知政事烏馬兒征交趾，累戰有功。二十五年，師還，安南以兵迎戰，大戰連日，水涸舟不能行，玉死焉。子輔襲萬戶。輔卒，子道重襲。

石抹狗狗

石抹狗狗，契丹人，其先曰高奴。歲辛未，太祖至威寧，高奴與劉伯林、夾谷常哥等以城降。會置三萬戶、三十六千戶以總天下兵，遂以高奴爲千戶，遙授青州防禦使，佩金符。己丑，從太宗伐金，爲征行千戶，卒于軍。子常山，襲爲千戶。癸丑，陞總管，領興元諸軍奧魯屯田，幷寶鷄驛軍，權都總管萬戶，歲餘卒。子乞兒襲，領本萬戶諸翼軍馬，從都元帥紐璘攻重慶、瀘、敘諸城，數有戰功。時忽都叛於臨洮，乞兒等以蒙古、漢軍從往討之。至元二年，從都元帥按敦移鎮潼川。四年九月，從攻蓬溪寨，死焉，子狗狗襲。

狗狗少從征伐，以壯勇稱。八年，從僉省嚴忠範以兵圍重慶，攻朝陽寨，先登。九年，宋將昝萬壽率衆襲成都，狗狗以蒙古軍二千擊敗之。十六年，朝廷錄其前後功，賜金虎符，授宣武將軍、管軍總管，戍遂寧。十七年，進明威將軍、管軍副萬戶。

亦奚不薛蠻叛，從招討使藥剌海討平之。行省也速帶兒討都掌、烏蒙、蟻子諸蠻，戰于鴨樓關，狗狗最有功。二十一年，以蒙古軍八百從征散猫蠻，戰於茱園坪、滲水溪，皆敗之，壁守石寨，月餘散猫降，大盤諸蠻亦降。二十四年，遷懷遠大將軍、夔路萬戶，移戍重慶。二十六年，卒。子安童襲。

楚鼎

楚鼎，安豐蒙城人。父珩，仕金爲鎮國上將軍、壽春府防禦使。金亡，歸宋，命守宿州。歲己亥，以州降，阿朮魯命珩守之。宋兵來攻宿州，城破，珩死之。宋人囚鼎於鎮江府，凡十有四年，會赦免。

至元十二年，師渡江，鼎從知太平州孟之縉降。行省遣鼎諭寧國府守將孫世賢，下之，承制授鼎管軍總管，制下，加懷遠大將軍，領兵鎮寧國。平建平、南湖、廣德諸盜。鼎與權萬戶孛羅台護送徽州招撫使李銓男漢英歸徽州，諭銓下其城。十三年，漢英與李世達叛，旌德、太平兩縣附之，鼎與兀忽納進兵，用徽人鄭安之策，按兵而入，兵不血刃而亂定。十五年，鼎始受符印。

十八年，東征日本，鼎率千餘人從左丞范文虎渡海，大風忽至，舟壞，鼎挾破舟板漂流三晝夜，至一山，會文虎船，因得達高麗之金州。合浦海屯駐散兵亦漂泛來集，遂領之以歸。

樊楫

樊楫，冠州人。初爲軍吏，從參政阿里海牙下鄂、江陵有功，以行省命爲都事。宋平，從入朝，改員外郎。從定廣西，陞郎中。從攻匡山，進參議行中書省事、同知湖南宣慰司事。二十一年，擢僉荆湖占城行中書省事。從阿里海牙征交趾，無功而還。

二十四年，復征交趾，進行中書省參知政事。時三道進兵，皇子鎮南王與右丞程鵬飛分二道，一入永平，一入女兒關。楫與參政烏馬兒將舟師入海，與賊舟遇安邦口，楫擊之，斬首四千餘級，及生擒百餘人，獲船百餘艘、兵仗無算，遂至萬劫山，合鎮南王兵。十二月，進攻交趾，陳日烜棄城走敢喃堡。二十五年正月，王攻敢喃堡，破之，日烜走入海中。交人皆匿其粟而逃，張文虎餽餉不至。二月，天暑，食且盡，於是王命班師。楫與烏馬兒將舟師還，爲賊邀遮白藤江。潮下，楫舟膠，賊舟大集，矢下如雨，力戰，自卯至酉，楫被創，投水中，賊鈎執毒殺之。至順元年，贈推忠宣力效節功臣、資德大夫、江浙行省右丞、上黨郡公，諡忠定。

張均

張均，濟南人也。父山，從軍伐宋，以功爲百戶，俄陞總把，戰死。均襲百戶，從親王塔察兒攻鄂州，面中流矢。中統三年，從征李璮有功，以總帥命陞千戶，領兵守淄州。至元六年，從左丞董文炳攻宋五河口，轉戰濠州北，遇其伏兵，均率衆力戰，敗之。十年，攻（漣）〔漣〕州，〔七〕奪孫村堡。十二年，賜金符，授忠翊校尉、沂郯翼千戶。從攻蕪湖，奪宋戰船，俘四十餘人。又從丞相阿塔海戰有功，加武略將軍。十四年，賜虎符，加宣武將軍。二十二年，陞松江萬戶。二十四年，從鎮南王征交趾。二十六年，從北征，擢明威將軍、前衞親軍副都指揮使。三十年，世祖親征乃顏，以扈從受賞。

成宗卽位，命屯田和林，規畫備悉有法，諸王藥木忽兒北征，給餉賴之，未嘗乏絕，帝嘉其能，賜予有加。大德元年，改和林等處副元帥，歷宣尉司同知，陞都元帥，加鎮國上將軍。延祐元年，卒。子世忠，襲前衞親軍副都指揮使。

信苴日

信苴日，僰人也，姓段氏。其先世爲大理國王，後累爲權臣高氏所廢。歲癸丑，當憲宗朝，世祖奉命南征，誅其臣高祥，以段興智主國事。乙卯，興智與其季父信苴福入覲，詔賜金符，使歸國。丙辰，獻地圖，請悉平諸部，幷條奏治民立賦之法。憲宗大喜，賜興智名摩訶羅嵯，命悉主諸蠻白爨等部，以信苴福領其軍。興智遂委國任其弟信苴日，自與信苴福率僰、爨軍二萬爲前鋒，導大將兀良合台討平諸郡之未附者，攻降交趾。入朝，興智在道上卒。

中統二年，信苴日入覲，世祖復賜虎符，詔領大理、善闡、威楚、統失、會川、建昌、騰越等城，自各萬戶以下皆受其節制。至元元年，舍利畏結威楚、統失、善闡及三十七部諸爨各殺守將以叛，善闡屯守官不能禦，遣使告急，信苴日率衆進討，大敗之於威楚寶滿裔。復遣孛羅攻賊於統失城，又大破之，遂定統失。其秋，舍利畏又以衆十萬謀攻大理，詔都元帥也先與信苴日討之，師至安寧，遇舍利畏，擊破走之，遂復善闡，降威楚，定新興，進攻石城、肥膩皆下之，爨部平。三年，信苴日入覲，錄功賜金銀、衣服、鞍勒、兵器。

十一年，賽典赤爲雲南行省平章政事，更定諸路名號，以信苴日爲大理總管。未幾，舍利畏復叛，信苴日遣石買等詭爲商旅，執贄往見，挺矛撞殺之，及其黨一人，梟首于市。行省以聞，復賜金一錠及金織紋衣。於是置郡縣，署守令，行賦役，施政化，與中州等。十三年，〔八〕緬國擁象騎數萬，掠金齒南甸，欲襲大理，行省遣信苴日與萬戶忽都領騎兵千人禦之，信苴日以功授大理蒙化等處宣撫使。

十八年，信苴日與其子阿慶復入覲，帝嘉其忠勤，進大理威楚金齒等處宣慰使、都元帥，留阿慶宿衞東宮。及陛辭，復拜爲雲南諸路行中書省參知政事。十九年，詔同右丞拜答兒迎雲南征緬之師，行至金齒，以疾卒。信苴日治大理，凡二十三年。

子阿慶襲爵，累授鎭國上將軍，大理金齒等處宣慰使都元帥，佩金虎符。

王昔剌

王昔剌，保定人。初事世祖，以其有勇略，遂賜名昔剌拔都。從攻釣魚山及阿里不哥，累功賜金符，授武衞親軍千戶。中統三年，從征李璮於濟南，屢捷。四年春，元帥阿朮駐兵河南，遣昔剌將蒙古、漢軍復立宿州。至元六年，賜虎符，陞海州萬戶。引兵攻鹽林山寨，多所俘獲。十年，授東川行樞密院同僉。十五年，征夔府有功。十六年，徙鎭萬州，卒于軍。

子二：曰宏，曰寧。宏先佩金符，爲左衞千戶。及樞密院擬寧襲武職，寧讓其兄宏，於是授宏中衞都指揮使，佩父虎符，而以寧代宏爲千戶，佩金符。寧從阿剌台、憨合孫北征，追擊脫脫木兒之軍于阿納禿阿之地。師還，又從別急里迷失等擊賊外剌，斬首百餘級。復從忽魯忽孫北征有功。陞右衞親軍總管，後改前衞都指揮使司僉事。子處恭襲宏職，仕至侍御史。

趙宏偉

趙宏偉字子英，甘陵人，後徙潁川。至元十三年，國兵攻宋，宏偉以書謁元帥宋都䚟於軍中，奇之，俾以兵略地臨江。至吉州，宋主將管忠節、路分鄒超悉衆出戰，宏偉敗之，追北二十餘里，薄其城，示以禍福，知州周天驥以城降。宋都䚟嘉宏偉有功，賞銀三十兩，署爲吉州參佐官。吉民有爲亂者，宏偉設伏橋下，以火攻之，賊戰退走，伏發，衆蹂踐幾盡，乘勝擣其巢穴，餘黨悉出拒戰，宏偉旋兵襲其背，斬其渠魁，一州遂安。

宋廂禁軍總管王昌、勇敢軍總管張雲誘新附五營軍爲亂。事覺，昌就擒；宏偉夜襲雲，斬首以獻，俘其黨五百人。宋都䚟欲盡誅之，宏偉曰：「此屬詿誤，非得已也，今悉就誅，何以安反側？」衆得免死。以功授太和縣尹。宋相文天祥署其將羅開禮、葉良臣，集衆謀復吉、贛、臨江，宏偉斬良臣，俘開禮，釋其餘衆。十五年，以功賜金符，遷瓜州河渡提舉。十七年，改衡州路總管府治中。羣盜出沒其境，宏偉計其地，興屯田，民旣足食，盜亦爲農，郡遂寧謐。

大德五年，用中丞董士恒薦，起僉浙西道肅政廉訪司事。鎭江旱，蠲民租九萬餘石。吏畏飛語，復徵于民，民無所出，行臺令宏偉核實，卒蠲之。大風海溢，潤、常、江陰等州廬舍多蕩沒，民乏食。宏偉將發廩以賑，有司以未得報爲辭，宏偉曰：「民旦暮饑，擅發有罪，我先坐。」遂發之，全活者十餘萬。遷江南行臺都事。十一年，江南大饑，宏偉請以贓罰錢賑之，民賴以生。

至大二年，召爲內臺都事。仁宗在東宮時，聞其名，遇之甚厚，常以字呼之。及出爲浙東廉訪副使，陛辭之日，仁宗出幣帛，俾擇所欲者卽賜之。宏偉至浙東，聞郡人許謙得朱熹道學之傳，延致爲師，於是人知向慕。未幾，擢江南行臺治書侍御史。皇慶二年，致仕。延祐三年，復起爲福建道肅政廉訪使。未幾，以疾辭。泰定三年，卒，年四十四，贈嘉議大夫、禮部尙書、上輕車都尉，追封天水郡侯，諡貞獻。

子思恭，追封天水郡侯；思敬，以處士徵爲敎授。趙璉別有傳。

校勘記

〔一〕王綧高麗王暾之猶子也　按本書卷二太宗紀十三年辛丑秋條、卷一五四洪福源傳、卷二〇八高麗傳「猶子」皆作「族子」，新元史從改，是。王綧非王暾兄弟之子。

〔二〕〔十〕五年　上文有「十一年」，進昭勇大將軍」，下文有「十八年，復征日本」，此「五年」上脫「十」字，今補。本證已校。

〔三〕哈丹禿魯〔干〕　據下文補。此名本書屢見。蒙史已校。

〔四〕至元〔十〕五年　據雪樓集卷二〇羅璧神道碑銘補。考異已校。

〔五〕進顯武將軍　按本書卷九一百官志，信武在顯武之上。上文已有「以功陞顯武將軍」、「進信武將軍」，此處不能再「進顯武將軍」。疑此處史文有誤。

〔六〕新〔市〕〔城〕　據本書卷八世祖紀至元十一年十月乙丑、十一月癸巳條、卷一二九李恒傳、卷一六六隋世昌傳改。

〔七〕（漣）〔漣〕州　從道光本改。按本書卷七、八世祖紀至元九年六月己亥、十二年正月甲戌條皆作「漣州」。

〔八〕十三年　本書卷二一〇緬傳及元文類卷四一經世大典序錄征伐作「十四年」，元書改「三」爲「四」，疑是。

元史卷一百六十七

列傳第五十四

張立道

張立道字顯卿。其先陳留人，後徙大名。父善，登金進士第。歲壬辰，國兵下河南，善以策干太弟拖雷，命爲必闍赤。

立道年十七，以父任備宿衞。世祖卽位，立道從北征，未嘗去左右。至元四年，命立道使西夏，給所部軍儲，以幹敏稱。皇子忽哥赤封雲南王，往鎮其地，詔以立道爲王府文學。立道勸王務農以厚民，卽署立道大理等處勸農官，兼領屯田事，佩銀符。尋與侍郎寧端甫使安南，定歲貢之禮。

雲南三十七部都元帥寶合丁專制歲久，有竊據之志，忌忽哥赤來爲王，設宴置毒酒中，且賂王相府官無泄其事。立道聞之，趨入見，守門者拒之，立道怒與爭，王聞其聲，使人召立道，乃得入，爲王言之。王引其手，使探口中，肉已腐矣。是夕，王薨。寶合丁遂據王座，使人諷王妃索王印。立道潛結義士，得十三人，約共討賊，刺臂血和金屑飲之，推一人走京師告變。事頗露，寶合丁乃囚立道，將殺之。人匠提舉張忠者，燕人也，於立道爲族兄，結壯士夜劫諸獄，出之，共亡至土蕃界，遇帝所遣御史大夫博羅歡、王傅別怗與告變人俱來。二人者遂與立道俱還，按寶合丁及王府官嘗受賂者，皆伏誅。有旨召立道等入朝，問王薨時狀。帝聞立道言，泣數行下，歔欷久之，曰：「汝等爲我家事甚勞苦，今欲事朕乎，事太子乎，事安西王乎？惟汝意所向。」立道等奏願留事陛下，於是賜立道金五十兩，以旌其忠，張忠等亦皆授官有差。

八年，復使安南，宣建國號詔。立道並黑水，跨雲南，以至其國，歲貢之禮遂定。十年三月，領大司農事，中書以立道熟於雲南，奏授大理等處巡行勸農使，佩金符。其地有昆明池，介碧鷄、金馬之間，環五百餘里，夏潦暴至，必冒城郭。立道求泉源所自出，役丁夫二千人治之，洩其水，得壤地萬餘頃，皆爲良田。爨、僰之人雖知蠶桑，而未得其法，立道始教之飼養，收利十倍於舊，雲南之人由是益富庶。羅羅諸山蠻慕之，相率來降，收其地悉爲郡縣。

十五年，除(忠)〔中〕慶路總管，〔一〕佩虎符。先是雲南未知尊孔子，祀王逸少爲先師。

立道首建孔子廟，置學舍，勸士人子弟以學，擇蜀士之賢者，迎以爲弟子師，歲時率諸生行釋菜禮，人習禮讓，風俗稍變矣。行省平章賽典赤表言於朝，有旨進官以褒之。

十七年，入朝，力請於帝以雲南王子也先帖木兒襲王爵，帝從之。遂命立道爲臨安廣西道宣撫使，兼管軍招討使，仍佩虎符。陛辭，賜以弓矢、衣服、鞍馬。始赴任，會禾泥路大首領必思反，扇動諸蠻夷。亟發兵討之，拔其城邑，鼓行而前，徇金齒甸七十城，越麻甸，抵可蒲，皆下之。有遺以馴象、金鳳異物者，悉獻諸朝。二十二年，又籍兩江儂士貴、岑從毅、李維屏所部戶二十五萬有奇，以其籍歸有司。遷臨安廣西道軍民宣撫使。復創廟學於建水路，書清白之訓于公廨，以警貪墨，風化大行。入朝，值權臣用事，遂退居散地。條陳十二策，皆切當世之務，帝嘉納焉。

二十七年，北京地陷，人民震驚，命立道爲本路總管。未行，安南世子陳日燇遣其臣嚴仲(羅)〔維〕、〔二〕陳子良等詣京師告襲爵。先是，其國主陳日烜累召不至，僅遣其族父遺愛入貢，朝廷因封爲安南王。遺愛還，日烜陰害之。遣使問罪，日烜拒使者不受命，遂遣將討之，失利而還。帝怒，欲再發兵，丞相完澤、平章不忽木言：「蠻夷小邦，不足以勞中國。張立道嘗再使安南有功，今復使往，宜無不奉命。」帝召至香殿，諭之曰：「小國不恭，今遣汝往諭朕意，宜盡乃心。」立道對曰：「君父之命，雖蹈水火不敢辭，臣愚恐不足專任，乞重臣一人

與俱，臣爲之副。」帝曰：「卿朕腹心臣，使一人居卿上，必敗卿謀。」遂授禮部尚書，佩三珠虎

符，賜衣段、金鞍、弓矢以行。

至安南界，謂郊勞者曰：「語爾世子，當出郭迎詔。」日燇乃率其屬，焚香伏謁道左。既抵府，日燇拜跪，聽詔如禮。立道傳上命，數其罪，爲書曉之。日燇曰：「比三世辱公使，公大國之卿，小國之師也，何以教我？」立道曰：「昔鎭南王奉詞致討，汝非能勝之也，由其不用嚮導，率衆深入，不見一人，遲疑而還，曾未出險，風雨驟至，弓矢盡壞，衆不戰而自潰，天子亦旣知之。汝所恃者，山海之險、瘴癘之惡耳。且雲南與嶺南之人，習俗同而技力等，今發而用之，繼以北方之勁卒，汝復能抗哉？汝戰不利，不過遁入海中，島夷乘釁，必來寇抄汝，汝食少不能支，必爲彼屈，汝爲其臣，孰若爲天子臣乎？今海上諸夷，歲貢於汝者，亦畏我大國之爾與也。聖天子有德於汝甚厚。前年之師，殊非上意，邊將譏汝爾。汝曾不悟，不能遣一介之使，謝罪請命，輒稱兵抗拒，逐我使人，以怒我大國之師，今禍且至矣，惟世子計之。」日燇拜，且泣涕而言曰：「公之言良是也，爲我計者，皆不知出此。前日之戰，救死而已，寧不知懼天子使，公來必能活我。」北面再拜，誓死不敢忘天子之德。遂迎立道入，出奇寶爲賄，立道一無所受，但要日燇入朝。日燇曰：「貪生畏死，人之常情，誠有詔貸以不死，臣將何辭。」乃先遣其臣阮代之、何惟巖等隨立道上表謝罪，修歲貢之禮如初，且言所以顧

朝之意。廷臣有害其功者，以爲必先朝而後赦。日㷟懼，卒不敢至，議者惜之。

二十八年，遣立道奉使按行兩浙，尋以爲四川南道宣慰使，遷陝西漢中道肅政廉訪使。三十年，皇曾孫松山封梁王，出鎭雲南。大德二年，廷議求舊臣可爲梁王輔行者，立道遂以陝西行臺侍御史拜雲南行省參政。視事期月，卒于官。

立道凡三使安南，官雲南最久，頗得土人之心，爲之立祠於鄯善城西。立道所著詩文，有效古集、平蜀總論、安南錄、雲南風土記、六詔通說若干卷。子元，雲南行省左右司郎中。

張庭珍 庭瑞

張庭珍字國寶，臨潢全州人。父楫，金商州南倉使。歲壬辰，籍其民數千來降，太宗命監榷北京等路賦課，俄改北京都轉運使，因家北京。

歲辛亥，憲宗卽位，以庭珍爲必闍赤。高麗不請命，擅徙居海中江華島，遣庭珍往問之。其王言：「臣事本朝未嘗不謹，而大軍歲入侵掠，避而走險，不得已也。」且賂庭珍金銀數千兩，庭珍却之而歸，以狀聞。帝爲禁戍兵無擅入其地，高麗以安。帝伐宋，至閬州，授安撫使。

世祖卽位，自將北伐，以庭珍熟知西京入漠南路，遣立沙井諸驛，兼給糧運，俄授同僉土蕃經略使。

至元六年，安南入貢不時，以庭珍爲朝列大夫、安南國達魯花赤，佩金符，由吐蕃、大理諸蠻至于安南。世子光昞立受詔，庭珍責之曰：「皇帝不欲以汝土地爲郡縣，而聽汝稱藩，遣使喻旨，德至厚也。王猶與宋爲脣齒，妄自尊大。今百萬之師圍襄陽，拔在旦夕，席卷渡江，則宋亡矣，王將何恃？且雲南之兵不兩月可至汝境，覆汝宗祀有不難者，其審謀之。」光昞惶恐，下拜受詔，旣而語庭珍曰：「聖天子憐我，而使者來多無禮，汝官朝列，我王也，相與抗禮，古有之乎？」庭珍曰：「有之。王人雖微，序於諸侯之上。」光昞曰：「汝過益州，見雲南王拜否？」庭珍曰：「雲南王，天子之子，汝蠻夷小邦，特假以王號，豈得比雲南王。況天子命我爲安南之長，位居汝上耶。」光昞曰：「旣稱大國，何索吾犀象？」庭珍曰：「貢獻方物，藩臣職也。」光昞無以對，益慚憤，使衞兵露刃環立以恐庭珍。庭珍解所佩弓刀，坦臥室中曰：「聽汝何爲！」光昞及羣下皆服。明年，遣使隨庭珍入貢。庭珍見帝，以所對光昞之言聞，帝大悅，命付翰林承旨王磐紀之。

授襄陽行省郎中。與阿里海牙從數騎抵襄陽南門，呼宋將呂文煥語曰：「我師所攻無不取者，汝孤城路絕，外無一兵之援，而欲以死守求空名，如闔郡之人何！汝宜早圖之。」文煥帳前將田世英、曹彪執其總管武榮來降，文煥益孤，明日遣黑楊都統來議納款。將遣之還報，庭珍曰：「彼來，或以計覘我，未能必其果降。此人呂氏腹心，不如留之，以伐其謀。」元帥阿朮然之，乃留不遣。又明日，文煥舉城降。以功遷中順大夫，遙授知歸德府行樞密院經歷。諸軍南渡，復爲行省郎中，俄授金虎符、襄陽總管，兼府尹，改郢、復二州達魯花赤。

宋平，遷平江路達魯花赤，改同知浙東宣慰使司事。未行，拜大司農卿。連居親憂，起復南京路總管，兼開封府尹。開封有控鶴軍士十餘人，賃大宅聚居，縱橫街陌，庭珍始至，察其必爲盜，急捕之，得寶玩、器服、子女滿室，窮索其黨，俱殺之，民以爲神。河決，灌太康，漂溺千里，庭珍括商人漁子船及縛木爲筏，載糗糧四出救之，全活甚衆。水入善利門，庭珍親督夫運薪土捍之，不能止，乃穎城爲堰。水旣退，卽發民增外防百三十里，人免水憂。俄卒於官。

庭珍性淸愼，丞相伯顏嘗語人曰：「諸將渡江，無不荒貪，唯我與國寶始終自守。」聞者以爲知言。弟庭瑞。

庭瑞字天表，幼以功業自許，兵法、地志、星曆、卜筮無不推究，以宿衞從憲宗伐蜀爲先鋒。中統二年，授元帥府參議，留戍靑居。

諸軍攻開州、達州，庭瑞將兵築城虎嘯山，扼二州路。宋將夏貴以師數萬圍之，城當砲，皆穿，築栅守之；栅壞，乃依大樹張牛馬皮以拒砲。貴以城中人飲于澗，外絕其水。庭瑞取人畜溲沸煮之，瀉土中以洩臭，人日飲數合，唇皆瘡裂，堅守踰月，援兵不敢進。庭瑞度宋兵稍懈，三分其兵，夜劫貴營，宋兵驚潰，殺都統欒俊、雍貴、胡世雄等五人，斬千餘級，庭瑞亦被傷數處。以功授奉議大夫、知高唐州，改濮州尹，遷陝西四川道按察副使。政過於猛，上官弗便，陷以罪，徙四川屯田經略副使。東西川行樞密院發兵圍重慶，朝廷知庭瑞練習軍事，換成都總管，佩虎符，舟楫兵仗糧儲皆倚以辦。

蜀平，陞諸蠻夷部宣慰使，甚得蠻夷心。碉門羌與婦人老幼入市，爭價殺人，碉門魚通司繫其人。羌酋怒，斷繩橋，謀入劫之。魚通司來告急，左丞汪惟正問計，庭瑞曰：「羌俗暴悍，以鬬殺爲勇。今如蜂毒一人，而卽以門牆之寇待之，不可。宜遣使往諭禍福，彼悟，當自回矣。」惟正曰：「使者無過於君。」遂從數騎，抵羌界。

羌陳兵以待，庭瑞進前語之曰：「殺人償死，羌與中國之法同，有司繫諸人，欲以爲見證耳。而汝卽肆無禮，如行省聞于朝，召近郡兵空汝巢穴矣。」其酋長棄槍弩羅拜曰：「我近者生裂羊脾卜之，視肉之文理何如，則吉其兆，曰：『有白馬將軍來，可不勞兵而罷。』今公馬果白，敢不從命。」乃論殺人者，餘盡縱遣之。遂與約，自今交市者，以碉門爲界，無相出入。

官買蜀茶，增價鬻於羌，人以爲患。庭瑞更變引法，使每引納二緡，而付文劵與民，聽其自市於羌，羌、蜀便之。先時，運糧由楊山泝江，往往覆陷，庭瑞始立屯田，人得免患。都掌蠻叛，蠻善飛鎗，聯松枝爲牌自蔽，行省命庭瑞討之。庭瑞所射矢，出其牌半簳，蠻驚曰：「何物弓矢如此之力！」即請服。惟斬其酋（蘭德）〔德蘭〕酉等十餘人，〔三〕而招復其餘民。授敍州等處蠻夷部宣撫使，改潭州路總管。時湖廣省臣方剝民爲功，庭瑞知不可拒，乃辭歸關中。三年，思成都，遂從漢中分家奴往居焉。以疾卒。

庭瑞初屯青居，其士多橘，時中州艱得蜀藥，其價倍常。庭瑞課閑卒，日入橘皮若干升儲之，人莫曉也。賈人有喪其資不能歸者，人給橘皮一石，得錢以濟，莫不感之。家有愛妾，一日見老人與之語，乃其父也，妾以告庭瑞。召視之，其貌甚似，問：「欲得汝女歸耶？」其人以爲幸侍左右，非敢求與歸。庭瑞曰：「汝女居吾家，不過羣婢，歸嫁則良人矣。」盡取奩裝書劵還之，時人以爲難。

張惠

張惠字廷傑，成都新繁人，宋尚書右僕射商英之裔孫也。其先徙居青河，後徙蜀。歲丙申，惠年十四，兵入蜀，被俘至杭海。居數年，盡通諸國語，丞相蒙速速愛而薦之，入侍世祖潘邸。以謹敏稱，賜名兀魯忽訥特。世祖即位，授燕京宣慰副使。爲政寬簡，奏免分數錢，罷硝碱局。俄遷侍中。

至元元年冬，拜參知政事，行省山東。以銀贖俘囚二百餘家爲民，其不能歸者，使爲僧，建寺居之。李璮之亂，山東民被軍士虜掠者甚衆，惠至，大括軍中，悉縱之。又奏選良吏，去冗官，以蘇民瘼。遷制國用司副使。會改制國用司爲尚書省，拜參知政事，遷中書左丞，進右丞。伯顏帥師伐宋，十二年夏，詔惠主其饋餉，凡江淮錢穀皆領之。十(二)〔三〕年春，〔四〕宋降，伯顏命惠與參知政事阿剌罕等入城，按閱府庫版籍，收其太廟及景靈宮禮樂器物、册寶、郊天儀仗。籍江南民爲工匠凡三十萬戶，惠選有藝業者僅十餘萬戶，餘悉奏還爲民。伯顏以宋主北還，俾惠居守。惠不待命，輒啓府庫封鑰，伯顏以聞，詔左丞相阿朮、平章政事阿塔海詰之，徵還京師。

二十年，拜榮祿大夫、平章政事，行省揚州。二十二年，入朝，復命以平章政事行省杭州。至無錫卒，年六十二。惠所至有能聲，及老，頗以沉浮取譏。子遵誨。

劉好禮

劉好禮字敬之，汴梁祥符人。父仲澤，金大理評事，遙授同知許州，徙家保定之完州。

好禮幼有志，知讀書，通國言。憲宗時廉訪府辟爲參議。歲乙卯，改永興府達魯花赤。至元元年，以侍儀廉希逸薦召見，言舉人材數事，稱旨。五年，應詔建言：「凡有司奏請，宜先啓皇太子，俾得閱習庶政，以爲社稷生民之福。陝西重地，宜封皇子諸王以鎮之。創築都城，宜給直以市民地。選格不宜以中統三年爲限，後是者不錄。」帝是其言，敕中書施行。

七年，遷益蘭州等五部斷事官，以比古之都護，治益蘭。其地距京師九千餘里，民俗不知陶冶，水無舟航。好禮請工匠於朝，以教其民，迄今稱便。或言榷鹽酒可以佐經費，好禮曰：「朝廷設官要荒，務以綏遠，寧欲奪其利耶！」言者慚服。

十年，北方諸王叛，執好禮軍中，幾死，其大將以好禮善應對，釋之。十六年春，叛王召好禮至欠欠州曰：「皇帝疑我，致有今日。」好禮曰：「不疑。果疑王，召王至京師，肯還之耶？」十七年春，好禮率衆走別部，守阸以待兵至。遇叛王軍，迫好禮西踰雪嶺。好禮自度，踰是則無望其還，遂以衣服賂叛王千戶，始獲東出鐵壁山口，間道南走數日，從者繼至且千人。中道糧絕，捕獵以爲食。七月，至菊海，始與戍兵接，得乘傳至昌州。入見，帝賜之食與鈔。

十八年，授嘉議大夫、澧州路總管。十九年，入爲刑部尚書，俄改禮部，又改吏部。好禮建言中書：「象力最巨，上往還兩都，乘輿象駕，萬一有變，從者雖多，力何能及。」未幾，象驚幾傷從者。二十一年，出爲北京路總管。再入爲戶部尚書。二十五年六月，卒，年六十二。

子晸，爲河西隴右道肅政廉訪使。

王國昌 子通

王國昌，膠州高密人。初爲膠州千戶，中統元年，入覲，世祖察其能，遷左武衞親軍千戶，佩金符。召問軍旅之事，國昌奏對甚悉，帝嘉之，賜白金、錦袍。

至元五年，人有上書言高麗境內黑山海道至宋境爲近，帝命國昌往視之。泛海千餘里，風濤洶湧，從者恐，勸還，國昌神色自若，徐曰：「奉天子威命，未畢事而遽返，可乎？」遂至黑山乃還，帝延見慰勞。而東夷皆內屬，惟日本不受正朔，帝知隋時嘗與中國通，遣使諭以威德，令國昌率兵護送，道經高麗。時高麗有叛臣據珍島城，帝因命國昌與經略使（卯）〔印〕突、〔五〕史樞等攻拔之。八年，復遣使入日本，乃命國昌屯於高麗之義安郡以爲援。冬十月，卒于軍。子通嗣。

通，初襲爵爲左衞親軍千戶，十二年從諸軍伐宋，渡江，鎭鄂州。時潭州不下，兵薄其城，通以所將千人破其柵，宋兵遁去，通縱兵追擊，殺獲甚衆，以功進武節將軍。從攻靜江，下之。十四年，改侍衞親軍千戶。明年，通上書，言今南方已定，而北陲未安，請屯田于和林，率所部自效，帝慰勞遣之。從破敵兵于金山，俘獲生口及馬羊牛駝不可勝計，進顯武將軍，賜金虎〔府〕〔符〕，〔六〕陞僉左衞親軍都指揮使。從討叛王乃顏，遷副都指揮使。明年，屯田瓜、沙諸州，進階明威將軍。

武宗卽位，命總京城衞兵。樞密院復奏通攝左丞，領諸衞屯田兵。尋遷屯儲衞親軍都指揮使，鎭海口。以疾卒。

子燕出不花，襲武德將軍、左衞親軍副都指揮使。

姜彧

姜彧字文卿，萊州萊陽人也。父椿，避亂往依濟南張榮，因家焉。彧幼穎悟好學，榮守濟南，辟爲掾，陞左右司知事，尋遷郎中，進參議官。

中統〔三〕〔二〕年，〔七〕彧與榮孫宏入朝，因言益都李壇反狀已露，宜先其未發制之，未報。明年春，壇果反。時諸郡不爲兵備，壇卽襲據濟南。彧棄家從榮，招集散亡，迎諸王哈必赤進兵討之。秋七月，捕得生口，言城中糧盡勢蹙，彧乃昏夜請見王曰：「聞王陛辭時，面受詔曰：『發兵誅壇耳，毋及無辜。』今旦夕城且破，王宜早諭諸將分守城門，勿令縱兵，不然城中無噍類矣。」王曰：「汝言城破，解陰陽耶？」或曰：「以人事知之，若待城破言於王，晚矣。」王悟。明日，賊衆開門出降，王下令諸軍，敢入城者論以軍法，壇就擒，城中按堵如故。或以功授大都督府参議，改知濱州。

時行營軍士多占民田爲牧地，縱牛馬壞民禾稼桑棗，或言於中書，遣官分畫疆畔，捕其强猾不法者置之法。乃課民種桑，歲餘，新桑徧野，人名爲太守桑。及遷東平府判官，民遮請留，馬爲之不行。

至元五年，召拜治書侍御史，出爲河北河南道提刑按察使，賜金虎符，改信州路總管。後累遷陝西漢中、河東山西道提刑按察使，拜行臺御史中丞。後以老病歸濟南，尋擢燕南河北道提刑按察使。三十年二月，以疾卒，年七十六。子迪吉。

張礎

張礎字可用，其先渤海人，金末，曾祖琛徙燕之通州。祖伯達，從忽都忽那顔略地燕、薊，金守(其)蒲察〔七〕斤以城降。〔八〕忽都忽承制以伯達爲通州節度判官，遂知通州。父範，爲眞定勸農官，因家焉。

礎業儒，丙辰歲，平章廉希憲薦于世祖潛邸。時眞定爲諸王阿里不哥分地，阿里不哥以礎不附己，銜之，遣使言於世祖曰：「張礎，我分地中人，當以歸我。」世祖命使者復曰：「兄弟至親，寧有彼此之間，且我方有事於宋，如礎者，實所倚任，待天下平定，當遣還也。」己未，從世祖伐宋，凡徵發軍旅文檄，悉出其手。

中統元年，立中書省，以礎權左右司事，尋出爲彰德路拘榷官，復入爲三部員外郎，賜金符，爲平陽路同知轉運使，改知獻州，同知東平府事，又改知威州。有婦人乘驢過市者，投下官暗赤之奴引鳴鏑射婦人墜地，奴匿暗赤家。礎將以其事聞，暗赤懼，乃出其奴，論如法。

至元十四年，立諸道提刑按察司，以礎爲江南浙西道提刑按察副使，佩金符。宣慰使劉失里貪暴，掠良民爲奴，礎劾黜之。遂安縣民聚衆負險爲亂，命礎與同知浙西道宣慰使劉宣領兵捕之。宣卽欲進兵，礎曰：「江南新附，守吏或失撫字，宜遣人招諭，以全衆命。」宣不可，礎曰：「諭之不來，加誅未晚。」遂遣人諭之，逆黨果自縛請罪，礎釋之，宣乃嘆服。

遷嶺南廣西道提刑按察使。廣西宣慰使也里脫强奪民財，礎按其罪。遷嶺北湖南道提刑按察副使，授賓州路總管，不赴，拜國子祭酒，尋出爲安豐路總管。三十一年，卒于官，年六十三。贈昭文館大學士、正奉大夫，封淸河郡公，謚文敏。子淑，衞輝路推官。

呂掝

呂掝字伯充，河内人。七世祖公緒，與宋丞相公著爲從昆弟。祖庭，金末避亂去鄉里。父佑，歸附，初隸兵籍，轉徙北郡，復至關中，家焉。廉希憲宣撫京兆，聘許衡教授生徒，掝從衡學。衡爲國子祭酒，舉掝爲伴讀，輔成教養，掝之功爲多。

至元十三年，擢陝西道按察司知事。未行，會宋降者言襄、漢新附，民情未安，有呂子開者，向爲襄陽制置司參謀官，今退居鄂，其人悉知宋事，宜徵用之，朝廷議遣使而難其人。或言子開舊名偉，金亂入宋，更名文蔚，字子開，於掝爲從叔父，宜遣掝行。時江淮兵猶未戢，掝聞之，慨然請行。子開既入覲，陳安撫襄、漢便宜，詔以子開爲翰林直學士，辭不就。

十四年，授掝四川行樞密院都事。時宋制置使張珏守重慶，安撫使王立守合州，詔樞府分兵取之。李德輝行西院事于成都，獲立偵卒張郃等數人，將殺之，掝曰：「彼不即降者，以昔嘗抗命，城降，懼誅耳。今宜釋郃等，俾歸諭立。」未幾，立果遣郃等齎蠟書至成都，德輝請與東院同受降。後期不至，德輝承制授立仍爲安撫使，知合州，開倉賑民，禁戢剽掠。而瀘、敍、崇慶、思、播、夔、萬等郡聞之，相繼送款。巴、黔民感掝與德輝之惠，並祠事之。東院耻其無功，誣德輝越境邀功，械立于長安獄，將誅之。掝適以事至京師，言于許衡。衡白留守賀仁傑，遂奏釋立，賜金虎符，仍舊官。埜亦以平定四川功，詔賜金織衣、弓刀、鞍勒、白金，陞奉訓大夫、四川行省左右司郎中。

十九年，調同知順慶路總管府事，以疾辭。二十年，徵爲國子司業，以未終喪辭。三十年，改華州知州，勸農興學，具有成效，及代，民爭留之。

大德中，河東、關隴地震，月餘不止，埜與集賢學士蕭𣂏，各設問答數千言，以究其理，且移書廟堂，陳救災弭患之道。

仁宗卽位，召拜翰林侍讀學士。時方議行科舉，埜曰：「經明行修，質而少華，非惟士有實（行）〔學〕，〔九〕國家當得眞才，以登治平。」未幾致仕。延祐元年，遣使給驛送還關中。十二月，以疾卒，年七十八。贈陝西行省參知政事，追封東平郡公，謚文穆。

子三人：杲、果、楨，皆顯仕。孫魯，濟寧路總管。

譚資榮〔一〇〕

譚資榮字茂卿，（興德）〔德興〕懷來人，〔一一〕敦厚寡言，頗知讀書，仕金爲縣令。歲己卯，河朔歸版圖，資榮率衆款附，主帥稔聞其名，卽日以金符授元帥左都監，爲縣令如故。後從征，以功賜金虎符，陞行元帥府事，復以其弟資用代充元帥左監軍。

歲壬辰，資榮從攻汴梁有功。既而擧資用自代，退而耕田讀書，以爲逸老計，時年四十。子二人：曰澄，曰山阜。〔二〕

澄好讀書，又習國語，爲監縣，多善政。世祖在潛邸時，澄入見，世祖嘉其容止安詳，留居藩府，稱其官而不名，以其弟山阜代爲縣。遣邇臣出使，必以澄偕。中統元年，制書褒美，以爲懷孟路總管。明年，入覲，賜金符。四年，易虎符。居官時，訟至立決，敎民力田務本。歷彰德同知，遷河南路總管，兼府尹。明年，奔父喪。中書不聽其終制，奏起復涖職。

後歷司農少卿，遷陝西四川提刑按察使。踰年，西南夷羅羅斯內附，帝以澄文武兼資，可使鎭撫新國，以爲副都元帥、同知宣慰使司事。至其境，諭之曰：「皇元一視同仁，不間遠近，特置大帥，安集招懷，以捍外侮，非利徵求於汝也。」夷人大悅。尋以疾卒。

子克修，事裕宗于東宮，出爲江南湖北、河北河南、陝西漢中三道提刑按察使。孫男三人：曰忠，曰質，曰文。

王惲

王惲字仲謀，衞州汲縣人。曾祖經。祖宇，仕金，官敦武校尉。父天鐸，金正大初，以律學中首選，仕至戶部主事。

惲有材幹，操履端方，好學善屬文，與東魯王博文、渤海王旭齊名。史天澤將兵攻宋，過衞，一見接以賓禮。中統元年，左丞姚樞宣撫東平，辟爲詳議官。時省部初建，令諸路各上儒吏之能理財者一人，惲以選至京師，上書論時政，與渤海周正並擢爲中書省詳定官。二年春，轉翰林修撰、同知制誥，兼國史院編修官，尋兼中書省左右司都事。治錢穀，擢材能，議典禮，考制度，咸究所長，同僚服之。

至元五年，建御史臺，首拜監察御史，知無不言，論列凡百五十餘章。時都水劉晸交結權勢，任用頗專，陷沒官糧四十餘萬石，惲劾之，暴其姦利，權貴側目。又言：「晸監修太廟畢功，特轉官錫賞，今纔數年，梁柱摧朽，事涉不敬，宜論如法。」晸竟以憂卒。秩滿，陳天祐、雷膺交薦於朝。

九年，授承直郎、平陽路總管府判官。初，絳之太平縣民有陳氏者殺其兄，行賂緩獄，蔓引逮繫者三百餘人，至五年不決。朝廷委惲鞫之，一訊卽得其實，乃盡出所逮繫者。時絳久旱，一夕大雨。十三年，奉命試儒人于河南。十四年，除翰林待制，拜朝列大夫、河南北道提刑按察副使，尋改置諸道制下，遷燕南河北道，按部諸郡，贓吏多所罷黜。十八年，拜中議大夫、行御史臺治書侍御史，不赴。

裕宗在東宮，惲進承華事略，其目曰：廣孝、立愛、端本、進學、擇術、謹習、聽政、達聰、撫軍、崇儒、親賢、去邪、納誨、幾諫、從諫、推恩、尙儉、戒逸、知賢、審官，凡二十篇。裕宗覽之，至漢成帝不絕馳道，唐肅宗改服絳紗爲朱明服，心甚喜，曰：「我若遇是禮，亦當如是。」又至邢峙止齊太子食邪蒿，顧侍臣曰：「一菜之名，遽能邪人耶？」詹事丞（孔）〔張〕九思從旁對曰：〔一三〕「正臣防微，理固當然。」太子善其說，賜酒慰喻之。令諸皇孫傳觀，稱其書弘益居多。

十九年春，改山東東西道提刑按察副使，在官一年，以疾還衞。二十二年春，以左司郎中召。時右丞盧世榮以聚斂進用，屢趣之不赴。或問其故，惲曰：「力小任大，剝衆利己，未聞能全者。遠之尙恐見浼，況可近乎！」既而果敗，衆服其識。

二十六年，授少中大夫、福建閩海道提刑按察使。黜官吏貪污不法者，凡數十人；察繫囚之寃滯者，決而遣之；戒戍兵無得寓民家，而創營屋以居之。每謂爲治之本在於得人，乃進言於朝曰：「福建所轄郡縣五十餘，連山距海，實爲邊徼重地。而民情輕詭，由平定以來官吏貪殘，故山寇往往嘯聚，愚民因而蟻附，剽掠村落，官兵致討，復蹂踐之甚，非朝廷一視同仁之意也。今雖不能一一擇任守令，而行省官僚如平章、左丞尙缺，宜特選清望素著、簡在帝心、文足以撫綏黎庶、武足以折衝外侮者，使鎭靜之，庶幾治安可期矣。」

時行省討劇賊鍾明亮無功，惲復條陳利害曰：「福建歸附之民戶幾百萬，黃華一變，十去四五。今劇賊猖獗，又酷於華，其可以尋常草竊視之？況其地有溪山之險，東擊西走，出沒難測，招之不降，攻之不克，宜選精兵，申明號令，專命重臣節制，以計討之，使彼勢窮力竭，庶可取也。」

二十八年，召至京師。二十九年春，見帝於柳林行宮，遂上萬言書，極陳時政。授翰林學士、嘉議大夫。

成宗卽位，獻守成事鑑一十五篇，所論悉本諸經旨。元貞元年，加通議大夫、知制誥同修國史，奉旨纂修世祖實錄，因集聖訓六卷上之。大德元年，進中奉大夫。二年，賜鈔萬貫。乞致仕，不許。五年，再上章求退，遂授其子公孺爲衞州推官，以便養，仍官其孫笴祕書郎。大德八年六月，卒。贈翰林學士承旨、資善大夫，追封太原郡公，諡文定。其著述有相鑑五十卷、汲郡志十五卷、承華事略、中堂事記、烏臺筆補、玉堂嘉話，并雜著詩文，合爲一百卷。

校勘記

〔一〕（忠）〔中〕慶路　從道光本改。

〔二〕嚴仲(羅)〔維〕 據安南志略卷三大元奉使及卷六表章改。蒙史已校。

〔三〕(蘭德)〔德蘭〕酉 按此名本書卷一〇世祖紀至元十五年十二月己卯條作「得蘭紐」、卷一二九紐璘傳附也速答兒傳作「得蘭右」，據改正。元書已校。

〔四〕十(二)〔三〕年春 上文已書十二年，此「十二年」誤。今據本書卷九世祖紀至元十三年正月甲申條改。本證已校。

〔五〕(卯)〔印〕突 按本書卷七世祖紀至元七年十一月丁巳、至元八年四月壬寅條及高麗史卷二七元宗世家作「忻都」。「印突」、「忻都」，同名異譯，「卯」誤，今改。

〔六〕金虎(府)〔符〕 從北監本改。

〔七〕中統(三)〔二〕年 此處言姜彧奏李璮有謀反之意不報，而下文有「明年春，璮果反」。按李璮之反在中統三年二月，此處「三年」爲「二年」之誤，今改。類編已校。

〔八〕金守(其)蒲察〔七〕斤以城降 本書卷一太祖紀十年正月條有「金右副元帥蒲察七斤以通州降」，與金史宣宗紀貞祐三年正月丁丑條所載符，據改。

〔九〕非惟士有實(行)〔學〕 據滋溪文稿卷七呂埅神道碑改。

〔一〇〕譚資榮 本書卷一九一有其子譚澄傳。「譚」，牧菴集卷二四譚公神道碑作「譚」，但本書卷八世祖紀至元十一年十月庚申、十二年三月乙亥條均作「覃」，王惲中堂事記作「覃」，元遺山詩集卷十四題覃彥淸飛雨亭橫披七絕亦作「覃」，彥淸，澄字。考異尚引交城縣萬卦山石刻等「證資榮父子本姓覃」。疑「譚」當作「覃」。

〔一一〕（興德）〔德興〕懷來人　據牧菴集卷二四譚公神道碑改正。

〔一二〕子二人曰澄曰山阜　本證云：「案敍資榮止一百十五言，詳其子澄事。澄在良吏傳，當云『自有傳』。然兩傳事多不同，亦可互證也。」譚澄傳見卷一九一。

〔一三〕（孔）〔張〕九思　據本書卷一一五裕宗傳、卷一六九張九思傳改。本證已校。

元史卷一百六十八

列傳第五十五

陳(祜)〔祐〕〔一〕 天祥

陳(祜)〔祐〕，一名天祐，字慶甫，趙州寧晉人，世業農。祖忠，博究經史，鄉黨皆尊而師之，既歿，門人諡曰茂行先生。

(祜)〔祐〕少好學，家貧，母張氏嘗剪髮易書使讀之，長遂博通經史。時諸王得自辟官屬，歲癸丑，穆王府署(祜)〔祐〕爲其府尚書，賜其父母銀十鋌、錦衣一襲。王既分土於陝、洛，表(祜)〔祐〕爲河南府總管。下車之日，首禮金季名士李國維、楊杲、李微、薛玄，咨訪治道，商議古今，奏免征西軍數百家及椒竹諸稅、糧料等錢，又上便民二十餘事，朝廷皆從之。

世祖卽位，分陝、洛爲河南西路。中統元年，眞除(祜)〔祐〕爲總管。時州縣官以未給俸，多貪暴，(祜)〔祐〕獨以清愼見稱，在官八年，如始至之日。至元二年，調官法行，改南京路治中。適東方大蝗，徐、邳尤甚，責捕至急。(祜)〔祐〕部民丁數萬人至其地，謂左右曰：「捕蝗慮其傷稼也，今蝗雖盛，而穀已熟，不如令早刈之，庶力省而有得。」或以事涉專擅，不可，(祜)〔祐〕曰：「救民獲罪，亦所甘心。」即諭之使散去，兩州之民皆賴焉。

三年，朝廷以(祜)〔祐〕降官無名，乃賜虎符，授嘉議大夫、衞輝路總管。衞當四方之衝，號爲難治，(祜)〔祐〕申明法令，創立孔子廟，修比干墓，且請于朝著于祀典。及去官，民爲立碑頌德。嘗上書世祖，言樹太平之本有三：一曰太子國本，建立宜早；二曰中書政本，責成宜專；三曰人材治本，選舉宜審。事雖未能盡行，時論稱之。

六年，置提刑按察司，首以(祜)〔祐〕爲山東東西道提刑按察使。時中書、尚書二省並立，世祖厭其煩，欲合爲一，集大臣雜議之，(祜)〔祐〕還朝，特命預其議。阿合馬爲尚書平章政事，欲奏陞中書右丞相安童爲太師，因罷中書省，懼(祜)〔祐〕有異議，許進(祜)〔祐〕爲尚書參知政事以啗之。及入議，(祜)〔祐〕極言中書政本，祖宗所立，不可罷；三公古官，今徒存其虛位，未須設。事遂罷。阿合馬怒其忤己，除(祜)〔祐〕僉中興等路行尚書省事。西涼隸永昌王府，其達魯花赤及總管爲人誣搆，家各百餘口，王欲悉致之法，(祜)〔祐〕力辨其寃。王怒甚，(祜)〔祐〕執議彌固，王亦尋悟，二人皆獲免，持(祜)〔祐〕泣曰：「公再生父母也。」

朝廷大舉伐宋，遣(祜)〔祐〕僉軍，山東民多逃匿，聞(祜)〔祐〕來，皆曰：「陳按察來，必無私。」遂皆出，應期而辦。十(二)〔三〕年，〔三〕授南京總管，兼開封府尹。吏多震懾失措，(祜)〔祐〕因謂曰：「何必若是！前爲盜跖，今爲顏子，吾以顏子待之；前爲顏子，今爲盜跖，吾以盜跖待之。」由是吏知修飭，不敢弄法。許、蔡間有巨盜，聚衆劫掠，(祜)〔祐〕捕之急，逃入宋境；宋亡，隨制置夏貴過汴，(祜)〔祐〕斥下馬，撾殺之於市，民間帖然。

十四年，遷浙東道宣慰使。時江南初附，軍士俘虜溫、台民男女數千口，(祜)〔祐〕悉奪還之。未幾，行省榷民商酒稅，(祜)〔祐〕請曰：「兵火之餘，傷殘之民，宜從寬恤。」不報。遣(祜)〔祐〕檢覆慶元、台州民田。及還至新昌，值玉山鄉盜，倉猝不及爲備，遂遇害，年五十六。詔贈推忠秉義全節功臣、江浙等處行中書省左丞，追封河南郡公，謚忠定。父老請留葬會稽，不得，乃立祠祀之。(祜)〔祐〕能詩文，有節齋集。

子夔，芍陂屯田萬戶，初在揚州，聞(祜)〔祐〕遇盜死，泣請于行省，願復父讎，擒其賊魁，戮于紹興市；阜，昌國州知州；奭，侍儀司通事舍人。孫思魯，襲芍陂屯田萬戶；思謙，湖廣行省參知政事。弟天祥。

天祥字吉甫，因兄(祜)〔祐〕仕河南，自寧晉徙家洛陽。天祥少隸軍籍，善騎射。中統三年，李璮叛據濟南，結宋爲外援，河北河南宣慰司承制以天祥爲千戶，屯三汊口，防遏宋兵。

事平罷歸，居偃師南山，有田百餘畝，躬耕讀書，從之遊者甚衆。其居近緱氏山，因號曰緱山先生。初，天祥未知學，(祜)〔祐〕未之奇也，別去數歲，獻所爲詩於(祜)〔祐〕，(祜)〔祐〕疑假手它人，及與語，出入經史，談辨該博，乃大稱異。

至元十一年，起家從仕郎、郢復州等處招討司經歷，從國兵渡江，因論軍中事，深爲行省參政賈居貞所器重。

十三年，興國軍以籍兵器致亂，行省命天祥權知本軍事。天祥領軍士纔十人，入其境，去城近百里，止二日乃至城中，父老來謁，天祥諭之曰：「捍衞鄉井，誠不可無兵，任事者籍之過當，故致亂爾。今令汝輩，權置兵仗以自衞，何如？」民皆稱便。乃條陳其事於行省曰：「鎭遏姦邪，當實根本，若內無備禦之資，則外生窺覦之釁，此理勢必然者也。推此軍變亂之故，正由當時處置失宜，疏於外而急於內。凡在軍中者，寸鐵尺杖不得在手，遂使姦人得以竊發，公私同被其害。今軍中再經殘破，單弱至此，若猶相防而不相保信，豈惟外寇可憂，第恐舟中之人皆敵國矣。莫若布推赤心於人，使戮力同心，與均禍福，人則我之人，兵則我之兵，靖亂止姦，無施不可。惟冀少加優容，然後責其必成之效。」行省許以從便處置。

天祥凡所設施，皆合衆望，由是流移復業，以至鄰郡之民來歸者相繼，伐茅斬木，結屋以居。天祥命以十家爲甲，十甲有長，弛兵禁以從民便。人心既安，軍勢稍振，用土兵收李必聽山寨，不戮一人。他寨聞之，各自散去，境內悉平。

時州縣官吏未有俸祿，天祥從便規措而月給之，以止其貪，民用弗擾。鄰邑分寧爲變，諜者時至，吏請捕之，天祥曰：「彼以官吏貪暴故叛，今我一軍三縣，官無侵漁，民樂其業，使之歸告其黨，則（謀）〔諜〕者反爲我用矣。」〔三〕遂一無所問。及敗逃入興國境者數千人，天祥命驗口給糧，仍戒土人勿侵陵，事定，皆得保全而歸，莫不服其威信。

居歲餘，詔改本軍爲路，有代天祥爲總管者，務變更舊政，治隱匿兵者甚急，天祥去未久而興國復變，鄰郡壽昌府及大江南北諸城邑，多乘勢殺守將以應之。時方改行省爲宣慰司，參政忽都帖〔木〕兒、〔四〕賈居貞，萬戶鄭鼎臣爲宣慰使。鼎臣帥兵討之，至樊口，兵敗死。黃州遂聲言攻陽羅堡，〔五〕鄂州大震。時忽都帖木兒恇怯不敢出兵，天祥言於居貞曰：「陽羅堡依山爲壘，素有嚴備，彼若來攻，我之利也。且南人浮躁，輕進易退，官軍憑高據險，而區區烏合之衆，與之相敵，不二三日，死傷必多，遁逃者十八九，我出精兵以擊之，惟疾走者乃始得脫。乘此一勝，則大勢已定。然後取黃州、壽昌如摧枯拉朽耳。」居貞深然之，而忽都帖木兒意猶未決。聞至陽羅堡，居貞力趣之，乃引兵宿於青山，明日大敗其衆，皆如天祥所料。

初，行省聞變，盡執鄂州城中南人將殺之，以防內應，居貞救之不能得，天祥曰：「是州之人，與彼勢本不相接，欲殺之者，利其財耳。」力止之，至是被執者皆縱去。復遣天祥權知壽昌府事，授兵二百餘人。爲亂者聞官軍至，皆棄城依險而自保。天祥以衆寡不敵，非可以力服，乃遣諭其徒使各歸田里，惟生擒其長毛遇順、周監斬于鄂州市。得金二百兩，詢知爲鄂州賈人之物，召而還之。其黨王宗一等十三人，繼亦就擒，以冬至日放令還家，約三日來歸獄，皆如期而至，自宣慰司盡縱之，由是無復叛者，百姓爲立生祠。

二十一年三月，拜監察御史。會右丞盧世榮以掊克聚斂驟陞執政，權傾一時。御史中丞崔彧言之，帝怒，欲致之法，世榮勢焰益張。左司郎中周戭，因議事微有可否，世榮誣以沮法，奏令杖一百，然後斬之，於是臣僚震懾，無敢言者。二十二年四月，天祥上疏，極言世榮姦惡，其略曰：

盧世榮素無文藝，亦無武功，惟以商販所獲之貲，趨附權臣，營求入仕，輿贓輦賄，輸送權門，所獻不充，又別立欠少文劵銀一千錠，由白身擢江西榷茶轉運使。於其任，專務貪饕，所犯贓私，動以萬計。其隱祕者固難悉舉，惟發露者乃可明言，凡其掊取於人，及所盜官物，略計：鈔以錠計者二萬五千一百一十九，金以錠計者二十五，銀以錠計者一百六十八，茶以引計者一萬二千四百五十有八，馬以匹計者十五，玉器七事，其餘繁雜物件稱是。已經追納及未納見追者，人所共知。

今竟不悔前非，狂悖愈甚，以苛刻爲自安之策，以誅求爲干進之門，旣懷無饜之心，廣畜攘掊之計，而又身當要路，手握重權，雖位在丞相之下，朝省大政，實得專之。是猶以盜蹠而掌阿衡之任，不止流殃於當代，亦恐取笑於將來。朝廷信其虛誑之說，俾居相位，名爲試驗，實授正權。校其所能，敗闕如此；考其所行，毫髮無稱。此皆旣往之眞跡，可謂已試之明驗。若謂必須再試，止可敍以他官，宰相之權，豈宜輕授。夫宰天下，譬猶製錦。初欲驗其能否，先當試以布帛，如無能效，所損或輕。今捐相位以試驗賢愚，猶捨美錦以校量工拙，脫致隳壞，悔將何追！

國家之與百姓，上下如同一身，民乃國之血氣，國乃民之膚體。血氣充實則膚體康强，血氣損傷則膚體羸病。未有耗其血氣，能使膚體豐榮者。是故民富則國富，民貧則國貧，民安則國安，民困則國困，其理然也。昔魯哀公欲重斂於民，問於有若，對曰：「百姓足，君孰與不足；百姓不足，君孰與足。」以此推之，民必須賦輕而後足，國必待民足而後豐。書曰：「民爲邦本，本固邦寧。」歷考前代，因百姓富安以致亂，百姓困窮以致治，自有天地以來，未之聞也。夫財者，土地所生，民力所集，天地之間歲有常數，惟其取之有節，故其用之不乏。

今世榮欲以一歲之期，將致十年之積；危萬民之命，易一世之榮；〔六〕廣邀增羡之功，不恤顚連之患；期錙銖之誅取，誘上下以交征。視民如讎，爲國斂怨。果欲不爲國家之遠慮，惟取速效於目前，肆意誅求，何所不得。然其生財之本既已不存，斂財之方復何所賴？將見民間由此凋耗，天下由此空虛，安危利害之機，殆有不可勝言者。

計其任事以來，百有餘日，驗其事跡，備有顯明。今取其所行與所言而已不相副者，略舉數端：始言能令鈔法如舊，鈔今愈虛；始言能令百物自賤，物今愈貴；始言課程增添三百萬錠，不取於民而辦，今却迫脅諸路官司增數包認；始言能令民快樂，凡今所爲，無非敗法擾民者。若不早有更張，須其自敗，正猶蠹雖除去，木病亦深，始嫌曲突徙薪，終見焦頭爛額，事至於此，救將何及？

臣亦知阿附權要則榮寵可期，違忤重臣則禍患難測；緘默自固，亦豈不能！正以事在國家，關繫不淺，憂深慮切，不得無言。

世祖聞其語，遣使召天祥與世榮，俱至上都面質之。旣至，卽日有內官傳旨，縛世榮於宮門外。明日入對，天祥於帝前再舉其所言與未及盡言者，帝皆稱善，世榮遂伏誅。五月，朝廷錄天祥從軍渡江及平興國、壽昌之功，進秩五品，擢吏部郎中。

二十三年四月，除治書侍御史。六月，命理算湖北湖南行省錢糧。天祥至鄂州，卽上疏劾平章岳束木凶暴不法。時桑哥竊國柄，與岳束木姻黨，爲其爪牙羽翼，誣天祥以罪，欲致之死，繫獄幾四百日。二十五年春正月，遇赦得釋。二十八年，擢行臺侍御史。未幾，以疾辭歸。三十年，授燕南河北道廉訪使。

元貞元年，改山東西道廉訪使。時盜賊羣起，山東居多，詔求弭盜方略。天祥上奏曰：「古者盜賊之起，各有所因，除歲凶饑饉，誘之天時，宜且勿論。他如軍旅不息，工役荐興，聚斂無厭，刑法紊亂之類，此皆羣盜所起之因。中間保護存恤長養之者，赦令是也。赦者，小人之幸，君子之不幸，一歲再赦，善人喑啞，前人言之備矣。彼强梁之徒，各執兵杖，殺人取後，不顧其生，有司盡力以擒之，朝廷加恩以釋之；旦脫縲囚，暮即行劫，又復督勒有司，結限追捕。賊皆經慣，習以爲常，既不感恩，又不畏法，凶殘悖逆，性已頑定。誠非善化能移，惟以嚴刑可制。」所擬事條，皆切於時用。於是嚴督有司，捕得盜賊甚衆，皆杖殺之。其亡入他境者，揣知所向，選捕盜官及弓兵，密授方略，示以賞罰，使追捕之，南至漢、江，二千餘里，悉皆就擒，無得免者。由是東方羣盜屏息。

平陰縣女子劉金蓮，假妖術以惑衆，所至官爲建立神堂，愚民皆奔走奉事之，天祥謂同僚曰：「此婦以神怪惑衆，聲勢如此，若復有狡獪之人輔翼之，倣漢張角、晉孫恩之爲，必成大害。」遂命捕繫而杖於市，自此神怪屏息。天祥言山東宣慰司官冗宜罷，因劾奏其使貪暴不法，事格不行，遂以任滿辭去。

大德三年六月，遷河北河南廉訪使，以疾不起。人有冤抑，往往就天祥家求直，天祥以不在其位，却去之。六年，陞江南行臺御史中丞，上章論征西南夷事，曰：

兵有不得已而不已者，亦有得已而不已者。惟能得已則已，可使兵力永强，以備不得已而不已之用，是之謂善用兵者也。去歲，行省右丞劉深遠征八百媳婦國，此乃得已而不已之兵也。彼荒裔小邦，遠在雲南之西南又數千里，其地爲僻陋無用之地，人皆頑愚無知。取之不足以爲利，不取不足以爲害。

深欺上罔下，帥兵伐之，經過八番，縱横自恣，恃其威力，虐害居民，中途變生，所在皆叛。深旣不能制亂，反爲亂衆所制，軍中乏糧，人自相食，計窮勢蹙，倉黃退走，士兵隨擊，以致大敗。深棄衆奔逃，僅以身免，喪兵十八九，棄地千餘里。朝廷再發陝西、河南、江西、湖廣四省諸軍，使劉二霸都總督，以圖收復叛地。湖北、湖南大起丁夫，運送軍糧，至播州交納，其正夫與擔負自己糧食者，通計二十餘萬。正當農時，興此大役，驅愁苦之人，往迴數千里中，何事不有。或所負之米盡到，固爲幸矣。然數萬之軍，止仰今次一運之米，自此以後，又當如何？

比問西征敗卒及其將校，頗知西南遠夷之地，重山複嶺，陡澗深林，竹木叢茂，皆有長刺。軍行徑路在於其間，窄處僅容一人一騎，上如登天，下如入井，賊若乘險邀擊，我軍雖衆，亦難施爲也。又其毒霧烟瘴之氣，皆能傷人，羣蠻既知大軍將至，若皆淸野遠遁，阻其要害，以老我師，或進不得前，旁無所掠，士卒饑餒，疫病死亡，將有不戰自困之勢，不可不爲深慮也。

且自征伐倭國、占城、交趾、爪哇、緬國以來，近三十年，未嘗見有尺土一民內屬之益，計其所費錢財，死損軍數，可勝言哉！去歲西征，及今此舉，亦復何異。前鑑不遠，非難見也。軍勞民擾，未見休期，只深一人，是其禍本。

又聞八番羅國之人，向爲征西之軍擾害，捐棄生業，相繼逃叛，怨深入於骨髓，皆欲得其肉而分食之。人心皆惡，天意亦憎，惟須上承天意，下順人心，早正深之罪，續下明詔，示彼一方以聖朝數十年撫養之恩，仍諭自今再無遠征之役。以此招之，自有相續歸順之日，使其官民上下，皆知未須遠勞王師，與區區小醜爭一旦之勝負也。昔大舜退師而苗氏格，充國緩戰而羌衆安，事載經傳，爲萬世法。

爲今之計，宜且駐兵近境，使其水路遠近得通，或用鹽引茶引，或用實鈔，多增米價，和市軍糧。但法令嚴明，官不失信，可使米船蔽江而上，軍自足食，民亦不擾，內安根本，外固邊陲。以我之鎭靜，御彼之猖狂，布恩以柔其心，畜威以制其力，期之以久，漸次服之。此王者之師，萬全之利也。若謂業已如此，欲罷不能，亦當慮其關繫之大，審詳成敗，算定而行。彼溪洞諸蠻，各有種類，今之相聚者，皆烏合之徒，必無久能同心敵我之理。但急之則相救，緩之則相疑，以計使之互相讎怨，待彼有可乘之隙，我有可動之時，徐命諸軍數道俱進。服從者恩之以仁，拒敵者威之以武，恩威相濟，功乃易成。若舍恩任威，以蹈深之覆轍，恐他日之患，有甚於今日也。

不報，遂謝病去。

七年，召拜集賢大學士，商議中書省事。八月，地震，河東尤甚，詔問弭災之道。天祥上章，極言陰陽不和，天地不位，皆人事失宜所致。執政者以其言切直，抑不以聞。天祥自被召還京，至是且一歲，未嘗得見帝言事，輸忠無地，常鬱鬱不自釋，又不欲苟縻廩祿，八年正月，移疾謝去。至通州，中書遣使追留，不還。帝聞之，賜鈔五千貫，仍命給傳，專官護送至其家。天祥望闕拜謝，辭所賜鈔而行。九年五月，拜中書右丞，議樞密院事，提調諸衞屯田，使者五致詔，以年老不能辭。十一年，仁宗在懷州，遣使賜幣帛、上尊酒。至大四年，仁宗卽位，復遣使召之，辭以老疾不起。延祐三年四月，卒于家，年八十。〔七〕累贈推忠正義全德佐理功臣、河南江北等處行中書省平章政事，追封趙國公，諡文忠。

劉宣

劉宣字伯宣，其先潞人也。因出戍留居忻，金末避地于陝，後徙太原。宣沉毅淸介，居家孝友，自幼喜讀書，有經世之志。宣撫張德輝至河東，見而器重之，還朝，薦爲中書省掾。宣暇則往從國子祭酒許衡講明理學。初命爲河北河南道巡行勸農副使。

至元十二年，入爲中書戶部郎中，改行省郎中。從丞相伯顏、平章阿朮統軍平江南，贊畫居多。伯顏嘗命宣詣闕上捷書，世祖召見，親問以南征事，應對稱旨，賜器服寵嘉之。江南平，命宣沙汰江淮冗官，其所存革，悉合公論。除知松江府，未幾同知浙西宣慰司事。在官五年，威惠並著。陞江淮行省參議，擢江西湖東道提刑按察使。

二十三年，入爲禮部尙書，遂遷吏部。時將伐交趾，宣上言曰：「連年日本之役，百姓愁戚，官府擾攘，今春停罷，江浙軍民歡聲如雷。安南小邦，臣事有年，歲貢未嘗愆期。邊帥生事興兵，彼因避竄海島，使大舉無功，將士傷殘。今又下令再征，聞者莫不恐懼。自古興兵，必須天時，中原平土，猶避盛夏，交廣炎瘴之地，毒氣害人，甚於兵刃。今以七月，會諸道兵于靜江，比至安南病死必衆，緩急遇敵何以應之。又交趾無糧，水路難通，無車馬牛畜馱載，不免陸運。一夫擔米五斗，往還自食外，官得其半；若十萬石，用四十萬人，止可供一二月。軍糧搬載，船料軍須，通用五六十萬衆。廣西、湖南調度頻數，民多離散，戶令供役，亦不能辦。況湖廣密邇，溪洞寇盜常多，萬一姦人伺隙，大兵一出，乘虛生變，雖有留後，人馬疲弱衰老，卒難應變。何不與彼中軍官深知事體者，論量萬全方略，不然將復蹈前轍矣。」

及再征日本，宣又上言，其略曰：「近議復置征東行省，再興日本之師，此役不息，安危繫焉。唆都建伐占城，海牙言平交趾，三數年間，湖廣、江西供給船隻、軍須糧運，官民大擾，廣東羣盜並起，軍兵遠涉江海瘴毒之地，死傷過半，即目連兵未解。且交趾與我接境，蕞爾小邦，遣親王提兵深入，未見報功，唆都爲賊所殺，自遺羞辱。況日本海洋萬里，疆土闊遠，非二國可比。今次出師，動衆履險，縱不遇風，可到彼岸，倭國地廣，徒衆猥多，彼兵四集，我師無援，萬一不利，欲發救兵，其能飛渡耶？隋伐高麗，三次大舉，數見敗北，喪師百萬。唐太宗以英武自負，親征高麗，雖取數城而還，徒增追悔。且高麗平壤諸城，皆居陸地，去中原不遠，以二國之衆加之，尚不能克，況日本僻在海隅，與中國相懸萬里哉！」帝嘉納其言。

二十三年十二月，中書傳旨，議更鈔用錢，宣獻議曰：「原交鈔所起，漢、唐以來，皆未嘗有。宋紹興初，軍餉不繼，造此以誘商旅，爲沿邊糴買之計，比銅錢易於齎擎，民甚便之。稍有滯礙，即用見錢，尚存古人子母相權之意。日增月益，其法浸弊，欲求目前速效，未見良策。新鈔必欲創造，用權舊鈔，只是改換名目，無金銀作本稱提，軍國支用不復抑損，三數年後亦如元寶矣。宋、金之弊，足爲殷鑒。鑄造銅錢，又當詳究。秦、漢、隋、唐、金、宋利病，著在史策，不待縷陳。國朝廢錢已久，一旦行之，功費不貲，非爲遠計。大抵利民權物，其要自不妄用始，若欲濟丘壑之用，非惟鑄造不敷，抑亦不久自弊矣。」屬桑哥謀立尚書省，以專國柄，錢議遂罷。

二十五年，由集賢學士除行臺御史中丞。時江浙行省丞相忙古臺，悍戾縱恣，常慮臺臣糾言其罪，而尤忌宣。一日御史大夫與中丞出建康城，點視軍船，羣御史從。有以軍船載葦者，御史張諒詰之，知爲行省官所使，詣揚州覆實。忙古臺盛怒，即圖報復。時大夫之父，官于屬郡，隨被按劾。遣其黨造建康，伺臺中違失，臺官皆竦懼，陰往懇求自解，惟宣屹然不動。忙古臺怨宣愈甚，羅織宣之子，繫揚州獄。又令建康酒務、淘金等官及錄事司官以罪免者，誣告行臺沮壞錢糧，以聞于朝，必欲置宣死地。朝廷爲遣官二員，置獄于行省，鞫問其事。宣及御史六人俱就逮，既登舟，行省以軍船列兵衞驅迫之，至則分異各處，不使往來。九月朔，宣自剄于舟中。

始宣將行時，書後事緘付從子自誠，令勿啓視。宣死，視其書，辭云：「觸怒大臣，誣搆成罪，豈能與經斷小人交口辯訟、屈膝爲容於怨家之前。身爲臺臣，義不受辱，當自引決，但不獲以身殉國爲恨耳。嗚呼！天乎！實鑒此心。」且別有公文言忙古臺罪狀，後得其藁，塗注勾抹，辭句難辨。前治書侍御史霍肅爲敍次其文，讀者悲憤。

宣既引決，行省白于朝，以爲宣知罪重自殺。前後搆成其事者，郎中張斯立也。然宣忠義節操，爲世所重，聞者莫不嗟悼。延祐四年，從子自持上宣行實，御史臺以聞，制贈資善大夫、御史中丞、上護軍，追封彭城郡公，謚忠憲。

何榮祖

何榮祖字繼先，其先太原人。父瑛，金貞祐間試文法入優等補吏，後授明威將軍，守鉅鹿尹，權軍器監主事。金亡，徙家廣平。

榮祖狀貌魁偉，額有赤文如雙樹，背負隆起。有相者謂曰：「子位極人臣且壽相也。」何氏世業吏，榮祖尤所通習，遂以吏累遷中書省掾，擢御史臺都事。始折節讀書，日記數千言。阿合馬方用事，置總庫于其家，以收四方之利，號曰和市。監察御史范方等斥其非，論甚力。阿合馬知榮祖主其謀，奏爲左右司都事以隸己。未幾，御史臺除治書侍御史，升侍御史，又出爲山東按察使，而阿合馬莫逞其志矣。

有帖木剌思者，以貪墨爲僉事李唐卿所劾。帖木剌思計無所出，適濟南有上變告者，唐卿察其妄，取訟牒焚之。帖木剌思乃摭取爲辭，告唐卿縱反者，逮繫數十人。獄久不決，詔榮祖與左丞郝禎、參政耿仁傑鞫之。榮祖得其情，欲抵告者罪。禎、仁傑議以失口亂言之罪坐之，榮祖不可。俄遷河南按察使，二執政竟以失口亂言杖其人，而株連者俱得釋，唐卿之誣遂白。

平涼府言有南人二十餘輩叛歸江南，安西行省欲上聞，會榮祖來爲參政，止之曰：「何必上聞朝廷，此輩去者皆人奴耳，今聞江南平，遁往求其家，移文召捕之可也。」已而逃者俱獲，果人奴也，治以本罪而付其主。其於事明決多類此。除雲南行省參知政事，以母老辭。又拜御史中丞，復出爲山東東西道按察使。

時宣慰使樂實、姚演開膠州海道，有制禁戢諸人沮撓，糧船遇暴風多漂覆。樂實弗信，督諸漕卒償之，搒掠慘毒，自殺者相繼。按察官懼違制，莫敢言。榮祖曰：「第言之，若朝廷見譴，吾自當之。」卽草辭以奏，詔免其徵。召入爲尚書參知政事。

時桑哥專政，亟於理算錢穀，人受其害。榮祖數請罷之，帝不從，屢懇請不已，乃稍緩之。而畿內民苦尤甚，榮祖每以爲辭，同僚曰：「上既爲免諸路惟未及在京，可少止勿言也。」榮祖執愈堅，至於忤旨不少屈，竟不署其牘。未踰月，而害民之弊皆聞，帝乃思榮祖言，召問所宜。榮祖請於歲終立局考校，人以爲便，立爲常式，詔賜以鈔萬一千貫。榮祖條中外有官規程，欲矯時敝，桑哥抑不爲通。榮祖既與之異議，乃以病告，特授集賢大學士。未幾，起爲尙書右丞。

桑哥敗，改中書右丞。奏行所定至元新格，請改提刑按察司爲肅政廉訪司，而立監治之法。又上言：「國家用度不可不足，天下百姓不可不安。今理財者弗顧民力之困，言治者弗圖國計之大。且當用之人恒多，而得用之人恒少。要之，省部實爲根本，必擇材而用之。按察司雖監臨一道，其職在於除蠹弊、安斯民，苟有弗至，則省臺又當遣官體察之，庶有所益。」帝深然之。屢以老疾乞解機務，詔免署事，惟預議中書而食其祿。尋拜昭文館大學士，預中書省事，又加平章政事。以水旱請罷，不允。

先是，榮祖奉旨定大德律令，書成已久，至是乃得請于上，詔元老大臣聚聽之。未及頒行，適子祕書少監惠沒，遂歸廣平，卒，年七十九。贈光祿大夫、大司徒、柱國，追封趙國公，謚文憲。

榮祖身至大官，而僦第以居，飲器用青瓷杯。中宮聞之，賜以上尊，及金五十兩、銀五百兩、鈔二萬五千貫，俾置器買宅，以旌其廉。所著書，有大畜十集，又有學易記、載道集、觀物外篇等書。

陳思濟

陳思濟字濟民，柘城人也。幼讀書，卽曉大義，以才器見稱于時輩間。世祖在潛邸，聞其名，召之以備顧問；旣卽位，始建省部，俾掌敷奏。世祖以京兆爲國重鎭，命廉希憲等行中書省于陜西。思濟實與偕行，多所贊畫。中統三年，詔誅王文統，召廉希憲入中書，思濟還，仍掌敷奏。事無巨細，悉就準繩，姚樞、許衡皆器重之。

會阿合馬入省，恥其位在希憲左，每欲肆意而行，希憲守正不從。及希憲去位，省臣晨集，掾屬皆憚阿合馬，莫敢前。思濟獨先以文牘進，阿合馬輒于希憲位署押，思濟遽掩以手曰：「此非君相署位也。」阿合馬怒目視之，衆爲之懼，思濟神色自若。除右司都事，從希憲行省山東，未幾召還。

至元五年，分命中書省總百揆，御史臺正百官，一時黜陟登庸，憲章程式，多出其手。遷承務郎、同知高唐州事，以績最聞，拜監察御史。時阿合馬立尚書省，權在中書右。思濟與魏初等劾其不法，帝命近臣正之。御史各以次對，思濟獨厲聲曰：「御史言官也，非爲辨訟設！」拂袖而出。授奉訓大夫、知沁州，爲政簡要，不務苛察。遷中順大夫、同知紹興路總管府事，承檄讞獄。桐廬有囚羸瘠將死，縱遣還家，候期來決，囚拜請曰：「聞公名久矣，若不早決，恐終不可保。」爲閱其案而釋之。轉同知兩浙都轉運司事，胥吏侵漁，民困于賦役，悉蠲除之。調陜西漢中道提刑按察副使，丁母憂去官。

二十三年，加少中大夫、同知浙東道宣慰司事。時浙西大水，民饑，浙東倉廩殷實，即轉輸以賑之，全活者衆，檄上中書，奏允之。浙東復旱，禱于名山，雨大澍，民賴以甦。兩淮鹽課不敷，授嘉議大夫、兩淮都轉運使，奸弊盡革，商賈通行，歲課以足。擢嶺北湖南道肅政廉訪使，改池州路總管。江浙行省平章也速答兒威勢赫然，摘淘金戶三千，括民間田畝，檄下，力上章以止之。累遷通議大夫、僉河南江北等處行中書省事。大德五年冬，以疾卒，年七十。贈正議大夫、吏部尚書、上輕車都尉，追封潁川郡侯，謚文肅。

子誠襲，廕入官，拜監察御史、朝列大夫、僉廣西道肅政廉訪司事。

秦長卿

秦長卿，洛陽人也。姿貌魁特，性俶儻，有大志。世祖在京兆潛藩，已聞其名，既卽位，務收攬時才，以布衣徵至京師。長卿尙風節，好論事，與劉宣同在宿衞，以氣岸相高。

是時尙書省立，阿合馬專政，長卿上書曰：「臣愚贛，能識阿合馬，其爲政擅生殺人，人畏憚之，固莫敢言，然怨毒亦已甚矣。觀其禁絕異議，杜塞忠言，其情似秦趙高；私蓄踰公家貲，覬覦非望，其事似漢董卓。春秋人臣無將，請及其未發誅之爲便。」事下中書。阿合馬爲人便佞，善伺人主意，又其貲足以動人，中貴人力爲救解，事遂寢，然由是大恨長卿。除興和宣德同知鐵冶事，竟誣以折閱課額數萬緡，逮長卿下吏，籍其家產償官，又使獄吏殺之。獄吏濡紙塞其口鼻，卽死。未幾，王著聚徒殺阿合馬。帝後悟，亦追罪之，斲棺戮屍并誅其子，而長卿冤終不白。

長卿從子山甫爲建康府判官，聞長卿冤狀，卽日棄官去，累薦不起以卒。山甫子從龍，仕至南臺治書侍御史；從德，江浙行省參知政事。

趙與票

趙與票字晦叔，宋宗室子，嘗登進士第，爲鄂州教授。至元十一年，丞相伯顏旣渡江，與票率其宗人之在鄂州者，詣軍門上書，力陳不嗜殺人可以一天下，且乞全其宗黨。後伯顏朝京師，世祖問宋宗室之賢者，伯顏首以與票對。

十三年秋九月，遣使召至上京，幅巾深衣以見，言宋敗亡之故，悉由誤用權奸，詞旨激切，令人感動。世祖念之，卽授翰林待制，朝廷立法多所諮訪，與票忠言讜論，無所顧惜。進直學士，轉侍講。疏陳江南科斂急督，移括大姓，宋世丘壟暴露，皆大臣擅易明詔所爲。二十七年，京師霧四塞；明年正月甲寅，虎入南城。與票又疏言權臣專政之咎，退而家居待罪。

未幾，桑哥敗，平章不忽木奏與票貧窶有守，有抱負，世祖曰：「得非指權臣爲虎者邪？」賜鈔萬三千貫，歲給其妻子衣糧。後累遷翰林學士。其伯祖師淵，嘗從朱熹學，家庭受授，具有端緒，於是與許衡論伊洛閫奧，衡雅敬之。與票既老，成宗命特官其子孟實以終養。大德七年，以疾卒。家貧無以爲葬，成宗命有司賻鈔五千貫，給舟車，還葬台州之黃巖。贈通議大夫、禮部尙書、上輕車都尉、天水郡侯，謚文簡。

姚天福

姚天福字君祥，絳州人。父居實，避兵徙雁門。天福幼讀春秋，通大義。及長，以材辟懷仁丞。至元五年，詔立御史臺，以天福爲架閣管勾，尋拜監察御史。每廷折權臣，帝嘉其直，錫名巴兒思，謂其不畏强悍，猶虎也。仍厚賜以旌其忠，天福曰：「臣職居抨彈，惟負爵祿是懼，敢貪厚賞，以重臣罪？」

時御史臺置二大夫，綱紀無統，天福言于世祖曰：「古稱一蛇九尾，首動尾隨；一蛇二首，不能寸進。今臺綱不張，有一蛇二首之患。陛下不急拯之，久則紊不可理。」帝詔玉速帖木兒及孛羅諭之，孛羅以年幼自劾。天福時按行畿內，有出使者淩民取賄，天福乃易服間行得其狀，奏戮之以徇，豪右慴服。

十二年，詔罷各道按察司，天福白大夫玉速帖木兒曰：「是司之設，所以廣視聽、虞非常，慮至深遠，不但繩有司而已也。」大夫駭然曰：「微公言，幾失之。」夜入帝臥內，奏其言，帝大悟，詔復立之。權臣不悅，左遷天福朝列大夫、衡州路同知，不就，起爲河東道提刑按察副使。時北鄙兵興，轉輸煩急，河東民苦徭役。天福以反側爲憂，劾執政失計，奏罷其役。徵拜中順大夫、治書侍御史。

十六年，江南既平，授嘉議大夫、淮西道按察使。淮甸當兵衝，將吏有豪猾爲民害者，悉剗除之，民大悅。轉湖北道按察使，發省臣贓事數十以聞。帝以其嘗有勳勞，特原之，而流其黨與，州郡稱治。二十年，遷山北道按察使，其民鮮知稼穡，天福敎以樹藝，皆致蕃富，民爲建祠，而刻石以紀之。二十二年，入爲刑部尙書，尋出爲揚州路總管。二十六年，復爲淮西按察使，按鉅姦一人，沒其家貲，政化大行。

二十八年，桑哥敗，考訊黨援，平陽爲多，以天福爲平陽總管，俾窮治其事。俄拜甘肅行省參知政事，以母老辭。三十一年，授陝西漢中道肅政廉訪使，尋除眞定路總管。眞定驛傳之需，多爲民害，天福更議措置之方，使不擾民，憲長爭之。省臣以其事聞，詔從之，頒其制爲天下式。

大德二年，授江西行省參政，以疾辭。四年，拜參知政事、大都路總管，兼大興府尹，畿甸大治。後之尹京者，以天福爲稱首。六年，以疾卒，年七十三。

初，天福拜御史時，其母戒之曰：「古稱公爾忘私，委質爲臣，當罄所衷，以塞其職，勿以未亡人爲卹，俾吾追蹤陵母，死之日猶生之年也。」天福亦請於憲府曰：「監察責當言路，有犯無隱，苟獲譴，乞不爲親累。」或以聞，帝嘆曰：「巴兒思母子雖生今世，其義烈之言當於古人中求之。」

子祖舜，祕書監著作郎；侃，內藏庫副使。

許國禎〔展〕〔八〕

許國禎字進之，絳州曲沃人也。祖濟，金絳州節度使。父日嚴，榮州節度判官。皆業醫。

國禎博通經史，尤精醫術。金亂，避地嵩州永寧縣。河南平，歸寓太原。世祖在潛邸，國禎以醫徵至翰海，留守掌醫藥。莊聖太后有疾，國禎治之，刻期而愈，迺張宴賜坐。太后時年五十三，遂以白金鋌如年數賜之。伯撒王妃病目，治者鍼誤損其明。世祖怒，欲坐以死罪，國禎從容諫曰：「罪固當死，然原其情乃恐怖失次所致。卽誅之，後誰敢復進。」世祖意解，且獎之曰：「國禎之直，可作諫官。」宗王昔班屢請以國禎隸帳下，世祖重違其請，將遣之，辭曰：「國禎蒙恩拔擢，誓盡心以報，不敢易所事。」乃不果遣。

世祖過飲馬湩，得足疾，國禎進藥味苦，却不服，國禎曰：「古人有言：良藥苦口利於病，忠言逆耳利於行。」已而足疾再作，召國禎入視，世祖曰：「不聽汝言，果困斯疾。」對曰：「良藥苦口既知之矣，忠言逆耳願留意焉。」世祖大悅，以七寶馬鞍賜之。

憲宗三年癸丑，從征雲南，機密皆得參與，朝夕未嘗離左右。或在告，帝輒爲之不悅。九年己未，世祖帥師圍鄂州，獲宋人數百族，諸將欲盡阬之，國禎力請止誅其凶暴，餘皆獲免。及師還，招降民數十萬口，疲餓顚仆者滿道，國禎白發蔡州軍儲糧賑之，全活甚衆。世祖卽位，錄前勞，授榮祿大夫、提點太醫院事，賜金符。至元三年，改授金虎符。十二年，遷禮部尙書。國禎嘗上疏言：愼財賦、禁服色、明法律、嚴武備、設諫官、均衞兵、建學校、立朝儀，事多施行。凡所薦引，皆知名士，士亦歸重之。帝與近臣言及勳舊大臣，因謂國禎曰：「朕昔出征，同履艱難者，惟卿數人在爾。」遂拜集賢大學士，進階光祿大夫。每進見，帝呼爲許光祿而不名，由是內外諸王大臣皆以許光祿呼之。陞翰林集賢大學士。卒年七十六。時大臣非有勳德爲帝所知者，罕得贈謚，特贈國禎金紫光祿大夫，謚忠憲，人以爲榮。後加贈推誠廣德協恭翊亮功臣、翰林學士承旨、上柱國，追封薊國公。

初，國禎母韓氏，亦以能醫侍莊（憲）〔聖〕太后，〔九〕又善調和食味，稱旨，凡四方所獻珍膳旨酒，皆命掌之，太后閔其勞，賜以眞定宅一區，歲給衣廩終身，國禎由是家焉。子扆。

扆字君黼，一名忽魯火孫，從其父國禎事世祖于潛邸，進退莊重，世祖喜之，賜今名。俾從許衡學，入備宿衞，忠愼小心。嘗因事忤旨，欲罪之，帝後悔，謂近侍帖哥曰：「朕欲罪忽魯火孫，汝何不言？汝二人自今結爲兄弟，有所譴責，則更相進諫。」乃置金酒中，賜二人飲，以爲盟。時裕宗居東宮，帝又諭忽魯火孫曰：「若太子罪汝，將誰諫耶？」遂命東宮臣慶山奴亦同飲金酒。俄除禮部尚書、提點太醫院事，賜日月龍鳳紋綺衣二襲。每外國使至，必命與之語，辭理明辨，莫不傾服。改尚醫太監。帝嘗命畫工寫其像賜之。轉正議大夫，仍提點太醫院事。

有竊大安閣禮神之幣者，將誅之，羣臣莫敢言，忽魯火孫獨諫曰：「敬神，善事也。因置人於死地，臣恐神不享所祭。」帝卽命釋之。忽魯火孫與丞相安童善，國政多所贊益，桑哥忌之，數譖於上，帝不之信。桑哥敗，繫于左掖門，帝命忽魯火孫往唾其面，辭不可，帝稱其仁厚，賜以白玉帶。且諭之曰：「以汝明潔無瑕，有類此玉，故以賜汝也。」

成宗卽位，遷中書右丞，行太常卿。力辭，乃命以中書右丞署太常事。俄改陝西行中書省右丞。時關中饑，議發倉粟賑之，同列以未得請于朝不可，忽魯火孫曰：「民爲邦本，今饑餒如此，若俟命下，無及矣。擅發之罪，吾當獨任之，不以累公等。」遂大發粟，不數日命亦下。明年旱，禱于終南山而雨，歲以大熟，民皆畫像祀之。

忽魯火孫不事生業，田宅皆上所賜。有足疾，不能行，仁宗以爲先朝老臣，特敕乘小輿入禁中，訪以舊事。後足益弱，不可出，每國有大政，詔使近侍即其家問之。特授榮祿大夫、大司徒，食其祿終身。贈推忠守正佐理功臣、光祿大夫、陝西等處行中書省平章政事、柱國，追封趙國公，諡僖簡。

校勘記

〔一〕陳（祜）〔祐〕 據秋澗集卷五三陳祐去思碑銘、卷五四陳祐神道碑、張文忠集卷一八陳天祥神道碑銘改。下同。按本書卷一〇世祖紀至元十六年六月壬午條、卷一六二高興傳作「陳祐」。

〔二〕十（二）〔三〕年 道光本與秋澗集卷五四陳祐神道碑銘合，從改。碑云「十三年，改授南京路總管兼開封府尹」，「明年春，進拜中奉大夫、浙東道宣慰使」。碑「明年」，傳作「十四年」。

〔三〕（諜）〔謀〕者 據張文忠集卷一八陳天祥神道碑銘改。按前文作「諜者」。類編已校。

〔四〕忽都帖〔木〕兒 據下文補。此名蒙古語，意爲「福鐵」。

〔五〕黃州遂聲言攻陽羅堡　此處文句不通，當有脫誤。張文忠集卷一八陳天祥神道碑銘云：「會壽昌、黃州盜起，宣慰使鄭公將兵擊之，至樊口敗死。士卒還言賊盛且銳，將攻陽邏堡。」蒙史改作「黃州亂民遂聲言攻陽邏堡」。

〔六〕危萬民之命易一世之榮　道光本據元文類卷一四論盧世榮姦邪狀改「一世」爲「一己」，於文義較長。

〔七〕年八十　按張文忠集卷一八陳天祥神道碑銘作「享年八十有七」，道光本據補「七」字。

〔八〕〔辰〕　據本書體例補。

〔九〕莊（憲）〔聖〕太后　據上文所見改。莊聖太后卽唆魯禾帖尼。元書已校。

元史卷一百六十九

列傳第五十六

賀仁傑

賀仁傑字寬甫，其先河東隰州人，祖種德徙關中，遂爲京兆鄠人。父賁，有材略，善攻戰，數從軍有功。關中兵後積屍滿野，賁買地金天門外，爲大塚收瘞之；遠近聞者，爭輦屍來葬，復以私錢勞之。嘗治室於毁垣中，得白金七千五百兩，謂其妻鄭曰：「語云：匹夫無故獲千金，必有非常之禍。」時世祖以皇太弟受詔征雲南，駐軍六盤山，乃持五千兩往獻之，世祖曰：「天以賜汝，焉用獻！」對曰：「殿下新封秦，金出秦地，此天以授殿下，臣不敢私，願以助軍。」且言其子仁傑可用狀，卽召入宿衞。其軍帥怒賁不先白己而專獻金，下賁獄，世祖聞之，大怒，執帥將殺之，以勳舊而止。世祖卽位，賜賁金符，總管京兆諸軍奥魯，卒，贈輸忠立義功臣、銀青榮祿大夫、大司徒，追封雍國公，謚貞獻。

仁傑從世祖，南征雲南，北征乃顏，皆著勞績。後與董文忠居中事上，同志協力，知無不言，言無不聽，多所裨益，而言不外泄，帝深愛重之。

至元十三年，宋平，惟川蜀久不下。四川制置使張珏守重慶，合州安撫使王立守釣魚山，相拒二十餘年。詔建東西行樞密院，督兵進伐，合丹、闊里吉思領東院，攻釣魚山；不花、李德輝領西院，攻重慶。德輝分守成都，獲王立鈔卒張（合）〔郃〕，〔一〕縱之使諭立降。立復遣張（合）〔郃〕等奉蠟書告德輝，能自來，卽降。德輝遂從五百騎至釣魚山，與東院同受立降。東院復奏誅立，幷言德輝越境邀功，下立長安獄。西院從事呂𡌴至都，以兵事告許衡，許衡告仁傑，仁傑爲言於帝。帝召樞密臣責之曰：「汝等以人命爲戲耶！今召王立，立生則已，死則汝等亦從之。」立至，賜金虎符，仍以爲合州安撫使。

帝一日召仁傑至榻前，出白金，謂之曰：「此汝父六盤所獻者，聞汝母來，可持以歸養。」辭不許，乃歸白母，盡散之宗族。帝欲選民間童女充後宮；及有司買物，多非其土產；山後鹽禁，久爲民害：皆奏罷之。民爲之立祠。

十七年，上都留守闕，宰相擬廷臣以十數，皆不納，帝顧仁傑曰：「無以易卿者。」特授正議大夫、上都留守，兼本路總管、開平府尹。明年，賜三珠虎符，進資德大夫，兼虎賁親軍都指揮使。尋加榮祿大夫、中書右丞，留守如故。尙書省立，桑哥用事，奏上都留守司錢穀多失實。召留守忽刺忽耳及仁傑廷辨，仁傑曰：「臣漢人，不能禁吏戢姦，致錢穀多耗傷，臣之罪。」忽刺忽耳曰：「臣爲長，印在臣手，事未有不關白而能行者，臣之罪。」帝曰：「以爵讓人者有之，未有爭引咎歸己者。」置勿問。

仁傑在官五十餘年，爲留守者居半，車駕春秋行幸，出入供億，未嘗致上怒。其妻劉沒，帝欲爲娶貴族，固辭，乃娶民間女，已而喪明，夫妻相敬如初，未嘗置媵妾。

大德九年，年七十二，請老，拜光祿大夫、平章政事，商議陝西行中書省事，賜白金、楮幣、錦袍、玉帶，歸第。以子勝襲上都留守、虎賁指揮使。後成宗崩，仁宗入清內難，念世祖舊臣，欲有所咨訪，召赴闕，行至樊橋而卒。贈恭勤竭力功臣、儀同三司、太保、上柱國，追封雍國公，謚忠貞。延祐六年，加贈推誠宣力翊運功臣、太師、開府儀同三司、上柱國，追封奉元王。子勝，自有傳。

賈昔剌

賈昔剌，燕之大興人也。本姓賈氏，其父仕金爲庖人。昔剌體貌魁碩，有志於當世。歲甲申，因近臣入見莊聖太后，遂從睿宗於和林，典司御膳，以其鬚黃，賜名昔剌，俾氏族與蒙古人同，甚親幸之；又慮其漢人，不習於風土，令徙居濂州。帝復思之曰：「昔剌在吾左右，飲食殊安適。」促召入供奉，諸庖人皆隸焉。

世祖在潛邸，知其重厚，使從迎皇后於弘吉剌之地，自是預謀帷幄，動中機會，內出銀三千兩，使買珍膳，乘傳上太官，恣其出入不問。又賜以牝馬及駒三十匹，并牧戶與之。是時兵餘，數以所賜分遺鄉里。世祖卽位，立尚食、尚藥二局，賜金符，提點局事，兼領進納御膳生料。年老，謝事，病篤，索所賜衣衣之而卒。追封聞喜郡侯，謚敬懿。

子丑妮子，方幼時，世祖愛之，嘗坐之御席傍。從征雲南，躍馬入水，斫戰船，破其軍，帝奇其勇敢，而戒其輕銳。己未，從伐宋，還自鄂州，卒。追封臨汾郡公，謚顯毅。

子虎林赤，智勇絕人。阿里不哥之叛，出其家名馬，以助官軍。從幸和林，中道值大風，晝晦，敵猝至，擊走之；還，佩其大父金符，提點尚食、尚藥二局，歷尚膳使，兼司農。嘗入侍，帝問治天下何爲本，曰：「重農爲本。」何爲先，曰：「用賢爲先。用賢則天下治，重農則百姓足。」帝深善之，超拜宣徽使，辭，改僉院事，仍領尚膳使，卒。

子禿堅不花，襲世職爲尚藥、尚食局提點，世祖以故家子，獨奇之，謂他日可大用，使在左右。從征乃顏，軍次杭海，敵猝至，帝令急擊之。諸近侍見其勢盛，多畏避，禿堅不花卽馳入其陣，疾戰，破走之，擒其首將以歸。移軍哈罕，大風，晝晦，敵兵千人，鼓譟以進，禿堅不花奮擊，身被十餘瘡，猶力戰，復大破之，帝奇其勇。杭海叛者請降，衆議以爲親犯王師，宜誅之，禿堅不花獨曰：「杭海本吾人，或誘之以叛，豈其本心哉！且兵法，殺降不祥，宜赦之。」帝曰：「禿堅不花議是。」以此益知其可用，陞同僉宣徽院事。每論政帝前，言直而氣不懾，帝亦知其直。令察宿衞之士，有才器者以名聞，所論薦數十人，用之皆稱職，時論歸之。

成宗卽位，諸侯王會于上京，凡芻餼宴享之節、賜予多寡、疏戚之分，無一不當其意，帝喜曰：「宣徽得禿堅不花足矣。」進同知宣徽院事。四年，帝弗豫，召入侍疾，一食一飲，必嘗乃進，帝體旣安，賜錢，不受，解衣賜之。嘗從巡幸，禁中衞士感奮有所欲言，帝命進而問之，皆曰：「臣等宿衞有年矣，日膳充、歲賜以時者，誠荷陛下厚恩，亦由宣徽有能官禿堅不花其人也。」帝悅，賜珠袍，超拜宣徽使。辭曰：「先臣服勤，於茲三世矣，位不過僉佐，臣何敢有加於先臣乎！」帝嘉其退讓，乃允其請。九年，北方乞祿倫部大雪，奏買駝、馬，補其死損，出衣幣於內府，身往給之，全活者數萬人，還，賜七寶笠。十年，帝病甚，入侍疾愈謹。及大漸，內難將作，揆以正義，無所回撓。

武宗入卽位，深嘉其忠，進階榮祿大夫，遙授平章政事，商議宣徽院事，行金復州新附軍萬戶府達魯花赤。至大二年，詔出金帛，大賚北邊諸軍，以禿堅不花明習事宜，能不憚勞苦，使卽軍中，與其帥月赤察兒定議而給之，諸部大悅。帝深器之，拜宣徽使，出內藏兼金帶賜之，爲同官賈廷瑞所嫉。廷瑞請以宣徽院爲門下省，尙書省奏廷瑞擅易官制，帝大怒，欲殺之。禿堅不花力諫不可，帝曰：「賈廷瑞毀卿不直一錢，卿何力言邪？」對曰：「廷瑞所坐不當死，不敢以臣私隙，誤陛下失刑。」廷瑞遂得免。帝訪羣臣以治道，禿堅不花以爲治國安民之實在於生財節用。帝嘉納焉。轉光祿大夫。

仁宗卽位，加金紫光祿大夫。延祐四年，朔方又被風雪爲災，禿堅不花請賑之如大德時，且出私家馬二百匹以爲助，賜錢酬其價，不受，解御衣賜之。托恩幸以求賞者，輒抑弗予。帖失、王廷顯，皆同官也，帝賜帖失海舶，禿堅不花曰：「此軍國之所資，上不宜賜，下不宜受。」帝賜廷顯玉帶，廷顯欲取太官羊錢一萬五千緡充其價，又執不可。於是怨之者衆。七年，以疾去官。

英宗卽位，帖失竟譖殺之，後帖失以大逆伏誅，事乃白，贈推忠宣力守諒功臣、太傅、開府儀同三司、上柱國，追封冀國公，謚忠隱。後進封冀安王；加贈其曾祖昔剌推忠翊運功臣、金紫光祿大夫、太保，進封絳國公；祖丑妮子崇德效節功臣、儀同三司、太傅、柱國，追封絳國公；父虎林赤推誠宣力守德功臣、太師、開府儀同三司、上柱國，進封臨汾王。

子班卜、忽里台、也速古、禿忽赤，皆至顯官。

劉哈剌八都魯

劉哈剌八都魯，河東人，本姓劉氏，家世業醫。至元八年，世祖駐蹕白海，以近臣言，得召見。世祖謂其目有火光，異之，遂留侍左右，初賜名哈剌斡脫赤。十七年，擢太醫院管勾。昔里吉叛，宗王別里鐵穆而奉命往征之，帝諭哈剌八都魯曰：「當行者多避事，汝善醫，復習騎射，能從行乎？」對曰：「事君不辭難，臣不行將何爲！」卽請授甲，帝曰：「汝安用甲？」對曰：「臣願備一戰士。」帝曰：「醫，汝事也，甲不可得。」惟賜以環刀、弓矢、裘馬等物。將行，聞母疾，請歸省，帝命給驛而歸。既見母，不敢以遠役告，母亦微知之，謂曰：「汝第行，我疾安矣。」遂卽辭去，忍淚不下，而鼻血暴出，數里弗止，馳至王所。

一日，獵於野，有狐竄草中，王射之，不中，哈剌八都魯一發中之，王大喜。王妃有疾，與藥卽愈，王又喜，奏爲其府長史。及將戰，從王請甲，王曰：「上不與汝，我何敢與！」因留之，使領輜重。哈剌八都魯不肯，曰：「大丈夫當效命行陣，乃守營帳如婦人耶！」見有甲者，飮以酒，高價取之，明日，被以往。王望見其介而馳走，使人問之，免冑曰：「我也。」因慨然曰：「一人興善，萬人可激，我爲萬人激耳！」中道，三遇賊，賊射之，皆不中。王喜甚，解衣衣之曰：「此所以識也。」

師次金山，路隘，頓兵未能進，有使者云自脫忽王所來，曰：「我受太祖分地，守此不敢失。凡上所使與昔里吉之過我者，吾並飲食供給之，無異心也。且願見天子，而道遠無援，今聞王來甚喜，得一見可乎？」王以爲信，左右曰：「此詐也，脫忽所居要害，殆與昔里吉爲耳目，願勿聽。」乃覊其人，遣兵間道窺之，獲其游騎三十人，訊之得其情，知脫忽方飲酣。遂出其不意，進擊，大敗之，因獲昔里吉所遣使，知其不爲備，又乘勢進擊，大破擒之，王乃命哈剌八都魯獻俘行宮。帝見其瘠甚，輟御膳羊胾以賜，旣拜受，先割其美者懷之。帝問其故，對曰：「臣始與母訣，今歸，母幸存，請以君賜遺之。」帝嘉其志，命自今凡賜之食，必先賜其母。以功授和林等處宣慰副使，賜與甚厚。二十三年，陞同知宣慰司事。二十四年，又陞宣慰使。

二十五年，海都犯邊，尙書省以和林屯糧，當得知緩急輕重者掌其出納，奏用怯伯。帝曰：「錢穀非怯伯所知，哈剌斡脫赤可使也。」進階嘉議大夫，職如故，使怯伯與俱。

二十六年，海都兵至，皇子北安王使報怯伯，率其民避去。怯伯與哈剌八都魯南行六日，止八兒不剌，距海都軍五六十里。怯伯大懼曰：「事急矣，不如順之。」哈剌八都魯語其弟欽祖、榮祖曰：「怯伯有二心矣。」遂潛遁，與探馬赤千戶忽剌思遇，從騎百餘人，問之，忽剌思曰：「吾在海都軍中，聞怯伯反，宣慰脫身歸報天子，我故追以來。」哈剌八都魯察其誠，與之謀，結陣乘高立於西南，令之曰：「吾將往責怯伯，汝曹勿動，見吾執弓而起，卽相應也。」旣見怯伯，怯伯盛言海都之令以威之。哈剌八都魯詭辭自解，得間，疾趨。忽剌思整陣以出，怯伯遣騎來追，屢拒却之。道遇送軍裝者，因護之至鹽海。及入見，帝喜曰：「人言汝陷賊，乃能來耶！」命與酒饌。顧謂侍臣曰：「譬諸畜犬，得美食而棄其主，怯伯是也。雖未得食而不忘其主，此人是也。」更其名曰察罕斡脫赤，賜以鈔五千貫，頓首辭謝，乞以所賜與同來者。帝特命受之，而令中書定其同來者之賞有差。

二十七年，遷正奉大夫、河東山西道宣慰使。奏曰：「臣累戰而歸，衣裘盡弊。河東，臣故鄉也，願乞錦衣以爲榮。」帝以金織文衣賜之。居二年，召還，帝諭之曰：「自此而北，乃顏故地曰阿八剌忽者，產魚，吾今立城，而以兀速、憨哈納思、乞里吉（里）〔思〕三部人居之，〔二〕名其城曰肇州。汝往爲宣慰使，仍別賜汝名曰小龍兒，或曰哈剌八都魯，汝可自擇之。」對曰：「龍，非臣下所敢承。」帝曰：「然則哈剌八都魯可也。」復賜以繡衣、玉帶，及鈔五千貫，其爲人主所眷注如此。旣至，定市里，安民居。一日，得魚九尾，皆千斤，遣使來獻。俄召還。

三十一年春，世祖崩，太傅伯顏奉皇太后旨，命之曰：「東方汝嘗鎭之，今以屬汝，勿俟制命。」乃以爲咸平宣慰使。元貞元年，召爲御史中丞，行至懿州，病卒。

石抹明里

石抹明里，契丹人，姓石抹，世典內膳。國制，內膳爲近臣，非篤敬素著者不得爲。明里祖曷魯，事太祖，睿宗嘗求之於帝，帝聽以其僚十人往，敕之曰：「皇子方總兵闢地，朕輟爾以事之。能以事朕之恭事之，將用黃金覆周汝身矣。」顯懿莊聖皇后語憲宗、世祖曰：「曷魯事太祖，聖躬或小不豫，其烹庖之精，百倍平日，汝兄弟當終始遇之。」睿宗嘗從太宗西征，在道絕汲，曷魯晨起，聚草上霜，煮羹以進。睿宗問曰：「何從得水？」因告之故，師還，賜金帛甚厚。年八十卒。

中統初，明里入見，世祖令侍臣送明里於裕宗，且曰：「明里，朕親臣之子也，今以事汝，令典膳事。」已而世祖嘗命裕宗：令從人十人來，朕將行賞焉。十人者至帝前，四人列於明里上，帝曰：「第五人非明里耶？」對曰：「然。」帝曰：「上之。」明里越一人立，帝又曰：「更上之。」明里又越一人立，帝曰：「止。」賜金紋衣一襲。明里出，侍臣以明里後來反居上，相與耳語，帝聞之曰：「明里之祖曷魯，事太祖、睿宗以及朕兄弟，爾時汝輩安在？顧謂後來耶！」帝親討反者於北方，明里請備持矛，師還第功，賜白金百兩。至元二十八年，爲典膳令。

成宗卽位，加朝列大夫，賜金帶，又賜御衣一襲、鈔萬五千貫，詔曰：「明里舊臣，其令諸子入宿衞，可假禮部尚書，進階嘉議大夫，食尚書祿以老。」武宗卽位，詔曰：「明里夫婦，歷事帝后，保抱朕躬，朕甚德之。可特令明里榮祿大夫、司徒；其妻梅仙，封順國夫人。賜黃金二百五十兩、白金千五百兩、衣一襲。」仁宗在東宮，語宮人曰：「昔朕有疾甚危，徽仁裕聖皇后憂之，梅仙守視，不解帶者七十日。今不敢忘，其賜明里寶帶、錦衣、輿及四騾。」至大三年二月卒，年六十有九。子皆顯貴。

謝仲溫

謝仲溫字君玉，豐州豐縣人。〔三〕父睦歡，以貲雄鄉曲間，大兵南下，轉客兀剌城。太祖攻西夏，過其城，睦歡與其帥迎降。從攻西京，睦歡力戰先登，連中三矢，仆城下。太宗見而憐之，命軍校拔其矢，縛牛，刳其腸，裸而納諸牛腹中，良久乃甦。誓以死報，每遇敵，必身先之，官至太原路金銀鐵冶達魯花赤。

仲溫豐頤廣顙，聲音洪亮，略涉書史。壬子歲，見世祖於野狐嶺，命備宿衞，凡所行幸，必在左右。丙辰，城上都，仲溫爲工部提領，董其役。帝曰：「汝但執梃，雖百千人，寧不懼汝耶！」己未，大軍圍鄂，令督諸將。時守江軍士乏食，仲溫教之罾魚，以充其食，帝喜謂侍臣曰：「朕思不及此。飲以駝乳，他日不忘汝也。」一夕，帝聞敵軍譟譟，命警備，仲溫奉繩床，帝憑其肩以行，至旦不能寐。

中統元年，擢平陽、太原兩路宣撫使；二年，改西京。至元九年，遷順德路總管。時方用兵江淮，有寡婦鬻子以償轉輸之直，仲溫出俸金贖還之。十六年，爲湖南宣慰使。二十二年，改淮東。歲旱，仲溫導白水塘溉民田，公私賴焉。

三十年春，入見，帝曰：「汝非謝仲溫乎？朕謂汝死矣！」從容語及攻鄂時事，帝喜甚，諭曰：「汝將復官乎？朕當爲卿擇之。」對曰：「臣老矣，無能爲也，一子早亡，惟有孫孛完，幸陛下憐之。」卽日命備宿衞。大德六年卒，年八十。

子蘭，江州達魯花赤，先卒。孫孛完，承事郎、冀寧等路管民提舉司達魯花赤。

高觿

高觿字彥解，渤海人。世仕金，祖彝，徙居上黨。父守忠，國初爲千戶。太宗九年，從親王口溫不花攻黃州，歿于兵。

觿事世祖，備宿衞，頗見親幸。至元初，立燕王爲皇太子，詔選才儁士充官屬，以觿掌藝文，兼領中醞、宮衞監門事，又監作皇太子宮，規制有法，帝嘉之，錫以金幣、廐馬，因賜名失剌。十八年，授中議大夫、工部侍郎，行同知王府都總管府事。〔四〕十九年春，皇太子從帝北幸。時丞相阿合馬留守大都，專權貪恣，人厭苦之。益都千戶王著與高和尚等，因搆變謀殺之。

三月十七日，觿宿衞宮中，西蕃僧二人至中書省，言今夕皇太子與國師來建佛事。省中疑之，俾嘗出入東宮者，雜識視之，觿等皆莫識也，乃作西蕃語詢二僧曰：「皇太子及國師今至何處？」二僧失色。又以漢語詰之，倉皇莫能對，遂執二僧屬吏。訊之皆不伏，觿恐有變，乃與尚書忙兀兒、張九思，集衞士及官兵，各執弓矢以備。頃之，樞密副使張易，亦領兵駐宮外。觿問：「果何爲？」易曰：「夜後當自見。」觿固問，乃附耳語曰：「皇太子來誅阿合馬也。」夜二鼓，忽聞人馬聲，遙見燭籠儀仗，將至宮門，其一人前呼啓關，觿謂九思曰：「他時殿下還宮，必以完澤、賽羊二人先，請得見二人，然後啓關。」觿呼二人不應，卽語之曰：「皇太子平日未嘗行此門，今何來此也？」賊計窮，趨南門。觿留張子政等守西門，亟走南門伺之。但聞傳呼省官姓名，燭影下遙見阿合馬及左丞郝禎已被殺。觿乃與九思大呼曰：「此賊也！」叱衞士急捕之，高和尚等皆潰去，惟王著就擒。黎明，中丞也先帖木兒與觿等，馳驛往上都，以其事聞。帝以中外未安，當益嚴武備，遂勞使遣亟還。高和尚等尋皆伏誅。

二十二年，遷嘉議大夫，同知大都留守司事，兼少（傳）〔府〕監。〔五〕久之，遷中奉大夫、河南等路宣慰使。卒，年五十三。

張九思

張九思字子有，燕宛平人。父滋，薊州節度使。至元二年，九思入備宿衞，裕皇居東宮，一見奇之，以父蔭當補外，特留不遣。江南既平，宋庫藏金帛輸內府，而分授東宮者多，置都總管府以主之，九思以工部尚書兼府事。

十九年春，世祖巡幸上都，皇太子從，丞相阿合馬留守。妖僧高和尚、千戶王著等謀殺之，夜聚數百人爲儀衞，稱太子，入健德門，直趨東宮，傳令啓關甚遽。九思適直宿宮中，命主者不得擅啓關，語在高觿傳。賊知不可紿，循垣趨南門外，擊殺丞相阿合馬、左丞郝禎。時變起倉卒，且昏夜，衆莫知所爲，九思審其詐，叱宿衞士併力擊賊，盡獲之。賊之入也，矯太子命，徵兵樞密副使張易，易不加審，遽以兵與之，易既坐誅，而刑官復論以知情，將傳首四方。九思啓太子曰：「張易應變不審，而授賊以兵，死復何辭！若坐以與謀，則過矣，請免傳首。」皇太子言於帝，遂從之。九思討賊時，右衞指揮使顏進在行，中流矢卒，怨家誣爲賊黨，將籍其孥，九思力辯之，得不坐。

阿合馬既敗，和禮霍孫拜右丞相，中書庶務更新，省部用人，多所推薦。是年冬，立詹事院，以九思爲丞，遂舉名儒上黨宋道、保定劉因、曹南夾谷之奇、東平李謙，分任東宮官屬。二十二年，皇太子薨，朝議欲罷詹事院，九思抗言曰：「皇孫，宗社人心所屬；詹事，所以輔成道德者也，奈何罷之！」衆以爲允。

三十年，進拜中書左丞，兼詹事丞。明年，世祖崩，成宗嗣位，改詹事院爲徽政，以九思爲副使；十一月，進資德大夫、中書（左）〔右〕丞。〔六〕會修世祖、裕宗實錄，命九思兼領史事。大德二年，拜榮祿大夫、中書平章政事。五年，加大司徒。六年，進階光祿大夫，薨，年六十一。子金界奴，光祿大夫、河南省右丞。

王伯勝

王伯勝，霸州文安人。兄伯順，給事內廷，爲世祖所親幸，因以伯勝入見，命使宿衞。時伯勝年十一，廣額巨鼻，狀貌屹然，帝顧謂伯順曰：「此兒當勝卿，可名伯勝。」帝嘗沃盥，水溫冷甚稱旨，問進水爲誰，內侍李邦寧曰：「伯勝。」帝曰：「此兒他日必知爲政，達人情矣。」至元二十五年，從征乃顏，以功授朝列大夫、拱衞直都指揮使。元貞元年，賜金虎符，進階嘉議大夫。成宗卽位，〔七〕復進通議大夫。初，拱衞直隸敎坊，衞卒多市井無賴，竄名宿衞，及伯勝爲指揮使，乃盡募良家子易之。五年，〔八〕扈從上都，天久雨，夜聞城西北有聲如戰鼙然，伯勝率衞卒百人出視之，乃大水暴至，立具畚鍤，集土石、甓甋以塞門，分決壕隍以泄其勢，至旦始定，而民弗知。丞相完澤以聞，帝嘉之。九年，以侍成宗疾，忤安西王，出爲大寧路總管，伯順亦出爲梁王傅。

武宗卽位，召拜通奉大夫、也可扎魯花赤、刑部尚書。至大二年，加右丞。明年，進銀青榮祿大夫、大都留守，兼少府監。初，大都土城，歲必衣葦以禦雨，日久土益堅，勞費益甚，伯勝奏罷之。

仁宗立，正百官品秩，降授資德大夫，尋復陞榮祿大夫，拜遼陽等處行中書省平章政事。遼陽省治懿州，州弊陋，民不知學。伯勝始至，爲增郡學弟子員，擇賢師以敎之。使客至，無所舍，皆館于民，民苦之，伯勝乃擇隙地爲館廨，度閑田百頃，募民耕種，以廩餼之。歲大旱，伯勝齋戒以禱，禱畢卽雨，人謂之平章雨。延祐二年，召爲大都留守，遼陽民狀其行事，言於中書，乞留伯勝，不報，民涕泣而去。三年，特授銀青榮祿大夫。

至治二年，賜金虎符，授武衞親軍都指揮使，兼大都屯田事，仍大都留守。奉詔監修文武樓，創咸寧殿，建太廟。泰定三年冬，以疾卒。賜翊忠宣力保惠功臣、太保、金紫光祿大夫、上柱國，追封薊國公，謚忠敏。

長子恪，初名安童，累官至兵部尚書，南臺治書侍御史，僉宣徽院事；次馬兒，以宣武將軍襲武衛親軍都指揮使。孫善果襲。

伯順官至大司徒。

校勘記

〔一〕張（合）〔部〕 從道光本改。參見卷一六三校勘記〔四〕。下同。

〔二〕乞里吉（里）〔思〕 據本書卷五九地理志引本傳文改。

〔三〕豐州豐縣人 按金史卷二四地理志、本書卷五八地理志，豐州屬下皆無豐縣，道光本删「豐縣」。

〔四〕同知王府都總管府事 按此時高鸞給事朝廷，不在王府。道園類稿卷四〇、道園學古錄卷十七高鸞神道碑作「五府」，疑「王」誤。

〔五〕少（傳）〔府〕監 道光本與道園學古錄卷一七高鸞神道碑合，從改。

〔六〕中書（左）〔右〕丞 據道園學古錄卷一七張九思神道碑改。按前文已書「進拜中書左丞」。新元史已校。

〔七〕成宗卽位 考異云：「案成宗卽位在至元三十一年，次年乃改元元貞。傳書成宗卽位於元貞元年之下，誤也。」道光本删此四字。

〔八〕五年 考異云：「其下又書五年、九年，則改元大德以後事。傳又脫『大德』字。」道光本補「大德」

二字。

元史卷一百七十

列傳第五十七

尚文

尚文字周卿，世爲祁州深澤人，後徙保定，遂占籍焉。文幼穎悟，負奇志。張文謙宣撫河東，參政王椅薦其才，遂辟掌書記。未幾，西夏行中書省復辟之。至元六年，始立朝儀，太保劉秉忠言於世祖，詔文與諸儒，採唐開元禮及近代禮儀之可行於今者，斟酌損益，凡文武儀仗、服色差等，皆文掌焉。七年春二月，朝儀成，百官肄習，帝臨觀之，大悅，遂爲定制。冬十一月，立侍儀司，擢右直侍儀使，轉司農都事。

十七年，出守輝州。時河朔大旱，輝獨以禱得雨，境內大稔。懷孟民馬氏、宋氏，誣伏殺人，積歲獄不能決，提刑使者命文讞以論報。文推迹究情，得獄吏、獄卒羅織狀，兩獄皆釋。十九年，進戶部郎中，奏罷懷、衞竹稅提舉司，民便之。

二十二年，除御史臺都事。行臺御史上封事，言上春秋高，宜禪位皇太子，太子聞之懼，中臺祕其章不發。答卽古阿散等知之，請收內外百司吏案，大索天下埋沒錢糧，而實欲發其事，乃悉拘封御史臺吏案。文拘留祕章不與，答卽古聞于帝，命宗正薛徹干取其章。文曰：「事急矣！」卽白御史大夫曰：「是欲上危太子，下陷大臣，流毒天下之民，其謀至奸也。且答卽古乃阿合馬餘黨，贓罪狼籍，宜先發以奪其謀。」大夫遂與丞相議，卽入言狀，帝震怒曰：「汝等無罪耶？」丞相進曰：「臣等無所逃罪，但此輩名載刑書，此舉動搖人心，宜選重臣爲之長，庶靖紛擾。」帝怒稍解，可其奏。旣而答卽古受人金，與其黨竟坐姦贓論死，其機實自文發之。陞大司農丞，轉少卿，遷吏部侍郎，改江南湖北道肅政廉訪使。三十一年，召爲刑部尚書。

元貞初，拜中臺侍御史。時行臺御史及浙西憲司，劾江浙行省平章不法者十七事，制遣文往詰之。左驗明著，猶力爭不服，文以上聞；平章乃言御史違制取會防鎭軍數。成宗命省臺大臣雜議，咸曰：「平章勳臣之後，所犯者輕，事宜宥；御史取會軍數，法當死。」文抗言：「平章罪狀明白，不受簿責，無人臣禮，其罪非輕。御史糾事之官，因兵卒爭愬，責其帥如籍均役，情無害法，卽有罪亦輕。」廷辯數四，與省臺入奏，帝意始悟，平章、御史各杖遣之。其守正不阿類如此。

元貞二年，建言：「治平之世，不宜數赦；不急之役，宜且停罷。」咸爲成宗所嘉納，授河北河南肅政廉訪使。大德元年，河決蒲口，臺檄令文按視防河之策。文建言：

長河萬里西來，其勢湍猛，至盟津而下，地平土疏，移徙不常，失禹故道，爲中國患，不知幾千百年矣。自古治河，處得其當，則用力少而患遲；事失其宜，則用力多而患速。此不易之定論也。今陳留抵睢，東西百有餘里，南岸舊河口十一，已塞者二，自涸者六，通川者三，岸高於水，計六七尺，或四五尺；北岸故堤，其水比田高三四尺，或高下等，大概南高於北，約八九尺，堤安得不壞，水安得不北也！

蒲口今決千有餘步，迅疾東行，得河舊瀆，行二百里，至歸德橫堤之下，復合正流。或强湮遏，上決下潰，功不可成。揆今之計，河（西）〔北〕郡縣，〔一〕順水之性，遠築長垣，以禦泛濫；歸德、徐、邳，民避衝潰，聽從安便。被患之家，宜於河南退灘地內，給付頃畝，以爲永業；異時河決他所者，亦如之。信能行此，亦一時救荒之良策也。蒲口不塞便。

朝廷從之。會河朔郡縣、山東憲部爭言：「不塞則河北桑田盡爲魚鱉之區，塞之便。」帝復從之。明年，蒲口復決。塞河之役，無歲無之。是後水北入復河故道，竟如文言。

三年，調山東憲使，歷行省參知政事、行御史臺中丞。七年，召拜資善大夫、中書左丞。

浙西饑，發廩不足，募民入粟補官以賑之。選十道使者，奏請巡行天下，問民疾苦。又奏斥罷南方白雲宗，與民均事賦役。山東歲凶，盜賊竊發，出鈔八百五十餘萬貫以弭之。西域賈人有奉珍寶進售者，其價六十萬錠，省臣平章顧謂文曰：「此所謂押忽大珠也，六十萬酬之不爲過矣。」一坐傳玩，文問何所用之，平章曰：「含之可不渴，熨面可使目有光。」文曰：「一人含之，千萬人不渴，則誠寶也；若一寶止濟一人，則用已微矣。吾之所謂寶者，米粟是也，一日不食則饑，三日則疾，七日則死；有則百姓安，無則天下亂。以功用較之，豈不愈於彼乎！」平章固請觀之，文竟不爲動。年六十九，因疾告老而歸。十年，拜昭文館大學士、中書右丞、商議中書省事，召不起。

武宗、仁宗之世，屢延致，訪以國事，賜燕及金帛有加，進階自光祿大夫，轉銀青榮祿大夫，仍中書左丞，丐還田里。延祐六年，拜太子詹事，使三往，乃起。仁宗命盡言以教太子，待以殊禮。泰定三年，以中書平章政事致仕，明年，卒于家，年九十二。

申屠致遠

申屠致遠字大用，其先汴人。金末從其父義徙居東平之壽張。致遠肄業府學，與李謙、孟祺等齊名。世祖南征，駐兵小濮，荆湖經略使乞寔力台，薦爲經略司知事，軍中機務，多所謨畫。師還，至隨州，所俘男女，致遠悉縱遣之。

至元七年，崔斌守東平，聘爲學官。十年，御史臺辟爲掾，不就，授太常太祝，兼奉禮郎。帝遣太常卿孛羅問毛血之薦，致遠對曰：「毛以告純，血以告新，禮也。」宋平，焦友直、楊居寬宣慰兩浙，舉爲都事，首言：「宋圖籍宜上之朝；江南學田，當仍以贍學。」行省從之。轉臨安府安撫司經歷。臨安改爲杭州，遷總管府推官。宋駙馬楊鎭從子玠節，家富於貲，守藏吏姚溶竊其銀，懼事覺，誣玠節陰與宋廣、益二王通，有司榜笞，誣服，獄具。致遠讞之，得其情，溶服辜，玠節以賄爲謝，致遠怒絕之。杭人金淵者，欲冒籍爲儒，儒學教授彭宏不從，淵誣宏作詩有異志，揭書于市，邏者以上。致遠察其情，執淵窮詰，罪之。屬縣械反者十七人，訊之，蓋因寇作，以兵自衛，實非反者，皆得釋。西僧楊璉眞加，作浮圖于宋故宮，欲取高宗所書九經石刻以築基，致遠力拒之，乃止。改壽昌府判官，時寇盜竊發，加之造征日本戰船，遠近騷然，致遠設施有方，衆賴以安。

二十年，拜江南行臺監察御史。江淮行省宣使郄顯、李兼愬平章忙兀台不法，有詔勿問，仍以顯等付忙兀台鞫之，繫于獄，必抵以死。致遠慮囚浙西，知其寃狀，將縱之，忙兀台脅之以勢，致遠不爲動，親脫顯等械，使從軍自贖。桑哥當國，治書侍御史陳天祥使至湖廣，劾平章要束木，桑哥摘其疏中語，誣以不道，奏遣使往訊之，天祥就逮。時行臺遣御史按部湖廣，咸憚之，莫敢往，致遠慨然請行。比至，累章極論之，桑哥方促定天祥罪，會致遠章上，桑哥氣沮。江西行省平章馬合謀於商稅外横加徵取，忽辛籍鄉民爲匠戶，轉運使盧世榮榷茶牟利，致遠幷劾之。又言占城、日本，不可涉海遠征，徒費中國；銓選限以南北，優苦不均，宜考其殿最，量地遠近，定爲立制，則銓衡平而吏弊革。他如罷香莎米，弛竹課禁，設司獄官醫學職員，皆致遠發之。

二十八年，丁父憂，起復江南行臺都事，以終制辭。二十九年，僉江東建康道肅政廉訪司事，未至，移疾還。元貞元年，纂(收)〔修〕世祖實錄，〔三〕召爲翰林待制，不赴。大德二年，僉淮西江北道肅政廉訪司事，行部至和州，得疾卒。

致遠淸修苦節，恥事權貴，聚書萬卷，名曰墨莊。家無餘產，敎諸子如師友。所著忍齋行藁四十卷，釋奠通禮三卷，杜詩纂例十卷，集驗方十二卷，集古印章三卷。

子七人：伯騏，徵事郎、嶺北湖南道肅政廉訪司知事；驥，驪，俱爲學官；駉，奉政大夫、兵部員外郎。

雷膺

雷膺字彥正，渾源人。父淵，金監察御史。膺生七歲而孤，金末，母侯氏挈膺北歸渾源，艱險備嘗，織紝以爲業，課膺讀書。膺篤志於學，事母以孝聞。太宗時，詔郡國設科選試，凡占儒籍者復其家，膺年甫弱冠，得與其選，愈自砥礪，遂以文學稱。丞相史天澤鎭眞定，辟爲萬戶府掌書記。

世祖卽位，初置十路宣撫司，詔選者舊使副子弟爲僚屬，授膺大名路宣撫司員外郎。中統二年，翰林承旨王鶚、王磐，薦膺爲翰林修撰、同知制誥，兼國史院編修官。五年，調陝西西蜀四川按察司參議。至元二年，改陝西五路轉運司諮議。四年，用兵于蜀，佩金符，參議左壁總帥府事，師還，陞承務郎、同知恩州事。憲府表薦其能，遂入拜監察御史，首以「正君心、正朝廷百官」爲言，又斥聚斂之臣不宜作相。十一年，加奉議大夫，僉河東山西道提刑按察司事，以稱職聞。

十四年，進朝列大夫、山南湖北道提刑按察副使。是時，江南新附，諸將市功，且利俘獲，往往濫及無辜，或强籍新民以爲奴隸。膺出令，得還爲民者以數千計。十八年，轉淮西江北道提刑按察副使，以母老辭。二十年，遷行臺侍御史，奉母之官，分司湖廣、江西，奏劾按察使二人及行省官吏之不法者。二十二年，丁母憂，去官。明年，起復，授中議大夫、江南浙西道提刑按察使。時蘇、湖多雨傷稼，百姓艱食，膺請于朝，發廩米二十萬石賑之。江淮行省以發米太多，議存三之一，膺曰：「布宣皇澤，惠養困窮，行省臣職耳，豈可效有司出納之吝耶！」行省不能奪，悉給之。時年六十二，卽致仕，歸老于山陽。二十九年，徵拜集賢學士。

成宗卽位，朝會上都，召諸故老，諮詢國政，膺爲稱首，多所建白。一日，延見便殿，奏對稱旨，賜白玉帶環一。明年，賜鈔五千貫，進秩二品。大德元年夏六月，以疾卒于京師，年七十三。贈通奉大夫、河南江北等處行中書省參知政事、護軍，追封馮翊郡公，謚文穆。子肇，順德路總管府判官。孫豫，南陽府穰縣尹。

胡祗遹

胡祗遹字紹（開）〔聞〕，〔三〕磁州武安人。少孤，旣長讀書，見知於名流。中統初，張文謙宣撫大名，辟員外郎。明年，入爲中書詳定官。至元元年，授應奉翰林文字，尋兼太常博士，調戶部員外郎，轉右司員外郎，尋兼左司。時阿合馬當國，進用羣下，官冗事煩，祗遹建言：「省官莫如省吏，省吏莫如省事。」以是忤權奸，出爲太原路治中，兼提舉本路鐵冶，將以歲賦不辦責之。及其蒞職，乃以最聞。改河東山西道提刑按察副使。

宋平，爲荆湖北道宣慰副使。有佃民訴其田主謀爲不軌者，祗遹察其冤，坐告者。十九年，爲濟寧路總管，上八事於樞府言軍政：曰役重，曰逃戶，曰貧難，曰正身入役，曰僞署文牒，曰官吏保結，曰有名無實，曰合併偏頗。樞府是之，以其言著爲定法。濟寧移治鉅野縣，自國初經兵戈，其廢已久，民居未集，風俗樸野。祗遹選郡子弟，擇師敎之，親爲講論，期變其俗，久之治效以最稱。升山東東西道提刑按察使，所至抑豪右，扶寡弱，以敦敎化，以厲士風。民有父子兄弟相訟者，必懇切諭以天倫之重，不獲已，則繩以法。召拜翰林學士，不赴，改江南浙西道提刑按察使，未幾，以疾歸。

二十九年，朝廷徵耆德者十人，祗遹爲之首，以疾辭。三十年，卒，年六十七。延祐五年，贈禮部尙書，謚文靖。子持，太常博士。

王利用

王利用字國賓，通州潞縣人。遼贈中書令、太原郡公籍之七世孫，高祖以下皆仕金。利用幼穎悟，弱冠與魏初同學，遂齊名，諸名公交口稱譽之。初事世祖於潛邸，中書辟爲掾，辭不就。

中統初，命監鑄百司印章，歷太府內藏官，出爲山東經略司詳議官，遷北京奧魯同知，歷安肅、汝、蠡、趙四州知州，入拜監察御史。薊州有禁地，民不得射獵其中，邏者誣州民冒禁，籍其家，利用糾之，邏者訴于上，利用辨愈力，得以所沒入悉歸之民。擢翰林待制，兼與文署，奉旨程試上都、隆興等路儒士。陞直學士，與耶律鑄同修實錄。出爲河東、陝西、燕南三道提刑按察副使、四川提刑按察使。四川土豪有持官府長短者，問得其實，而當以罪，民賴以安。都元帥塔海，抑巫山縣民數百口爲奴，民屢訴不決，利用承檄覈問，盡出爲民。大德二年，改安西、興元兩路總管。其在興元，減職田租額，站戶之役於他郡者悉除之，民甚便焉。有婦毒殺其夫，問藥所從來，吏教婦指爲富商所貨。獄上，利用曰：「家富而貨毒藥，豈人情哉？」訊之，果冤也。未幾，致仕，居漢中。

成宗朝，起爲太子賓客，〔四〕首以切於時政者，疏上十七事：曰謹畏天戒，取法祖宗，孝事母后，敬奉至尊，撫愛百姓，敦本抑末，清心聽政，寡欲養身，酒宜節飲，財宜節用，有功必賞，有罪必罰，杜絕讒言，求納直諫，官職量材而授，工役相時而動，俾近侍時赴經筵講讀經史。帝及太子嘉納之，皇后聞之，命錄別本以進。利用以老病不能朝，帝遣醫診視之，利用謂弟利貞、利亨曰：「吾受國厚恩，愧不能報，死生有命，藥不能爲也。」遂卒，年七十七。

利用每自言，平生讀書，於恕字有得焉。廉希憲當時名相，簡重，愼許可，嘗語人曰：「方今文章政事兼備者，王國賓其人也。」武宗卽位，以官僚舊臣，制贈榮祿大夫、柱國、中書平章政事，封潞國公，諡文貞。

暢師文

暢師文字純甫，南陽人。祖淵，贈中順大夫、上騎都尉、魏郡伯。父訥，有詩名，注地理指掌圖，仕爲汴幕官，贈太中大夫、上輕車都尉、魏郡侯。

師文幼警悟，家貧無書，手錄口誦，過目輒不忘。弱冠，謁許衡，與衡門人姚燧、高凝皆相友善。至元五年，陳時政十六策，丞相安童奇其才，辟爲右三部令史。十二年，丞相伯顏攻宋，選爲掾屬，從定江南，及歸，舟中惟載書籍而已。十三年，編平宋事蹟上之。十四年，除東川行樞密院都事，盡心贊畫，多所裨益。十六年，安西王承制改四川北道宣慰司經歷，尋除承直郎、潼川路治中。修府舍，發地得銀五十錠，同僚分師文十錠，不受，用以修廟學及傳舍，餘作酒器給公用。十九年，承制改同知保寧路事，治尚平簡，反側以安。二十二年，僉西蜀四川道提刑按察司事。

二十三年，拜監察御史，糾劾不避權貴，上所纂農桑輯要書。二十四年，遷陝西漢中道巡行勸農副使，置義倉，敎民種藝法。二十八年，改僉陝西漢中道提刑按察司事。時更提刑按察司爲肅政廉訪司，就僉本道肅政廉訪司事，黜姦舉才，咸服其公。三十一年，徙山南道。松滋、枝江有水患，歲發民防水，往返數百里，苦於供給，師文以江水安流，悉罷其役。

駙馬亦都護家人怙勢不法，師文治其甚惡者，流之。

大德二年，改山東道，入爲國子司業。七年，出爲陝西行中書省理問官，決滯獄，不少阿徇。頃之，以疾家居。九年，擢陝西漢中道肅政廉訪副使，又以疾不赴。十年，改太常少卿，轉翰林侍讀學士、朝請大夫、知制誥同修國史。

至大元年，修成宗實錄，賜鈔壹百錠，不受。時制作多出其手。二年，加少中大夫。三年，請補外任，除太平路總管。時大旱，師文捐俸致禱，不數日，澍雨大降，遂爲豐年。當塗人坐殺牛祈雨，囚繫者六十餘人，師文憫而出之。公田米積之盈屋，曰：「我家幾人，能盡食此乎！」呼貧士及細民，恣其取去。廉訪分司官前後至者，必先謁師文，稱爲先生。師文在任未久，境內晏然。

皇慶二年，復召爲翰林侍讀學士、中奉大夫、知制誥同修國史，奉旨撰王勃成道記序等文，賜銀貳鋌，不受。除燕南河北道肅政廉訪使，以病去官。延祐元年，徵拜翰林學士、資德大夫，行至河南，復以病歸襄陽。四年秋八月，考河南鄉試歸，次襄縣，卒于傳舍，年七十一，葬襄陽峴山。泰定二年，贈資政大夫、河南江北等處行中書省左丞、上護軍，追封魏郡公，諡文肅。後至元八年，加贈推忠守正亮節功臣。〔五〕

三子，長曰篤，仕至太中大夫、江東道肅政廉訪副使。

張炤

張炤字彥明，濟南人。父信，以商賈起家，貲雄於鄉。壬辰歲饑，出粟賑貸，鄉人賴以全活。

炤幼穎悟力學，始補吏濟南，上計壽陽，行省有積年勾考未輸銀一十萬五千兩，炤條陳利害切至，遂獲免徵，民得無擾。中統元年，辟爲中書省掾，俄遷右司提控案牘。四年，出爲山東東路大都督府員外郎。至元四年，轉陝西五路西蜀四川行中書省左右司員外郎。八年，進階奉訓大夫、知兗州事。時州境亢旱，吏民懇禱不雨，炤始至，甘雨霑足。聞屬邑有桀黠吏，挾官府肆爲暴橫，炤繩之以法，杖出境外，民害遂息。

十一年，改授淮西等路行中書省左右司郎中，丞相阿塔海領軍進攻瓜洲、鎭江，炤運糧儲，給戰具，凡二年，贊畫之力居多。十三年，揚州未下，丞相阿朮提兵攻之。五月，宋將李庭芝棄城遁泰州，炤領兵追揚州城下，躬往招諭，制置朱煥以城降，庭芝亦就擒。炤傳檄未下州郡，皆望風款附。從阿朮入覲，世祖賜錦衣、鞍勒。

十三年，陞太中大夫、揚州路總管府達魯花赤，商議行中書省事，佩金虎符。時行省在揚州，據南北要津，炤撫綏勞來，上下安之。十六年，改鎭江路總管府達魯花赤，謝病歸，購書八萬卷，以萬卷送濟南府學資教育。二十一年，起爲東昌路總管，莅政二年，吏民畏服，以治最稱。二十五年卒，年六十四。延祐五年，贈太中大夫、東昌路總管，追封清河郡侯，謚敬惠。子用中，沂州山場同提舉。

袁裕

袁裕字仲寬，洛陽人。幼孤，從兄避難聊城，因家焉。稍長嗜學。中統初，由聊城縣丞，辟中書右司掾，始建言「給重囚衣糧醫藥，免籍其孥、産，止令出焚瘞錢」，後著爲令。順天路民王住兒，因鬬誤殺人，其母年七十，言於朝曰：「妾寡且老，恃此兒以爲生，兒死，則妾亦死矣。」裕言於執政曰：「囚誤殺人，情非故犯，當矜其母，乞宥之。」執政以聞，帝從之，囚得免死。南京總管劉克興掠良民爲奴隸，後以矯制獲罪，當籍孥、産之半，裕言于中書，止籍其家，奴隸得復爲民者數百。

至元六年，遷開封府判官。洧川縣達魯花赤貪暴，盛夏役民捕蝗，禁不得飲水，民不勝忿，擊之而斃，有司當以大逆置極刑者七人，連坐者五十餘人。裕曰：「達魯花赤自犯衆怒而死，安可悉歸罪於民！」議誅首惡者一人，餘各杖之有差，部使者錄囚至縣，疑其太寬，裕辨之益力，遂陳其事狀于中書，刑曹竟從裕議。

八年，拜監察御史，俄有旨授西夏中興等路新民安撫副使、兼本道巡行勸農副使、奉直大夫，佩金符。時徙鄂民萬餘于西夏，有司雖與廩食，而流離顚沛猶多。裕與安撫使獨吉請于朝，計丁給地，立三屯，使耕以自養，官民便之。又言：「西夏羌、渾雜居，驅良莫辨，宜驗已有從良書者，則爲良民。」從之，得八千餘人，官給牛具，使力田爲農。十三年，進甘州等路宣撫副使，兼西夏中興等路新民安撫副使。明年，移鎭甘州。

十八年，調南陽知府。明年，召拜刑部侍郎，出爲順德路總管。郡有鐵冶提舉張鑑，無子，買妾，其妻妬而殺之。裕捕其妻，訊之服辜。裕用法平允，而疾惡不少貸如此。二十一年，卒于官，年五十九。裕以其兄有鞠育之恩，令其子師愈推蔭兄子仁，師愈後仕至侍御史。

張昉

張昉字顯卿，東平汶上人。父汝明，金大安元年經義進士，官至治書侍御史。昉性縝密，遇事敢言，確然有守，以任子試補吏部令史。金亡，還鄉里。嚴實行臺東平，辟爲掾。鄉人有執左道惑衆謀不軌者，事覺逮捕，詿誤甚衆，諸僚佐莫敢言，昉獨別白出數百人，實才之，進幕職。時兵後，吏曹雜進，不習文法，東平轄郡邑五十四，民衆事繁，簿書塡委，漫無統紀。昉坐曹，躬閱案牘，左酬右答，咸得其當，事無留滯。初，有將校死事，以弟襲其職者，至是革去，昉辨明，復之，持金夜饋昉，昉却之，慚謝而去。同里張氏，以絲五萬兩寄昉家而他適，俄而昉家被火，家人惶駭走避，貲用悉焚，惟力完所寄絲，付張氏。

乙卯，權知東平府事，以疾辭，家居養母。中統四年，參知中書省事。商挺鎮巴蜀，表爲四川等處行樞密院參議。至元元年，入爲中書省左右司郎中，甄別能否，公其黜陟，人無怨言。三年，遷制國用使司郎中。制司專職財賦，時宰領之，倚任集事，尤號煩重，昉竭誠贊畫，出納惟謹，賦不加斂，而國用以饒。

四年，丁內憂，哀毀踰制，尋詔起復，錄囚東平，多所平反。七年，轉尚書省左右司郎中。九年，改中書省左〔右〕司郎中。〔六〕昉有識慮，損益古今，裁定典憲，時皆宜之，名爲稱職。十一年，拜兵刑部尚書，上疏乞骸骨，致其事，卒。贈中奉大夫、參知政事，追封東平郡公，謚莊憲。

子克遹，平陰縣尹。孫振，祕書著作郎；揆，中書省左司都事；拱，常德路蒙古學教授。

郝彬

郝彬字景文，霸州信安人也。世祖初，年十六，充太子宿衛，擢揚州路治中。宋末，鄞縣賊顧閏，聚衆海島，時出攻剽，朱覊縻以官，內附後益橫，侵揚州境，彬討禽之。泰興人有被殺二年而捕賊不獲者，吏誣平人，獄已具。彬疑其誣，讞之，果得眞賊。

御史薦彬同知淮西道宣慰司事，覈戶版，理屯田，諸廢修舉。江淮財賦總管府掌東宮田賦，其官屬皆從詹事院奏授，不隸中書，往往爲姦利，誅求無厭。彬爲總管，入見，請受憲司糾察以革私弊，罷所隸六提舉司以蘇民瘼。從之，遂罷其四。國家經費，鹽利居十之八，而兩淮鹽獨當天下之半，法日以壞，以彬行戶部尙書經理之。彬請度舟楫所通、道里所均，建六倉，煮鹽于場，運積之倉；歲首，聽羣商於轉運司探倉籌定其所，乃買券，又定河商、江商市易之不如法者，著爲法。入爲工部尙書，改戶部尙書，拜中書參知政事，俄免歸。

尙書省立，拜參知政事，辭不獲命。同列務生事要功，殺無罪之人，彬積誠意開引，或從或違，橫不可制。命兼大司徒，不拜。仁宗在東宮，彬懇辭至力，因稱疾篤。時相强起之，至奏重賜以餌之，彬不爲動。議罪之，罪無從得，彬堅臥一榻至數月，尙書省臣皆得罪，彬不與焉。家居七年，足跡未嘗一出門外。仁宗思之，以爲大司農卿，未幾，謝病。延祐七年三月卒。

高源

高源字仲淵，晉州人。高祖揖，爲州法吏，用法公平。父汝霖，爲眞定廉訪司照磨，使東平，道高唐，遇盜死。

源幼力學，事母孝，補縣吏。中統初，擢衞輝路知事，累陞齊河縣尹，有遺愛，去官十年，民猶立碑頌之。遷行臺都事，僉江南浙西道提刑按察司事。劾常州路達魯花赤馬恕奪民田及他不法事。恕懼，走賂權臣阿合馬，以他事誣源，旣繫獄，一日，忽釋之，莫知所由。先時，源所居鄰里，多阿合馬姻戚，素知源事母至孝。至是，聞源坐非辜，悉詣阿合馬曰：「源，孝子也，非但我知之，天必知之。況媒孽之罪非實，若妄殺源，悖天不祥。」阿合馬感悟，得不死。尋除河間等路都轉運副使，撫治有條，竈戶逃者皆復業，常賦外，羨餘幾十萬緡。

至元二十四年，爲江東道勸農營田使。二十八年，遷都水監。開通惠河，由文明門東七十里，與會通河接，置閘七、橋十二，人蒙其利。授同知湖南道宣慰司事。卒，年七十七。子夢弼、良弼、公弼。

楊湜

楊湜字彥淸，眞定藁城人。習章程學，工書算，始以府吏遷檢法。中統元年，辟爲中書掾，與中山楊珍、無極楊卞齊名，時人以三楊目之。中書省初立，國用不足，湜論鈔法宜以榷貨制國用，朝廷從之，因俾掌其條制。四年，授益都路宣慰司諮議，遷左司提控掾，請嚴贓吏法。

至元二年，除河南大名諸處行中書省都事。三年，立制國用司，總天下錢穀，以湜爲員外郎，佩金符。改宣徽院參議。湜計帑立籍，具其出入之算，每月終上之，遂定爲令。加諸路交鈔都提舉，上鈔法便宜事，謂平準行用庫白金出入，有偸濫之弊，請以五十兩鑄爲錠，文以元寶，用之便。

七年，改制國用司爲尙書省，拜戶部侍郎，仍兼交鈔提舉。時用壬子舊籍定民賦役之高下，湜言：「貧富不常，歲久寖易，其可以昔時之籍，而定今之賦役哉！」廷議善之，因俾第其輕重，人以爲平。湜心計精析，時論經費者，咸推其能焉。

子克忠，安豐路總管。孫貞。

吳鼎

吳鼎字鼎臣，燕人。至元十七年，見裕宗於東宮，命入宿衞。二十五年，授織染雜造局總管府副總管，後積官至禮部尚書、宣徽副使。大德十一年，山東諸郡饑，詔鼎往賑之。朝廷議發米四萬石，鈔折米一萬石，鼎謂同使者曰：「民得鈔，將何從易米？」同使者曰：「朝議已定，恐不可復得。」鼎曰：「人命豈不重於米耶！」言于朝，卒從所請。

至大元年，改正奉大夫、保定路總管。時皇太后欲幸五臺，言者請開保定西五迴嶺，以取捷徑。遣使卽鼎，使視地形，計工費，鼎言：「荒山斗入，人迹久絕，非乘輿所宜往。」還報，太后喜，爲寢其役。三年，召授資善大夫、同知中政院事。兩浙財賦隸中政者鉅萬計，前往者率多取其贏，鼎治之，一無私焉。浙有兩富豪，曰朱、張家，多貸與民錢，其後兩家誅沒，而券之已償者，亦入于官，官唯驗券徵理，民不能堪。鼎力爲辨白，始獲免。四年，改京畿漕運使。

皇慶二年，特旨復僉宣徽院事；四月，進資政大夫、崇祥院使。延祐三年卒，年五十有三。贈榮祿大夫、平章政事、柱國，追封薊國公，謚孝敏。

梁德珪

梁德珪字伯溫，大興良鄉人。初給事昭睿順聖皇后宮，令習國語，通奏對，年十一，見世祖。至元十六年，爲中書左司員外郞，俄陞郞中，六遷至參議尙書省事。至元三十一年，執政入奏事，帝詢其曲折，不能對，德珪從旁辯析，明白通暢，帝大悅，拜參知政事。在省日久，凡錢穀出納之制，銓選進退之宜，諸藩賜予之節，命有驟至，不暇閱簡牘，同列莫知措辭，德珪數語卽定；間遇疑事，則曰某事當如某律，某年嘗有此旨，驗之皆然。北京地震，帝閔州郡報囚之數，恠其過多，德珪方在右司，詔問焉。對曰：「當國者急於徵索，蔓延收繫，以致此爾。」帝感悟，爲大赦中外逋負，民賴以蘇。

大德間，成宗卽位，〔七〕一遵祖武，廟堂以安靜爲治，求進者不得逞其志，朋聚興怨，摭事中傷德珪。會帝有疾，言者盛氣致詰，德珪以位居執政，不受淩轢，慷慨引咎，遂安置湖廣。帝疾愈，問知之，召使復位。旣至，帝問：「卿安在？」德珪涕泣不能語，賜酒饌，使往拜其母，因以氣疾，乞骸骨歸。大德八年九月，卒於家，年四十有六。

校勘記

〔一〕河〔西〕〔北〕郡縣　道光本與元文類卷六八尙文神道碑合，從改。

〔二〕纂〔收〕〔修〕世祖實錄　從北監本改。

〔三〕胡祇遹字紹〔開〕〔聞〕　道光本與紫山大全集劉賡序合，從改。四庫全書總目卷一六六紫山大全集條云：「元史本傳載其字曰紹開。然『今民將在祇遹乃文考，紹聞衣德言』，實周書康誥之文。核其名義，疑紹開當作紹聞。元史乃傳刻之譌也。」

〔四〕成宗朝起爲太子賓客　清續通考云：「本傳，中統初後卽紀成宗大德二年，又復紀成宗朝，敍次疑有脫誤。」

〔五〕泰定二年贈資政大夫至後至元八年加贈推忠守正亮節功臣　按後至元止六年，「八年」誤。至正集卷四九暢師文神道碑銘「泰定二年」作「泰定丙寅」，卽三年，加贈功臣號繫「又十年」，卽後至元二年。此處泰定「二年」當作「三年」，後至元「八年」當作「二年」。

〔六〕左〔右〕司郎中　從北監本補。按本書卷八五百官志，中統元年置左右司，至元十五年分置兩司。

〔七〕大德間成宗卽位　清容集卷三二梁德珪行狀作「大德初元，成宗恭儉守成」。按元成宗至元三十一年卽位，次年改元元貞，元貞三年二月始改元大德。此云「卽位」，係誤衍之文。道光本改作「在位」。

元史卷一百七十一

列傳第五十八

劉因

劉因字夢吉，保定容城人。世爲儒家，五世祖琮生敎武校尉、臨洮府錄事判官昉，昉生奉議大夫、中山府錄事俁，俁生秉善，金貞祐中南徙。其弟國寶，登興定進士第，終奉直大夫、樞密院經歷。秉善生述，述，因之父也。歲壬辰，述始北歸，刻意問學，邃性理之說，好長嘯。中統初，左三部尙書劉肅宣撫眞定，辟武邑令，以疾辭歸。年四十未有子，嘆曰：「天果使我無子則已，有子必令讀書。」因生之夕，述夢神人馬載一兒至其家，曰：「善養之。」既覺而生，乃名曰駰，字夢驥，後改今名及字。

因天資絕人，三歲識書，日記千百言，過目卽成誦，六歲能詩，七歲能屬文，落筆驚人。甫弱冠，才器超邁，日閱方册，思得如古人者友之，作希聖解。國子司業硯彌堅敎授眞定，因從之游，同舍生皆莫能及。初爲經學，究訓詁疏釋之說，輒嘆曰：「聖人精義，殆不止此。」及得周、程、張、邵、朱、呂之書，一見能發其微，曰：「我固謂當有是也。」及評其學之所長，而曰：「邵，至大也；周，至精也；程，至正也；朱子，極其大，盡其精，而貫之以正也。」其高見遠識率類此。

因蚤喪父，事繼母孝，有父、祖喪未葬，投書先友翰林待制楊恕，憐而助之，始克襄事。因性不苟合，不妄交接，家雖甚貧，非其義，一介不取。家居教授，師道尊嚴，弟子造其門者，隨材器教之，皆有成就。公卿過保定者衆，聞因名，往往來謁，因多遜避，不與相見，不知者或以爲傲，弗恤也。嘗愛諸葛孔明靜以修身之語，表所居曰靜修。

不忽木以因學行薦于朝，至元十九年，有詔徵因，擢承德郎、右贊善大夫。初，裕皇建學宮中，命贊善王恂教近侍子弟，恂卒，迺命因繼之。未幾，以母疾辭歸。明年，丁內艱。二十八年，詔復遣使者，以集賢學士、嘉議大夫徵因，以疾固辭，且上書宰相曰：

因自幼讀書，接聞大人君子之餘論，雖他無所得，至如君臣之義，自謂見之甚明。如以日用近事言之，凡吾人之所以得安居而暇食，以遂其生聚之樂者，是誰之力與？皆君上之賜也。是以凡我有生之民，或給力役，或出知能，亦必各有以自效焉。此理勢之必然，亘萬古而不可易，而莊周氏所謂無所逃於天地之間者也。

因生四十三年，未嘗效尺寸之力，以報國家養育生成之德，而恩命連至，因尚敢偃蹇不出，貪高尙之名以自媚，以負我國家知遇之恩，而得罪於聖門中庸之敎也哉！且因之立心，自幼及長，未嘗一日敢爲崖岸卓絕、甚高難繼之行，平昔交友，苟有一日之雅者，皆知因之此心也。但或者得之傳聞，不求其實，止於蹤跡之近似者觀之，是以有高人隱士之目，惟閤下亦知因之未嘗以此自居也。

向者，先儲皇以贊善之命來召，卽與使者俱行，再奉旨令敎學，亦卽時應命。後以老母中風，請還家省視，不幸彌留，竟遭憂制，遂不復出，初豈有意於不仕邪。今聖天子選用賢良，一新時政，雖前日隱晦之人，亦將出而仕矣，況因平昔非隱晦者邪。況加以不次之寵，處之以優崇之地邪。是以形留意往，命與心違，病臥空齋，惶恐待罪。

因素有羸疾，自去年喪子，憂患之餘，繼以痁瘧，歷夏及秋，後雖平復，然精神氣血，已非舊矣。不意今歲五月二十八日，瘧疾復作，至七月初二日，蒸發舊積，腹痛如刺，下血不已。至八月初，偶起一念，自歎旁無期功之親，家無紀綱之僕，恐一旦身先朝露，必至累人，遂遣人於容城先人墓側，修營一舍，儻病勢不退，當居處其中以待盡。遣人之際，未免感傷，由是病勢益增，飮食極減。至二十一日，使者持恩命至，因初聞之，惶怖無地，不知所措，徐而思之，竊謂供職雖未能扶病而行，而恩命則不敢不扶病而拜。因又慮，若稍涉遲疑，則不惟臣子之心有所不安，而蹤跡高峻，已不近於人情矣。是以即日拜受，留使者，候病勢稍退，與之俱行。遷延至今，服療百至，略無一效，乃請使者先行，仍令學生李道恒，納上鋪馬聖旨，待病退，自備氣力以行。望閤下俯加矜憫，曲爲保全。因實疏遠微賤之臣，與帷幄諸公不同，其進與退，(苦)〔若〕非難處之事，〔一〕惟閤下始終成就之。

書上，朝廷不强致，帝聞之，亦曰：「古有所謂不召之臣，其斯人之徒歟！」三十年夏四月十有六日卒，年四十五。無子，聞者嗟悼。延祐中，贈翰林學士、資善大夫、〔上〕護軍，〔二〕追封容城郡公，諡文靖。

歐陽玄嘗贊因畫像曰：「微點之狂，而有沂上風雩之樂；資由之勇，而無北鄙鼓瑟之聲。於裕皇之仁，而見不可留之四皓；以世祖之略，而遇不能致之兩生。烏乎！麒麟鳳凰，固宇內之不常有也。然而一鳴而六典作，一出而春秋成。則其志不欲遺世而獨往也明矣，亦將從周公、孔子之後，爲往聖繼絕學，爲來世開太平者邪！」論者以爲知言。

因所著有四書精要三十卷，詩五卷，號丁亥集，因所自選。又有文集十餘卷，及小學四書語錄，皆門生故友所錄，惟易繫辭說，乃因病中親筆云。

吳澄

吳澄字幼清，撫州崇仁人。高祖曄，初居咸口里，當華蓋、臨川二山間，望氣者徐覺言其地當出異人。澄生前一夕，鄉父老見異氣降其家，鄰媪復夢有物蜿蜒降其舍旁池中，且以告于人，而澄生。三歲，穎悟日發，教之古詩，隨口成誦。五歲，日受千餘言，夜讀書至旦。母憂其過勤，節膏火，不多與，澄候母寢，燃火復誦習。九歲，從羣子弟試鄉校，每中前列。既長，於經、傳皆習通之，知用力聖賢之學，嘗舉進士不中。

至元十三年，民初附，盜賊所在蜂起，樂安鄭松，招澄居布水谷，乃著孝經章句，校定易、書、詩、春秋、儀禮及大、小戴記。侍御史程鉅夫，奉詔求賢江南，起澄至京師。未幾，以母老辭歸。鉅夫請置澄所著書於國子監，以資學者，朝廷命有司即其家錄上。元貞初，游龍興，按察司經歷郝文迎至郡學，日聽講論，錄其問答，凡數千言。行省掾元明善以文學自負，嘗問澄易、詩、書、春秋奧義，歎曰：「與吳先生言，如探淵海。」遂執子弟禮，終其身。左丞董士選延之於家，親執饋食，曰：「吳先生，天下士也。」既入朝，薦澄有道，擢應奉翰林文字。有司敦勸，久之乃至，而代者已到官，澄即日南歸。未幾，除江西儒學副提舉，居三月，以疾去官。

至大元年，召爲國子監丞。先是，許文正公衡爲祭酒，始以朱子小學等書授弟子，久之，漸失其舊。澄至，旦燃燭堂上，諸生以次受業，日昃，退燕居之室，執經問難者，接踵而至。澄各因其材質，反覆訓誘之，每至夜分，雖寒暑不易也。

皇慶元年，陞司業，用程純公學校奏疏、胡文定公六學敎法、朱文公學校貢舉私議，約之爲敎法四條：一曰經學，二曰行實，三曰文藝，四曰治事，未及行。又嘗爲學者言：「朱子於道問學之功居多，而陸子靜以尊德性爲主。問學不本於德性，則其敝必偏於言語訓釋之末，故學必以德性爲本，庶幾得之。」議者遂以澄爲陸氏之學，非許氏尊信朱子本意，然亦莫知朱、陸之爲何如也。澄一夕謝去，諸生有不謁告而從之南者。俄拜集賢直學士，特授奉議大夫，俾乘驛至京師，次眞州，疾作，不果行。

英宗卽位，超遷翰林學士，進階太中大夫。先是，有旨集善書者，粉黃金爲泥，寫浮屠藏經。帝在上都，使左丞速速，詔澄爲序，澄曰：「主上寫經，爲民祈福，甚盛舉也。若用以追薦，臣所未知。蓋福田利益，雖人所樂聞，而輪回之事，彼習其學者，猶或不言。不過謂爲善之人，死則上通高明，其極品則與日月齊光；爲惡之人，死則下淪污穢，其極下則與沙蟲同類。其徒遂爲薦拔之說，以惑世人。今列聖之神，上同日月，何庸薦拔！且國初以來，凡寫經追薦，不知幾舉。若未效，是無佛法矣；若已效，是誣其祖矣。撰爲文辭，不可以示後世，請俟駕還奏之。」會帝崩而止。

泰定元年，初開經筵，首命澄與平章政事張珪、國子祭酒鄧文原爲講官。在至治末，詔作太廟，議者習見同堂異室之制，乃作十三室。未及遷奉，而國有大故，有司疑於昭穆之次，命集議之。澄議曰：「世祖混一天下，悉考古制而行之。古者，天子七廟，廟各爲宮，太祖居中，左三廟爲昭，右三廟爲穆，昭穆神主，各以次遞遷，其廟之宮，頗如今之中書六部。夫省部之設，亦倣金、宋，豈以宗廟敍次，而不考古乎！」有司急於行事，竟如舊次云。時澄已有去志，會修英宗實錄，命總其事，居數月，實錄成，未上，卽移疾不出。中書左丞許師敬奉旨賜宴國史院，仍致朝廷勉留之意，宴罷，卽出城登舟去。中書聞之，遣官驛追，不及而還，言於帝曰：「吳澄，國之名儒，朝之舊德，今請老而歸，不忍重勞之，宜有所褒異。」詔加資善大夫，仍以金織文綺二及鈔五千貫賜之。

澄身若不勝衣，正坐拱手，氣融神邁，答問亹亹，使人渙若冰釋。弱冠時，嘗著說曰：「道之大原出於天，神聖繼之，堯、舜而上，道之元也；堯、舜而下，其亨也；洙、泗、鄒、魯，其利也；濂、洛、關、閩，其貞也。分而言之，上古則羲、黃其元，堯、舜其亨，禹、湯其利，文、武、周公其貞乎！中古之統：仲尼其元，顏、曾其亨乎，子思其利，孟子其貞乎！近古之統：周子其元，程、張其亨也，朱子其利也，孰爲今日之貞乎？未之有也。然則，可以終無所歸哉！」

其早以斯文自任如此。故出登朝署，退歸于家，與郡邑之所經由，士大夫皆迎請執業，而四方之士不憚數千里，躡屩負笈來學山中者，常不下千數百人。少暇，卽著書，至將終，猶不置也。於易、春秋、禮記，各有纂言，盡破傳註穿鑿，以發其蘊，條歸紀敍，精明簡潔，卓然成一家言。作學基、學統二篇，使人知學之本，與爲學之序，尤有得於邵子之學。校定皇極經世書，又校正老子、莊子、太玄經、樂律，及八陣圖、郭璞葬書。

初，澄所居草屋數間，程鉅夫題曰草廬，故學者稱之爲草廬先生。天曆三年，朝廷以澄耆老，特命次子京爲撫州敎授，以便奉養。明年六月，得疾，有大星墜其舍東北，澄卒，年八十五。贈江西行省左丞、上護軍，追封臨川郡公，諡文正。

長子文，終同知柳州路總管府事；京，終翰林國史院典籍官。孫當，自有傳。

校勘記

〔一〕（苦）〔若〕非難處之事　道光本與靜修文集卷二一上宰相書合，從改。

〔二〕〔上〕護軍　據滋溪文稿卷八劉因墓表補。新元史已校。

元史卷一百七十二

列傳第五十九

程鉅夫

程鉅夫名文海，避武宗廟諱，以字行。其先，自徽州徙郢州京山，後家建昌。叔父飛卿，仕宋，通判建昌，世祖時，以城降。鉅夫入爲質子，授宣武將軍、管軍千戶。他日，召見，問賈似道何如人，鉅夫條對甚悉，帝悅，給筆札書之，乃書二十餘幅以進。帝大奇之，因問今居何官，以千戶對，帝謂近臣曰：「朕觀此人相貌，已應貴顯；聽其言論，誠聰明有識者也。可置之翰林。」丞相火禮霍孫傳旨至翰林，以其年少，奏爲應奉翰林文字，帝曰：「自今國家政事得失，及朝臣邪正，宜皆爲朕言之。」鉅夫頓首謝曰：「臣本疏遠之臣，蒙陛下知遇，敢不竭力以報陛下！」尋進翰林修撰，屢遷集賢直學士，兼祕書少監。

至元十九年，奏陳五事：一曰取會江南仕籍，二曰通南北之選，三曰立考功歷，四曰置貪贓籍，五曰給江南官吏俸。朝廷多采行之，賜地京師安貞門，以築居室。二十年，加翰林集賢〔直〕學士，〔二〕同領會同館事。二十三年，見帝，首陳：「興建國學，乞遣使江南搜訪遺逸；御史臺、按察司，並宜參用南北之人。」帝嘉納之。

二十四年，立尚書省，詔以爲參知政事，鉅夫固辭。又命爲御史中丞，臺臣言：「鉅夫南人，且年少。」帝大怒曰：「汝未用南人，何以知南人不可用！自今省部臺院，必參用南人。」遂以鉅夫仍爲集賢直學士，拜侍御史，行御史臺事，奉詔求賢於江南。初，書詔令皆用蒙古字，及是，帝特命以漢字書之。帝素聞趙孟藡、葉李名，鉅夫臨當行，帝密諭必致此二人；鉅夫又薦趙孟頫、余恁、萬一鶚、張伯淳、胡夢魁、曾晞顏、孔洙、曾沖子、凌時中、包鑄等二十餘人，帝皆擢置臺憲及文學之職。還朝，陳民間利病五事，拜集賢學士，仍還行臺。

二十六年，時相桑哥專政，法令苛急，四方騷動。鉅夫入朝，上疏曰：「臣聞天子之職，莫大於擇相，宰相之職，莫大於進賢。苟不以進賢爲急，而惟以殖貨爲心，非爲上爲德、爲下爲民之意也。昔文帝以決獄及錢穀問丞相周勃，勃不能對，陳平進曰：『陛下問決獄，責廷尉；問錢穀，責治粟內史。宰相，上理陰陽，下遂萬物之宜，外鎮撫四夷，內親附百姓。』觀其所言，可以知宰相之職矣。今權姦用事，立尚書鈎考錢穀，以剗割生民爲務，所委任者，率皆貪饕邀利之人，江南盜賊竊發，良以此也。臣竊以爲宜清尚書之政，損行省之權，罷言利之官，行恤民之事，於國爲便。」桑哥大怒，羈留京師不遣，奏請殺之，凡六奏，帝皆不許。鉅夫既還行臺，二十九年又召鉅夫與胡祗遹、姚燧、王惲、雷膺、陳天祥、楊恭懿、高凝、陳儼、趙居信等十人，赴闕賜對。三十年，出爲閩海道肅政廉訪使，興學明教，吏民畏愛之。

大德四年，遷江南湖北道肅政廉訪使。至官，首治行省平章家奴之爲民害者，上下肅然。八年，召拜翰林學士，商議中書省事。十年，以亢旱、暴風、星變，鉅夫應詔陳弭災之策，其目有五：曰敬天，曰尊祖，曰清心，曰持體，曰更化。帝皆然之。雲南省臣言：「世祖親平雲南，民願刻石點蒼山，以紀功德。」詔鉅夫撰其文。

十一年，拜山南江北道肅政廉訪使，復留爲翰林學士。至大元年，修成宗實錄。二年，召至上都。三年，復拜山南江北道肅政廉訪使。四年，與李謙、尙文等十六人同赴闕，賜對便殿。拜浙東海右道肅政廉訪使，留爲翰林學士承旨。皇慶元年，修武宗實錄。二年，旱，鉅夫應詔陳桑林六事，忤時宰意。明日，帝遣近侍賜上尊，勞之曰：「中書集議，惟卿所言甚當，後臨事，其極言之。」於是詔鉅夫偕平章政事李孟、參知政事許師敬議行貢舉法，鉅夫建言：「經學當主程頤、朱熹傳註，文章宜革唐、宋宿弊。」命鉅夫草詔行之。

三(月)〔年〕，〔三〕以病乞骸骨歸田里，不允，命尙醫給藥物，官其子大本郊祀署令，以便侍養。時令近臣撫視，且勞之曰：「卿，世祖舊臣，惟忠惟貞，其勉加餐粥，少留京師，以副朕心。」鉅夫請益堅，特授光祿大夫，賜上尊，命廷臣以下飲餞于齊化門外，給驛南還。敕行省及有司常加存問。居(五)〔三〕年而卒，〔三〕年七十。泰定二年，贈大司徒、柱國，追封楚國公，謚文憲。

趙孟頫

趙孟頫字子昂，宋太祖子秦王德芳之後也。五世祖秀安僖王子偁，四世祖崇憲靖王伯圭。高宗無子，立子偁之子，是爲孝宗，伯圭，其兄也，賜第于湖州，故孟頫爲湖州人。曾祖師垂，祖希永，父與訔，仕宋，皆至大官；入國朝，以孟頫貴，累贈師垂集賢侍讀學士，希永太常禮儀院使，並封吳興郡公，與訔集賢大學士，封魏國公。

孟頫幼聰敏，讀書過目輒成誦，爲文操筆立就。年十四，用父蔭補官，試中吏部銓法，調眞州司戶參軍。宋亡，家居，益自力於學。

至元二十三年，行臺侍御史程鉅夫，奉詔搜訪遺逸于江南，得孟頫，以之入見。孟頫才氣英邁，神采煥發，如神仙中人，世祖顧之喜，使坐右丞葉李上，或言孟頫宋宗室子，不宜使近左右，帝不聽。時方立尙書省，命孟頫草詔頒天下，帝覽之，喜曰：「得朕心之所欲言者矣。」詔集百官於刑部議法，衆欲計至元鈔二百貫贓滿者死，孟頫曰：「始造鈔時，以銀爲本，虛實相權，今二十餘年間，輕重相去至數十倍，故改中統爲至元，又二十年後，至元必復如中統，使民計鈔抵法，疑於太重。古者，以米、絹民生所須，謂之二實，銀、錢與二物相權，謂之二虛。四者爲直，雖升降有時，終不大相遠也，以絹計贓，最爲適中。況鈔，乃宋時所創，施於邊郡，金人襲而用之，皆出於不得已。迺欲以此斷人死命，似不足深取也。」或以孟頫年少，初自南方來，譏國法不便，意頗不平，責孟頫曰：「今朝廷行至元鈔，故犯法者以是計贓論罪，汝以爲非，豈欲沮格至元鈔耶？」孟頫曰：「法者，人命所係，議有重輕，則人不得其死矣。孟頫奉詔與議，不敢不言。今中統鈔虛，故改至元鈔，謂至元鈔終無虛時，豈有是理！公不揆於理，欲以勢相陵，可乎！」其人有愧色。帝初欲大用孟頫，議者難之。

二十四年六月，授兵部郎中。兵部總天下諸驛。時使客飲食之費，幾十倍於前，吏無以供給，强取於民，不勝其擾，遂請於中書，增鈔給之。至元鈔法滯澀不能行，詔遣尚書劉宣與孟頫馳驛至江南，問行省丞相慢令之罪，凡左右司官及諸路官，則徑笞之。孟頫受命而行，比還，不笞一人，丞相桑哥大以爲譴。

時有王虎臣者，言平江路總管趙全不法，卽命虎臣往按之，葉李執奏不宜遣虎臣，帝不聽，孟頫進曰：「趙全固當問，然虎臣前守此郡，多强買人田，縱賓客爲姦利，全數與爭，虎臣怨之。虎臣往，必將陷全，事縱得實，人亦不能無疑。」帝悟，乃遣他使。桑哥鐘初鳴時卽坐省中，六曹官後至者，則笞之，孟頫偶後至，斷事官遽引孟頫受笞，孟頫入訴於都堂右丞葉李曰：「古者，刑不上大夫，所以養其廉耻，教之節義，且辱士大夫，是辱朝廷也。」桑哥亟慰孟頫使出，自是所笞，唯曹史以下。他日，行東御牆外，道險，孟頫馬跌墮于河。桑哥聞之，言於帝，移築御牆稍西二丈許。帝聞孟頫素貧，賜鈔五十錠。

二十七年，遷集賢直學士。是歲地震，北京尤甚，地陷，黑沙水涌出，人死傷數十萬，帝深憂之。時駐蹕龍虎臺，遣阿剌渾撒里馳還，召集賢、翰林兩院官，詢致災之由。議者畏忌桑哥，但泛引經、傳，及五行災異之言，以修人事、應天變爲對，莫敢語及時政。先是，桑哥遣忻都及王濟等理算天下錢糧，已徵入數百萬，未徵者尚數千萬，害民特甚，民不聊生，自殺者相屬，逃山林者，則發兵捕之，皆莫敢沮其事。孟頫與阿剌渾撒里甚善，勸令奏帝赦天下，盡與蠲除，庶幾天變可弭。阿剌渾撒里入奏，如孟頫所言，帝從之，詔草已具，桑哥怒謂必非帝意。孟頫曰：「凡錢糧未徵者，其人死亡已盡，何所從取？非及是時除免之，他日言事者，倘以失陷錢糧數千萬歸咎尚書省，豈不爲丞相深累耶！」桑哥悟，民始獲蘇。

帝嘗問葉李、留夢炎優劣，孟頫對曰：「夢炎，臣之父執，其人重厚，篤於自信，好謀而能斷，有大臣器；葉李所讀之書，臣皆讀之，其所知所能，臣皆知之能之。」帝曰：「汝以夢炎賢於李耶？夢炎在宋爲狀元，位至丞相，當賈似道誤國罔上，夢炎依阿取容；李布衣，乃伏闕上書，是賢於夢炎也。汝以夢炎父友，不敢斥言其非，可賦詩譏之。」孟頫所賦詩，有「往事已非那可說，且將忠直報皇元」之語，帝歎賞焉。

孟頫退謂奉御徹里曰：「帝論賈似道誤國，責留夢炎不言，桑哥罪甚於似道，而我等不言，他日何以辭其責！然我疏遠之臣，言必不聽，侍臣中讀書知義理、慷慨有大節、又爲上所親信，無踰公者。夫捐一旦之命，爲萬姓除殘賊，仁者之事也。公必勉之！」既而徹里至帝前，數桑哥罪惡，帝怒，命衞士批其頰，血涌口鼻，委頓地上。少間，復呼而問之，對如初。時大臣亦有繼言者，帝遂按誅桑哥，罷尚書省，大臣多以罪去。

帝欲使孟頫與聞中書政事，孟頫固辭，有旨令出入宮門無禁。每見，必從容語及治道，多所裨益。帝問：「汝趙太祖孫耶？太宗孫耶？」對曰：「臣太祖十一世孫。」帝曰：「太祖行事，汝知之乎？」孟頫謝不知，帝曰：「太祖行事，多可取者，朕皆知之。」孟頫自念，久在上側，必爲人所忌，力請補外。二十九年，出同知濟南路總管府事。時總管闕，孟頫獨署府事，官事清簡。有元掀兒者，役於鹽場，不勝艱苦，因逃去。其父求得他人屍，遂誣告同役者殺掀兒，既誣服。孟頫疑其寃，留弗決，踰月，掀兒自歸，郡中稱爲神明。僉廉訪司事韋哈剌哈孫，素苛虐，以孟頫不能承順其意，以事中之，會修世祖實錄，召孟頫還京師，乃解。久之，遷知汾州，未上，有旨書金字藏經，既成，除集賢直學士、江浙等處儒學提舉，遷泰州尹，未上。

至大三年，召至京師，以翰林侍讀學士，與他學士撰定祀南郊祝文，及擬進殿名，議不合，謁告去。仁宗在東宮，素知其名，及卽位，召除集賢侍講學士、中奉大夫。延祐元年，改翰林侍講學士，遷集賢侍講學士、資德大夫。三年，拜翰林學士承旨、榮祿大夫。帝眷之甚厚，以字呼之而不名。帝嘗與侍臣論文學之士，以孟頫比唐李白、宋蘇子瞻。又嘗稱孟頫操履純正，博學多聞，書畫絕倫，旁通佛、老之旨，皆人所不及。有不悅者間之，帝初若不聞者。又有上書言國史所載，不宜使孟頫與聞者，帝乃曰：「趙子昂，世祖皇帝所簡拔，朕特優以禮貌，置於館閣，典司述作，傳之後世，此屬吸吸何也！」俄賜鈔五百錠，謂侍臣曰：「中書每稱國用不足，必持而不與，其以普慶寺別貯鈔給之。」孟頫嘗累月不至宮中，帝以問左右，皆謂其年老畏寒，敕御府賜貂鼠裘。

初，孟頫以程鉅夫薦，起家爲郎，及鉅夫爲翰林學士承旨，求致仕去，孟頫代之，先往拜其門，而後入院，時人以爲衣冠盛事。六年，得請南歸。帝遣使賜衣幣，趣之還朝，以疾，不果行。至治元年，英宗遣使卽其家，俾書孝經。二年，賜上尊及衣二襲。是歲六月卒，年六十九。追封魏國公，謚文敏。

孟頫所著，有尙書註，有琴原、樂原，得律呂不傳之妙；詩文淸邃奇逸，讀之，使人有飄飄出塵之想。篆、籕、分、隸、眞、行、草書，無不冠絕古今，遂以書名天下。天竺有僧，數萬里來求其書歸，國中寶之。其畫山水、木石、花竹、人馬，尤精緻。前史官楊載稱孟頫之才頗爲書畫所掩，知其書畫者，不知其文章，知其文章者，不知其經濟之學。人以爲知言云。

子雍、奕，並以書畫知名。

鄧文原

鄧文原字善之，一字匪石，綿州人。父漳，徙錢塘。文原年十五，通春秋。在宋時，以流寓試浙西轉運司，魁四川士。至元二十七年，行中書省辟爲杭州路儒學正。大德二年，調崇德州教授。五年，擢應奉翰林文字。九年，陞修撰，謁告還江南。至大元年，復爲修撰，預修成宗實錄。三年，授江浙儒學提舉。

皇慶元年，召爲國子司業。至官，首建白更學校之政，當路因循，重於改作，論不合，移病去。科舉制行，文原校文江浙，慮士守舊習，大書朱熹貢舉私議，揭于門。延祐四年，陞翰林待制。五年，出僉江南浙西道肅政廉訪司事，平江僧有憾其府判官理熙者，賄其徒，告熙贓，熙誣服。文原行部，按問得實，杖僧而釋熙。吳興民夜歸，巡邏者執之，繫亭下。其人遁去，有追及之者，刺其脅，仆地。明旦，家人得之以歸，比死，其兄問殺汝者何如人，曰：「白帽、靑衣、長身者也。」其兄愬於官，有司問直初更者曰張福兒，執之，使服焉。械繫三年，文原錄之曰：「福兒身不滿六尺，未見其長也；刃傷右脅，而福兒素用左手，傷宜在左，何右傷也！」鞫之，果得眞殺人者，而釋福兒。桐廬人戴汝惟家被盜，有司得盜，獄成送郡；夜有焚戴氏廬者，而不知汝惟所之。文原曰：「此必有故也。」乃得其妻葉氏與其弟謀殺汝惟狀，而於水涯樹下，得屍與漬血斧俱在焉，人以爲神。

六年，移江東道。徽、寧國、廣德三郡，歲入茶課鈔三千錠，後增至十八萬錠，竭山谷所產，不能充其半，餘皆鑿空取之民間，歲以爲常。時轉運司官聽用鄉里譁狡，動以犯法誣民，而轉運司得專制有司，凡五品官以下皆杖決，州縣莫敢如何。文原請罷其專司，俾郡縣領之，不報。徽民謝蘭家僮汪姓者死，蘭姪回賂汪族人誣蘭殺之，蘭誣服。文原錄之，得其情，釋蘭而坐回。時久旱不雨，決獄乃雨。

至治二年，召爲集賢直學士，地震，詔議弭災之道。文原請決滯囚，置倉廩河北，儲羨粟以賑饑；復申前議，請罷榷茶轉運司，又不報。明年，兼國子祭酒，江浙省臣趙簡請開經筵。泰定元年，文原兼經筵官，以疾乞致仕歸。二年，召拜翰林侍講學士，以疾辭。四年，〔四〕拜嶺北湖南道肅政廉訪使，以疾不赴。天曆元年卒，年七十一。〔五〕

文原內嚴而外恕，家貧而行廉。初客京師，有一書生病篤，取橐中金，囑文原以歸其親；既死，而同舍生竊金去，文原買金償死者家，終身不以語人。有文集若干卷，內制集若干卷，藏于家。子衎，廕授江浙等處儒學副提舉，未任，卒。至順五年，〔六〕制贈文原江浙行省參知政事，謚文肅。

袁桷

袁桷字伯長，慶元人，宋同知樞密院事韶之曾孫。爲童子時，已著聲。部使者舉茂才異等，起爲麗澤書院山長。

大德初，閻復、程文海、王構薦爲翰林國史院檢閱官。時初建南郊，桷進十議曰：「天無二日，天既不得有二，五帝不得謂之天，作昊天五帝議。祭天歲或爲九，或爲二，作祭天名數議。圜丘不見於五經，郊不見於周官，作圜丘非郊議。后土，社也，作后土卽社議。三歲一郊，非古也，作祭天無間歲議。燔柴見于古經，周官以禋祀爲天，其義各有旨，作燔柴泰壇議。祭天之牛角繭栗，用牲于郊，牛二，合配而言之，增羣祀而合祠，非周公之制矣，作郊不當立從祀議。郊，質而尊之義也，明堂，文而親之義也，作郊明堂禮儀異制議。郊用辛，魯禮也，卜不得常爲辛，作郊非辛日議。北郊不見於三禮，尊地而遵北郊，鄭玄之說也，作北郊議。」禮官推其博，多采用之。陞應奉翰林文字、同知制誥，兼國史院編修官，請購求遼、金、宋三史遺書，歷兩考，遷待制；又再任，拜集賢直學士。久之，移疾去官。復仍以直學士召入集賢，未幾，改翰林直學士、知制誥同修國史。至治元年，遷侍講學士。泰定初，辭歸。

桷在詞林，朝廷制册、勳臣碑銘，多出其手。所著有易說、春秋說、清容居士集。泰定四年卒，年六十一。〔七〕贈中奉大夫、江浙等處行中書省參知政事、護軍，追封陳留郡公，諡文清。

曹元用

曹元用字子貞，世居阿城，後徙汶上。祖義，不仕。父宗輔，德清縣主簿。元用資稟俊爽，幼嗜書，一經目，輒成誦；每夜讀書，常達曙不寐。父憂其致疾，止之，輒以衣蔽窗默觀之。

始以鎭江路儒學正，考滿游京師。翰林承旨閻復，於四方士少所許可，及見元用，出所爲文示之。元用輒指其疵，復大奇之，因薦爲翰林國史院編修官。卽論史院僚屬非材，請較試，取其優者用之。御史臺辟爲掾史。元用初不習吏事，而見事明決，吏反師之。轉中書省右司掾，與淸河元明善、濟南張養浩，同時號爲三俊。除應奉翰林文字，遷禮部主事。時累朝皇后旣崩者，猶以名稱，而未有謚號。元用言：「后爲天下母，豈可直稱其名。宜加徽號，以彰懿德。」改尙書省右司都事，轉員外郎。及尙書省罷，退居任城，久之，齊、魯間從學者甚衆。

延祐六年，授太常禮儀院經歷，屬英宗躬修祀事，銳意禮樂，其親祀儀注、鹵簿輿服之制，率所裁定。初，太廟九室，合饗于一殿，仁宗崩，無室可祔，乃于武宗室前，結綵爲次。英宗在上京，召禮官集議，元用言：「古者，宗廟有寢有室，宜以今室爲寢，當更營大殿于前，爲十五室。」帝嘉其議，授翰林待制，陞直學士。

至治三年八月，鐵失之變，賊黨赤斤鐵木兒遽至京師，收百司印，趣召兩院學士北上。元用獨不行，曰：「此非常之變，吾寧死，不可曲從也。」未幾，賊果敗，人皆稱其有先見之明。

泰定二年，授太子贊善，轉禮部尙書，兼經筵官，及大朝會，爲糾儀官，申卷班之令，俾以序退，無爭門而出之擾。又謂太醫、儀鳳、教坊等官，不當序正班，當自爲一列，後皆行之。時宰執有欲罷科舉法者，元用以爲「國家文治，正在於此，胡可罷也」。又有欲損太廟四時之享、止存冬祭者，元用謂：「禴祠嘗烝，四時之享，不可闕一，乃經禮之大者，其可惜費而廢禮乎！」

三年夏，帝以日食、地震、星變，詔議所以弭災者，元用謂：「應天以實不以文，修德明政，應天之實也。宜撙浮費，節財用，選守令，卹貧民，嚴禋祀，汰佛事，止造作以紓民力，愼賞罰以示勸懲。」皆切中時弊。又論科舉取士之法，當革冒濫，嚴考覈，俾得眞才之用。議上，朝廷咸是之。拜中奉大夫、翰林侍講學士，兼經筵官，預修仁宗、英宗兩朝實錄。又奉旨纂集甲令爲通制，譯唐貞觀政要爲國語。書成，皆行於時。凡大制誥，率元用所草。文宗時，草寬恤之詔，帝覽而善之，賜金織文錦。

天曆二年，代祀曲阜孔子廟。還，以司寇像及代祀記獻，帝甚喜。值太禧宗禋院副使缺，中書奏以元用爲之，帝不允曰：「此人，翰林中所不可無者，將大用之矣。」會卒，帝嗟悼久之，謂侍臣曰：「曹子貞盡忠宣力，今亡矣，可賜賻鈔五千緡。」贈正奉大夫、江浙等處行中書省參知政事、護軍，追封東平郡公，諡文獻。詩文四十卷，號超然集。二子：偉，儀。

齊履謙

齊履謙字伯恒，父義，善算術。履謙生六歲，從父至京師；七歲讀書，一過卽能記憶；年十一，敎以推步星曆，盡曉其法；十三，從師，聞聖賢之學。自是以窮理爲務，非洙、泗、伊、洛之書不讀。

至元十六年，初立太史局，改治新曆，〔八〕履謙補星曆生。同輩皆司天臺官子，太史王恂問以算數，莫能對，履謙獨隨問隨答，恂大奇之。新曆既成，復預修曆經、曆議。二十九年，授星曆教授。都城刻漏，舊以木爲之，其形如碑，故名碑漏，內設曲筒，鑄銅爲丸，自碑首轉行而下，鳴鐃以爲節，其漏經久廢壞，晨昏失度。大德元年，中書俾履謙視之，因見刻漏旁有宋舊銅壺四，於是按圖考定蓮花、寶山等漏制，命工改作；又請重建鼓樓，增置更鼓并守漏卒，當時遵用之。

二年，遷保章正，始專曆官之政。三年八月朔，時加巳，依曆，日蝕二分有奇，至其時，不蝕，衆皆懼，履謙曰：「當蝕不蝕，在古有之，矧時近午，陽盛陰微，宜當蝕不蝕。」遂考唐開元以來當蝕不蝕者凡十事以聞。六年六月朔，時加戌，依曆，日蝕五十七秒。衆以涉交既淺，且復近濁，欲匿不報。履謙曰：「吾所掌者，常數也，其食與否，則係於天。」獨以狀聞，及其時，果食。衆嘗爭沒日不能決，履謙曰：「氣本十五日，而間有十六日者，餘分之積也。故曆法以所積之日，命爲沒日，不出本氣者爲是。」衆服其議。

七年八月戊申夜，地大震，詔問致災之由，及弭災之道，履謙按春秋言：「地爲陰而主靜，妻道、臣道、子道也，三者失其道，則地爲之弗寧。弭之之道，大臣當反躬責己，去專制之(咸)〔威〕，〔九〕以答天變，不可徒爲禳禱也。」時成宗寢疾，宰臣有專威福者，故履謙言及之。九年冬，始立南郊，祀昊天上帝，履謙攝司天臺官。舊制，享祀，司天雖掌時刻，無鍾鼓更漏，往往至旦始行事。履謙白宰執，請用鍾鼓更漏，俾早晏有節，從之。

至大二年，太常請修社稷壇，及浚太廟庭中井。或以歲君所直，欲止其役，履謙曰：「國家以四海爲家，歲君豈專在是！」三年，升授時郎秋官正，兼領冬官正事。四年，仁宗即位，嘉尚儒術。臺臣言履謙有學行，可教國學子弟，擢國子監丞，改授奉直大夫、國子司業，與吳澄並命，時號得人。每五鼓入學，風雨寒暑，未嘗少怠，其教養有法，諸生皆畏服。未幾，復以履謙僉太史院事。

皇慶二年春，彗星出東井。履謙奏宜增修善政以答天意，因陳時務八事。仁宗爲之動容，顧宰臣命速行之。自履謙去國學，吳澄亦移病歸，學制稍爲之廢。延祐元年，詔擇善教者，於是復以履謙爲國子司業。履謙律己益嚴，教道益張，每齋置伴讀一人爲長，雖助教闕員，而諸生講授不絕。時初命國子生歲貢六人，以入學先後爲次第，履謙曰：「不考其業，何以興善而得人！」乃酌舊制，立陞齋、積分等法：每季考其學行，以次遞升，既升上齋，又必踰再歲，始與私試；孟月仲月試經疑經義，季月試古賦詔誥章表策，蒙古、色目試明經策問；辭理俱優者一分，辭平理優者爲半分，歲終積至八分者充高等，以四十人爲額；然後集賢、禮部定其藝業及格者六人，以充歲貢；三年不通一經，及在學不滿一歲者，並黜之。帝從其議，自是人人勵志，多文學之士。五年，出爲濱州知州，丁母憂，不果行。

至治元年，拜太史院使。泰定二年九月，以本官奉使宣撫江西、福建，黜罷官吏之貪污者四百餘人，蠲免括地虛加糧數萬石，州縣有以先賢子孫充房夫諸役者悉罷遣之。福建憲司職田，每畝歲輸米三石，民不勝苦。履謙命准令輸之，由是召怨，及還京，憲司果誣以他事。未幾，誣履謙者皆坐事免，履謙始得直，復爲太史院使。天曆二年九月卒。

履謙篤學勤苦，家貧無書。及爲星曆生，在太史局，會祕書監輦亡宋故書，留置本院，因晝夜諷誦，深究自得，故其學博洽精通，自六經、諸史、天文、地理、禮樂、律曆，下至陰陽五行、醫藥、卜筮，無不淹貫，尤精經籍。著大學四傳小註一卷，中庸章句續解一卷，論語言仁通旨二卷，書傳詳說一卷，易繫辭旨略二卷，易本說四卷，春秋諸國統紀六卷。以皇極之名，見於洪範，皇極之數，始於邵氏經世書，數非極也，特寓其數於極耳，著經世書入式一卷；經世書有內、外篇，內篇則因極而明數，外篇則由數而會極，著外篇微旨一卷。授時曆行五十年，未嘗推考，履謙日測晷景，并晨昏五星宿度，自至治三年冬至，至泰定二年夏至，天道加時眞數，各減見行曆書二刻，著二至晷景考二卷。授時曆雖有經、串，而經以著定法，串以紀成數，然求其法之所以然、數之所從出，則略而不載，作經串演撰八法一卷。

元立國百有餘年，而郊廟之樂，沿襲宋、金，未有能正之者。履謙謂樂本於律，律本於氣，而氣候之法，具載前史，可擇僻地爲密室，取金門之竹，及河內葭莩，候之，上可以正雅樂、薦郊廟、和神人，下可以同度量、平物貨、厚風俗。列其事上之。又得黑石古律管一，長尺有八寸，外方，內爲圓空，中有隔，隔中有小竅，蓋以通〔氣〕；〔一〇〕隔上九寸，其空均直，約徑三分，以應黃鐘之數；隔下九寸，其空自小竅迤邐殺至管底，約徑二寸餘，蓋以聚其氣而上之。其製與律家所說不同，蓋古所謂玉律者是也。適遷他官，事遂寢，有志者深惜之。至順三年五月，贈翰林學士、資善大夫、上護軍，追封汝南郡公，謚文懿。

校勘記

〔一〕集賢〔直〕學士　據雪樓集卷首所收元史程鉅夫傳、附錄揭傒斯程鉅夫行狀補。按下文有「仍爲集賢直學士」，證此處奪「直」字。

〔二〕三〔月〕〔年〕　據雪樓集卷首所收元史程鉅夫傳、附錄揭傒斯程鉅夫行狀改。按此處指延祐三年。

〔三〕居〔五〕〔三〕年而卒　據雪樓集卷首所收元史程鉅夫傳改。按揭傒斯程鉅夫行狀，程鉅夫延祐三年南還，五年卒，家居三年。

〔四〕四年　蒙史云：「吳澄草廬集鄧公神道碑云『又明年丙寅』，則泰定三年也。舊傳稱四年除肅政使，殊誤。」

〔五〕天曆元年卒年七十一　吳文正集卷三二鄧文原神道碑、黄金華集卷二六鄧文原神道碑皆謂死于天曆元年五月二十二日，「年七十」。蒙史改「七十一」爲「七十」，當是。

〔六〕至順五年　考異云：「案至順四年改元元統，至順無五年，傳誤。」

〔七〕泰定四年卒年六十一　按滋溪文稿卷九袁桷墓誌銘有「泰定初辭歸，四年八月三日以疾終於家，享年六十有二」。新元史改「六十一」爲「六十二」，疑是。

〔八〕至元十六年初立太史局改治新曆　「十六年」，滋溪文稿卷九齊履謙神道碑作「至元十三年」，與本書卷五二曆法志所載相符。疑「六」當作「三」。

〔九〕專制之(咸)〔威〕　從北監本改。

〔一〇〕蓋以通(〔氣〕)　據滋溪文稿卷九齊履謙神道碑補。

元史卷一百七十三

列傳第六十

崔斌

崔斌字仲文，馬邑人。性警敏，多智慮，魁岸雄偉，善騎射，尤攻文學，而達政術。世祖在潛邸召見，應對稱旨，命佐卜憐吉帶，將遊騎戍淮南。斌負才略，卜憐吉帶甚敬禮之。兵駐揚州西城，俾斌領騎兵覘敵形勢，斌視敵兵亂，潛出襲之，多所殺獲。俄丁父憂，襲授金符爲總管。中統元年，改西京參議宣慰司事。世祖嘗命安童舉漢人識治體者一人，安童舉斌。入見，敷陳時政得失，曲中宸慮。

時世祖銳意圖治，斌危言讜論，直指面斥，是非立判，無有所諱。帝幸上都，嘗召斌，斌下馬步從。帝命之騎，因問爲治大體，今當何先。斌以任相對。帝曰：「汝其爲我舉可爲相者。」斌以安童、史天澤對，帝默然良久。斌曰：「陛下豈以臣猥鄙，所舉未允公議，有所惑歟？今近臣咸在，乞采輿言，陛下裁之。」帝俞其請，斌立馬飃言曰：「有旨問安童爲相，可否？」衆驩然呼萬歲。帝悅，遂以二人並爲相。除斌左右司郎中。每論事帝前，羣言終日不決者，斌以數言決之。進見，必與近臣偕，其所獻替，雖密近之臣，有不得與聞者，以此人多忌之。會阿合馬立制國用使司，專總財賦，一以掊克爲事，斌曰：「與其有聚斂之臣，寧有盜臣！」於帝前屢斥其姦惡。

至元四年，出守東平。五年，大兵南征，道壽張。卒有撤民席，投其赤子於地以死，訴於斌。斌馳謂主將曰：「未至敵境，而先殺吾民，國有常刑，汝亦當坐。」於是下其卒于獄，自是莫敢犯。歲大侵，徵賦如常年，斌馳奏以免，復請于朝，得楮幣十萬緡，以賑民饑。六年，除同僉樞密院事。

襄樊之役，命斌僉河南行省事。方議攻鹿門山，斌曰：「自峴山西抵萬山，北抵漢江，築城浚塹，以絕餉援，則襄陽可坐制矣。」時調曹、濮民丁，屯田南陽。斌議罷曹、濮屯民，以近地兵多者補之，民以爲便。又議戶部給濱、棣、(青)〔清〕、滄鹽劵，〔一〕付行省，募民以米貿之，仍增價和糴。遠近輸販者輻輳，餽餉不勞而集。有旨：河南四路，籍兵二萬，以益襄樊。斌卽馳奏曰：「河南戶少，而調度繁多，實不堪命，減其半爲宜。」從之。襄陽旣下，轉嘉議大夫，仍僉行中書省。

十年，〔二〕詔丞相伯顔總兵南征，改行省爲河南宣慰司，加中奉大夫，賜金虎符，充宣慰使。是時，襄陽、正陽諸軍，悉道河南，供億雖繁，而事無缺失。伯顔既渡江，分阿里海牙定湖南，詔斌貳之，拜行中書省參知政事。

十月，圍潭州，〔三〕斌攻西北鐵壩。阿里海牙中流矢，不能軍，斌以軍夜集栅下，黎明畢登，不利。斌曰：「彼軍小捷而驕弛，吾今焚其角樓，斷其援道，塹城爲三周，如此則城可得。」諸將然之。洒誓師，銜枚潛登鐵壩，人齎芻稭梯其樓火之，且豎木栅城上；詰旦，布雲梯鼓譟而上，斌挾盾先登。阿里海牙持酒勞曰：「取此城，公之力也。」斌自語阿里海牙曰：「潭人膽破矣。若斂兵不進，許其來降，則土地人民皆我有，自重湖以南，連城數十，可傳檄而定。若縱兵急攻，彼無噍類，得一空城何益！」從之。明日，即遣開示禍福，城中爭出降。諸將怒其抗敵持久，咸欲屠之。斌喻以興師本意，諸將曰：「編民當如公說，敵兵必誅之。」斌曰：「彼各爲其主耳，宜旌之，以勸未附者，且殺降不祥。」諸將洒止。捷聞，帝嘉之，進資善大夫、行中書省左丞，潭人德之，爲立生祠。

十一年，奉旨撫諭廣西，〔四〕尋命還治湖南。潭屬邑安化、湘鄉、衡山以南，賊周龍、張唐、張虎等，所在蜂起，斌駐兵南嶽。凡來降者，同僚議欲盡戮，以懲反側，斌但按誅其首惡，脅從者盡釋之。

十五年，被召入覲。時阿合馬擅權日甚，廷臣莫敢誰何。斌從帝至察罕腦兒。帝問江南各省撫治如何。斌對以治安之道在得人，今所用多非其人，因極言阿合馬姦蠹。帝乃令御史大夫相威、樞密副使孛羅按問之，汰其冗員，黜其親黨，檢覈其不法，罷天下轉運司，海內無不稱快。適尙書留夢（賢）〔炎〕、謝（元昌）〔昌元〕言：〔五〕「江淮行省事至重，而省臣無一人通文墨者。」乃命斌遷江淮行省左丞。既至，凡前日蠹國漁民不法之政，悉釐正之，仍條具以聞。阿合馬慮其害己，捃摭其細事，遮留使不獲上見，因誣搆以罪，竟爲所害。裕宗在東宮，聞之，方食，投箸惻然，遣使止之，已不及矣。天下寃之。年五十六。至大初，贈推忠保節功臣、太傅、開府儀同三司，追封鄭國公，謚忠毅。

子三人，良知、威、恩；孫一人，敬。皆爲大官。

崔彧

崔彧字文卿，小字拜帖木兒，弘州人。負才氣，剛直敢言，世祖甚器重之。至元十六年，奉詔偕牙納木至江南，訪求藝術之人。明年，自江南回，首言忽都帶兒根索亡宋財貨，煩擾百姓，身爲使臣，乃挈妻子以往，所在取索鞍馬芻粟。世祖雖聽其言，然虛實竟不辨決也。

十九年，除集賢侍讀學士。或言于世祖，謂：「阿合馬當國時，同列皆知其惡，無一人孰何之者；及既誅，乃各自以爲潔，誠欺罔之大者。先有旨凡阿合馬所用之人皆革去，臣以爲守門卒隸，亦不可留。如參知政事阿里，請以阿散襲父職，倘使得請，其害又有不可勝言者。賴陛下神聖，灼知其奸，拒而不可。臣已疏其奸惡十餘事，乞召阿里廷辯。」帝曰：「已敕中書，凡阿合馬所用，皆罷之，窮治黨與，纖悉無遺。事竟之時，朕與汝別有言也。」又請以郝禎剖棺戮屍，從之。

尋奉旨鉤考樞密文牘，遂由刑部尙書拜御史中丞。或言：「臺臣於國家政事得失，生民休戚，百官邪正，雖王公將相，亦宜糾察。近唯御史得有所言，臣以爲臺官皆當建言，庶於國家有補。選用臺察官，若由中書，必有偏徇之弊，御史宜從本臺選擇，初用漢人十六員，今用蒙古十六員，相參巡歷爲宜。」皆從其言。

二十年，復以刑部尙書上疏，言時政十八事：一曰開廣言路，多選正人，番直上前，以司喉舌，庶免黨附壅塞之患。二曰當阿合馬擅權，臺臣莫敢糾其非，迨其事敗，然後接踵隨聲，徒取譏笑。宜別加選用，其舊人除蒙古人取聖斷外，餘皆當問罪。三曰樞密院定奪軍官，賞罰不當，多聽阿合馬風旨。宜擇有聲望者爲長貳，庶幾號令明而賞罰當。四曰翰苑亦頌阿合馬功德，宜博訪南北耆儒碩望，以重此選。五曰郝禎、耿仁等雖在典刑，若是者尙多，罪同罰異，公論未伸。合次第屛除。六曰貴游子弟，用卽顯官，幼不講學，何以從政。得如左丞許衡敎國子學，則人才輩出矣。七曰今起居注所書，不過奏事檢目而已。宜擇蒙古人之有聲望、漢人之重厚者，居其任，分番上直，帝主言動必書，以垂法於無窮。八曰憲曹無法可守，是以奸人無所顧忌。宜定律令，以爲一代之法。九曰官冗，若徒省一官員，併一衙門，亦非經久之策。宜參衆議，而立定成規。十曰官僚無以養廉，責其貪則苛。乞將諸路大小官，有俸者量增，無俸者特給。然不取之於官，惟賦之於民，蓋官吏旣有所養，不致病民，少增歲賦，亦將樂從。十一曰內地百姓流移江南避賦役者，已十五萬戶。去家就旅，豈人之情，賦重政繁，驅之致此。乞特降詔旨，招集復業，免其後來五年科役，其餘積欠並蠲，事產卽日給還。民官滿替，以戶口增耗爲黜陟，其徙江南不歸者，與土著一例當役。十二曰凡丞相安童遷轉良臣，悉爲阿合馬所擯黜，或居散地，或在遠方，並令拔擢。十三曰簿錄奸黨財物，本國家之物，不可視爲橫得，遂致濫用。宜以之實帑藏、供歲計。十四曰大都非如上都止備巡幸，不應立留守司，此皆阿合馬以此位置私黨。今宜易置總管府。十五曰中書省右丞二，而左丞缺。宜改所增右丞置諸左。十六曰在外行省，不必置丞相、平章，止設左右丞以下，庶幾內重，不致勢均。彼謂非隆其名不足鎭壓者，姦臣欺罔之論也。十七曰阿剌海牙掌兵民之權，子姪姻黨，分列權要，官吏出其門者，十之七八，其威權不在阿合馬下。宜罷職理算，其黨雖無污染者，亦當遷轉他所，勿使久據湖廣。十八曰銓選類奏，賢否莫知。自今三品已上，必引見而後授官。疏奏，卽日命中書行其數事，餘命與御史大夫玉昔帖木兒議行之。

又言：「江南盜賊，相挻而起，凡二百餘所，皆由拘刷水手與造海船，民不聊生，激而成變。日本之役，宜姑止之。又江西四省軍需，宜量民力，勿强以土產所無。凡給物價與民者，必以實，召募水手，當從其所欲，伺民氣稍蘇，我力粗備，三二年後，東征未晚也。」世祖以爲不切，曰：「爾之所言如射然，挽弓雖可觀，發矢則非是矣。」(或)〔彧〕又言：〔六〕「昨中書奉旨，差官度量大都州縣地畝，本以革權勢兼并之弊，欲其明白，不得不於軍民諸色人戶，通行覈實。又因取勘畜牧數目，初意本非擾民，而近者浮言胥動，恐失農時。乞降旨省諭詔中書卽行之。」又言：「建言者多，孰是孰否，中書宜集議，可行者行之，不可，則明諭言者爲便。」又言：「各路每歲選取室女，宜罷。」又言：「宋文思院小口斛，出入官糧，無所容隱，所宜頒行。」皆從之。

二十一年，彧劾奏盧世榮不可居相職，忤旨，罷。二十三年，加集賢大學士、中奉大夫、同僉樞密院事。尋出爲甘肅行省右丞。召拜中書右丞。與中書平章政事麥朮丁奏曰：「近者，桑哥當國四年，中外諸官，鮮有不以賄而得者。其昆弟故舊妻族，皆授要官美地，唯以欺蔽九重，朘削百姓爲事。宜令兩省嚴加考覈，凡入其黨者，皆汰逐之。其出使之臣，及按察司官受賕者，論如律，仍追宣敕，除名爲民。」又奏：「桑哥所設衙門，其閑冗不急之官，徒費祿食，宜令百司集議汰罷，及自今調官，宜如舊制，避其籍貫，庶不害公。又大都高貲戶，多爲桑哥等所容庇，凡百徭役，止令貧民當之。今後徭役，不以何人，宜皆均輸，有敢如前以賄求人容庇者，罪之。又，軍、站諸戶，每歲官吏非名取索，賦稅倍蓰，民多流移。請自今非奉旨及省部文字，敢私斂民及役軍匠者，論如法。又，忽都忽那顏籍戶之後，各投下毋擅招集，太宗既行之，江南民爲籍已定，乞依太宗所行爲是。」皆從之。

二十八年，由中書右丞遷御史中丞，或奏：「太醫院使劉岳臣，嘗仕宋，練達政事，比者命其參議機務，衆皆稱善。乞以爲翰林學士，俾議朝政。」又言：「行御史臺言：『建寧路總管馬謀，因捕盜延及平民，搒掠至死者多；又俘掠人財，迫通處女，受民財積百五十錠。獄未具，會赦。如臣等議，馬謀以非罪殺人，不在原例。』宜令行臺詰問，明白定罪。」又言：「昔行御史臺監察御史周祚，劾尚書省官忙兀帶、教化的、納速剌丁滅里奸贓；納速剌丁、滅里反誣祚以罪，遣人詣尚書省告桑哥。桑哥曖昧以聞，流祚于憨答孫，妻子家財並沒入官。祚至和林遇亂，走還京師。桑哥又遣詣雲南理算錢穀，以贖其罪。今自雲南回，臣與省臣閱其伏詞，爲罪甚微，宜復其妻子。」皆從之。

二十九年，彧偕御史大夫玉昔帖木兒等奏：「四方之人，來聚闕下，率言事以干進。國家名器，資品高下，具有定格。臣等以爲，中書、樞密，宜早爲銓定，應格者與之，不當與者，明語其故，使去。又，言事有是非當否，宜早與詳審言之。當者，卽議施行；或所陳有須詰難條具者，卽令其人講究，否則罷遣。」帝嘉納之。

又奏：「納速剌丁滅里、忻都、王巨濟，黨比桑哥，恣爲不法，楮幣、銓選、鹽課、酒稅，無不更張變亂之；銜命江南，理算積久逋賦，期限嚴急，胥卒追逮，半於道路，民至嫁妻賣女，殃及親鄰，維揚、錢唐受害最慘，無故而殞其生五百餘人。近者，闍里按問，悉皆首實請死，士民乃知聖天子仁愛元元，而使之至此極者，實桑哥及其兇黨之爲也，莫不願食其肉。臣等共議：此三人者，旣已伏辜，宜令中書省、御史臺，從公論罪，以謝天下。」從之。

又言：「河西人薛闍干，領兵爲宣慰，其吏詣廉訪司，告其三十六事，檄僉事簿問。而薛闍干率軍人禽問者辱之，且奪告者以去。臣議：從行臺選御史往按問薛闍干，仍先奪其職。」又言：「行臺官言：去歲桑哥旣敗，使臣至自上所者，或不持璽書，口傳聖旨，縱釋有罪，擅籍人家，眞僞莫辨。臣等請：自今凡使臣，必降璽書，省、臺、院諸司，必給印信文書，以杜奸欺。」帝曰：「何人乃敢爾耶？」對曰：「咬剌也奴、伯顏察兒，比嘗傳旨縱罪人。」帝悉可其奏。

又奏：「松州達魯花赤長孫，自言不願爲錢穀官，願備員廉訪司，令木八剌沙上聞。傳旨至臺，特令委用，臺臣所宜奉行。但徑自陳獻，又且嘗有罪，理應區別。」帝曰：「此自卿事，宜審行之。」又奏：「江南李淦言葉李過愆，被旨赴京以辯，今葉李物故，事有不待辯者。李淦本儒人，請授以教官，旌其直言。」又奏：「鄂州一道，舊有按察司，要束木惡其害己，令桑哥奏罷之。臣觀鄂州等九郡，境土亦廣，宜復置廉訪司。行御史臺舊治揚州，今揚州隸南京，而行臺移治建康；其淮東廉訪司舊治淮安，今宜移治揚州。」又奏：「諸官吏受賕，在朝，則詣御史臺首告；在外，則詣按察司首告；已有成憲。自桑哥持國，受賕者不赴憲臺憲司，而詣諸司首，故爾反覆牽延，事久不竟。臣謂宜如前旨，惟於本臺、行臺及諸道廉訪司首告，諸司無得輒受。又監察御史塔的失言：女直人教化的，去歲東征，妄言以米千石餉闍里鐵木兒軍萬人，奏支鈔四百錠，宜令本處廉訪司究問，與本處行省追償議罪。」皆從之。

三月，中書省臣奏，請以崔彧爲右丞，世祖曰：「崔彧不愛於言，惟可使任言責。」閏六月，又同御史大夫玉昔帖木兒奏：「近耿熙告：河間鹽運司官吏盜官庫錢，省臺遣人同告者雜問，凡負二萬二千餘錠，已徵八千九百餘錠，猶欠一萬三千一百餘錠。運使張庸，嘗獻其妹於阿合馬，有寵；阿合馬既沒，以官婢事桑哥，復有寵。故庸夤緣戚屬，得久居漕司，獨盜三千一百錠。臣等議：宜命臺省遣官，同廉訪司倍徵之。」又言：「月林伯察江西廉訪司官朮兒赤帶、河東廉訪司官忽兒赤，擅縱盜賊，抑奪民田，貪污不法，今月林伯以事至京，宜就令詰問。」又言：「揚州鹽運司受財，多付商賈鹽，計直該鈔二萬二千八百錠，臣等以謂追徵足日，課以歸省，贓以歸臺，斟酌定罪，以清蠹源。」並從之。又奏：「江西詹玉，始以妖術致位集賢。當桑哥持國，遣其掊核江西學糧，貪酷暴横，學校大廢。近與臣言：撒里蠻、答失蠻傳旨，以江南有謀叛者，俾乘傳往鞫；明日，訪知爲禿速忽、香山欺罔奏遣。玉在京師，猶敢誑誕如此，宜亟追還訊問。」帝曰：「此惡人也，遣之往者，朕未嘗知之。其亟禽以來。」

三十年，或言：「大都民食唯仰客糴，頃緣官括商船載遞諸物，致販鬻者少，米價翔踴。」臣等議：勿令有司括船爲便。」從之。寶泉提舉張簡及子乃蠻帶，告或嘗受鄒道源、許宗師銀萬五千兩；又其子知微訟或不法十餘事。有旨就辯中書。或已書簡等所告，與己宜對者爲牘袖之，視而後對。簡父子所告皆無驗，並繫獄，簡瘐死，仍籍其家一女入官；乃蠻帶、知微皆坐杖罪除名。

三十一年，成宗卽位。先是，或得玉璽于故臣扎剌氏之家，其文曰「受命于天、旣壽永昌」，卽以上之徽仁裕聖皇后。至是，皇后手以授于成宗。或以久任憲臺，乞遷他職，不許。成宗諭之曰：「卿若辭避，其誰抗言哉！」或言：「肅政廉訪司案牘，而令總管府檢劾，非宜。」成宗曰：「朕知難行，當時事由小人擅奏耳，其改之。」

大德元年，彧又條陳臺憲諸事，皆見於施行。於是彧居御史臺久，又守正不阿，以故人疾之，監察御史斡羅失剌，劾奏「中丞崔彧，兄在先朝嘗有罪，還其所籍家產非宜」等事，成宗怒其妄言，笞而遣之。十一月，御史臺奏：「大都路總管沙的，盜支官錢，及受贓計五千三百緡，准律當杖百七，不敍，以故臣子從輕論。」而成宗欲止權停其職，彧與御史大夫只而合郎執不可。已而御史又奏：「彧任中丞且十年，非所宜。」彧遂以病辭，成宗諭之曰：「卿之辭退，誠是已，然勉爲朕少留之。」

閏十二月，兼領侍儀司事，與太常卿劉無隱奏：「新正朝賀，歲常習儀大萬安寺。」成宗曰：「去歲兀都帶以雪故來後，今而復然。諸不至及失儀者，殿中司、監察御史同糾之。」二年，加榮祿大夫、平章政事，尋與御史大夫禿赤奏：「世祖聖訓，凡在籍儒人，皆復其家。今歲月滋久，老者已矣，少者不學，宜遵先制，俾廉訪司常加勉勵。」成宗深然之，命彧與不忽木、阿里渾撒里同翰林、集賢議，特降詔條，使作成人材，以備選舉。彧以是歲九月卒。至大元年七月，贈推誠履正功臣、太傅、開府儀同三司，追封鄭國公，謚忠肅。

葉李

葉李字太白，一字舜玉，杭州人。少有奇質，從學於太學博士義烏施南學，補京學生。

宋景定五年，彗出于柳，理宗下詔罪己，求直言。是時，世祖南伐，駐師江上，宋命賈似道領兵禦之。會憲宗崩，世祖班師，鄂州圍解。似道自詭，以爲己功，因復入相，益驕肆自顓，創置公田關子，其法病民甚。中外毋敢指議。李乃與同舍生康棣而下八十三人，伏闕上書，攻似道，其略曰：「三光舛錯，宰執之愆。似道繆司台鼎，變亂紀綱，毒害生靈，神人共怒，以干天譴。」似道大怒，知書藁出於李，嗾其黨臨安尹劉良貴，誣李僭用金飾齋扁，鍛鍊成獄，竄漳州。似道既敗，乃得自便。會宋亡，歸隱富春山。江淮行省及宣、憲兩司爭辟之，署蘇、杭、常等郡敎授，俱不應。

至元十四年，世祖命御史大夫相威行臺江南，且求遺逸，以李姓名上。初，李攻似道書，其末有「前年之師，適有天幸，克成厥勳」之語，世祖習聞之，每拊掌稱歎。及是，其姓名聞，世祖大悅，卽授奉訓大夫、浙西道儒學提舉。李聞命，欲遁去，而使者致丞相安童書，有云：「先生在宋，以忠言讜論著稱，簡在帝心。今授以五品秩，士君子當隱見隨時，其尚悉心，以報殊遇。」李乃幡然，北向再拜曰：「仕而得行其言，此臣夙心也，敢不奉詔！」

二十三年，侍御史程文海，奉命搜賢江南。世祖諭之曰：「此行必致葉李來。」李旣至京師，敕集賢大學士阿魯渾撒里，館于院中。它日，召見披香殿，勞問「卿遠來良苦」，且曰：「卿嚮時訟似道書，朕嘗識之。」更詢以治道安出，李歷陳古帝王得失成敗之由。世祖首肯，賜坐錫宴，更命五日一入議事。時各道儒司，悉以曠官罷。李因奏曰：「臣欽覩先帝詔書，當創業時，軍務繁夥，尚招致士類。今陛下混一區宇，偃武修文，可不作養人才，以弘治道？各道儒學提舉及郡教授，實風化所係，不宜罷。請復立提舉司，專提調學官，課諸生，講明治道，而上其成才者於太學，以備錄用。凡儒戶徭役，乞一切蠲免。」可其奏。

是時，乃顏叛北邊，詔李庭出師討之，而將校多用國人，或其親暱，立馬相鄉語，輒釋仗不戰，逡巡退卻。帝患之。李密啓曰：「兵貴奇不貴衆，臨敵當以計取。彼旣親暱，誰肯盡力，徒費陛下糧餉。四方轉輸甚勞，臣請用漢軍列前步戰，而聯大車斷其後，以示死鬭。彼嘗玩我，必不設備，我以大衆踣之，無不勝矣。」帝以其謀諭將帥，師果奏捷。自是帝益奇李，每罷朝，必召見論事。

二十四年，特拜御史中丞，兼商議中書省事。李固辭曰：「臣本羈旅，荷蒙眷知，使備顧問，固當竭盡愚衷。御史臺總察中外機務，臣愚不足當此任。且臣昔竄瘴鄉，素染足疾，比歲尤劇。」帝笑曰：「卿足艱於行，心豈不可行耶？」李固辭，得許。因叩首謝曰：「臣今雖不居是職，然御史臺，天子耳目，常行事務，可以呈省。至若監察御史奏疏、西南兩臺咨禀，事關軍國，利及生民，宜令便宜聞奏，以廣視聽，不應一一拘律，遂成文具。臣請詔臺臣言事，各許實封，幸甚。」又曰：「憲臣以繩愆糾繆爲職，苟不自檢，於擊搏何有！其有貪惏敗度之人，宜付法司增條科罪，以懲欺罔。」制曰「可」。由是臺憲得實封言事。

會尚書省立，授李資善大夫、尚書左丞，李復固辭，以謂「論臣資格，未宜遽至此」。帝曰：「商起伊尹，周舉太公，豈循格耶！尚書係天下輕重，朕以煩卿，卿其勿辭。」賜大小車各一，許乘小車入禁中，仍給扶升殿。始定至元鈔法。又請立太學。一日，從至柳林，奏曰：「善政不可以徒行，人才不可以驟進，必訓以德義，摩以詩書，使知古聖賢行事方略，然後賢良輩出，膏澤下流。唐、虞、三代，咸有胄學，漢、唐明主，數幸辟雍，匪爲觀美也。」乃薦周砥等十人爲祭酒等官，凡廟學規制，條具以聞，帝皆從之。時帝欲徙江南宋宗室及大姓於北方，李秉間言：「宋已歸命，其民安於田里。今無故鬧徙，必將疑懼，萬一有奸人乘釁而起，非國之利也。」帝大悟，事遂寢。陞尚書右丞，轉資德大夫。時淮、浙饑饉，穀價騰踊，李奏免江淮租稅之半，運湖廣、江西糧十七萬石至鎭江，以賑饑民。帝欲伐交趾，召李入議，李曰：「遐方遠夷，得之無益，軍旅一興，費糜鉅萬，今山路險巇，深入敵境，萬一蹉跌，非所以威示遠人也。」乃止。

二十五年，陞平章政事，李固辭，許之。賜以玉帶，視秩一品，及平江田四千畝。於是桑哥爲尚書丞相，顓擅國政，急於財利，毒及生民，事具桑哥傳。李雖與之同事，然莫能有所匡正，會桑哥敗，事頗連及同列。久之，李獨以疾得請南還。揚州儒學正李淦上書言：

「葉李本一黥徒，受皇帝簡知，可爲千載一遇。而纔近天光，卽以舉桑哥爲第一事；禁近侍言事，以非罪殺參政郭佑、楊居寬；迫御史中丞劉宣自裁，錮治書侍御史陳天祥，罷御史大夫門答占、侍御史程文海，杖監察御史；變鈔法，拘學糧，徵軍官俸，減兵士糧；立行司農司、木綿提舉司，增鹽酒醋稅課，官民皆受其禍。尤可痛者，要束木禍湖廣，沙不丁禍江淮，滅貴里禍福建。又大鈎考錢糧，民怨而盜發，天怒而地震，水災洊至。尙賴皇帝聖明，更張政化。人皆知桑哥用群小之罪，而不知葉李舉桑哥之罪。葉李雖罷相權，刑戮未加，天下往往竊議，宜斬葉李，以謝天下。」書聞，帝矍然曰：「葉李廉介剛直，朕所素知者，寧有是耶！」有旨驛召淦詣京師。

二十九年二月，李南還，至臨淸，帝遣使召之，俾爲平章政事，佐丞相完澤治省事，李上表力辭。未幾，卒，年五十一。李旣卒而淦至，詔以淦爲江陰路教授，以旌直言。帝嘗問兵部郎中趙孟頫，李與留夢炎孰優，孟頫對：「夢炎優。」帝笑曰：「不然，夢炎以掄魁位宰相，而附賈似道，病民誤國，伴食中書，無所可否；李舊由諸生，力詆似道，其過夢炎甚遠。然其性剛直，人不能容，而朕獨愛之也。」

李前後被賜之物甚多，而自奉甚儉。嘗戒其子曰：「吾世業儒，甘貧約，唯以忠義結主知。汝曹其淸愼自持，勿增吾過。」指所賜物曰：「此終當還官也。」比卒，悉表送官，一毫不以自私。至正八年，贈資德大夫、江浙等處行中書省右丞、上護軍，追封南陽郡公，謚文簡。

燕公楠

燕公楠字國材，南康之建昌人，宋禮部侍郎肅之七世孫。母雷氏，夢五色巨翼入幃，遂生公楠。十歲能屬文，居父喪，廬墓三年。再貢于鄉，不第，後以連帥辟，五遷至通判贛州事。

至元十三年，世祖既平江南，帥臣板授同知贛州事。十四年，以平廣南功，遷同知吉州路總管府事。二十二年夏，召至上都，奏對稱旨，世祖賜名賽因囊加帶，命參大政，辭，乞補外。除僉江浙行中書省事，俄移江淮。尙書省立，就僉江淮行尙書省事。江淮在宋爲邊陲，故多閑田，公楠請置兩淮屯田，勸導有方，田日以墾。二十五年，除大司農，領八道勸農營田司事。按行郡縣，興利舉弊，績用大著。劾江西營田使沙不丁貪横，罷之。

二十七年，拜江淮行中書省參知政事。桑哥既敗，而蠹政未盡去，民不堪命。公楠赴闕，極陳其故，請更張以固國本。世祖悅。會欲易政府大臣，以問公楠，公楠薦伯顏、不灰〔木〕、〔七〕闍里、闊里吉思、史弼、徐琰、趙琪、陳天祥等十人。又問孰可以爲首相，對曰：「天下人望所屬，莫若安童。」問其次，曰：「完澤可。」明日，拜完澤爲丞相，以公楠及不灰〔木〕爲平章政事，固辭。改江浙行中書省參知政事，賜弓矢及衞士十人以行。三十年，復爲大司農，得藏匿公私田六萬九千八百六十二頃，歲出粟十五萬一千一百斛、鈔二千六百貫、帛千五百匹、麻絲二千七百斤。

元貞元年，進河南行省右丞，釐正鹽法，民便之。召入覲。成宗以公楠先帝舊臣，慰勞良至，改拜江浙行省右丞。明年，遷湖廣行省右丞。轉運司判官唐申，家沅州，豪橫奪民田；武昌縣尹劉權殺主簿，誣繫其妻子。悉正其罪。五年，召還朝，以卒。帝聞，甚傷悼之，賻贈有加，特命朝臣護喪南歸。

馬紹

馬紹字子卿，濟州金鄉人，從上黨張播學。丞相安童入侍世祖，奏言宜得儒士講論經史，以資見聞。平章政事張啓元以紹應詔，授左右司都事，出知單州，民刻石頌德。至元十年，僉山東東西道提刑按察司事。益都寧海饑，紹發粟賑之。十三年，移僉河北河南道提刑按察司事。未行，屬江淮甫定，選官撫治，遷同知和州路總管府事，民賴以安。

十九年，詔割隆興爲東宮分地，皇太子選署總管，召至京師，爲刑部尚書。萬億庫吏盜絨四兩，時相欲置之重典，紹言：「物情俱輕，宜從貸減。」乃決杖釋之。河間李移住妄言惑衆，謀爲不軌，紹被檄按問，所全活幾百人。二十年，參議中書省事。二十二年，改兵部尚書。踰年，復爲刑部尚書。二十四年，分立尚書省，擢拜參知政事，賜中統鈔五千緡。

時更印至元鈔，前信州三務提舉杜璠言：「至元鈔公私非便。」平章政事桑哥怒曰：「杜璠何人，敢沮吾鈔法耶！」欲當以重罪。紹從容言曰：「國家導人使言，言可采，用之；不可采，亦不之罪。今重罪之，豈不與詔書違戾乎？」璠得免。拜尚書左丞。親王戍邊，其士卒有過支廩米者，有司以聞，帝欲究問加罪。紹言：「方邊庭用兵，罪之，懼失將士心。所支踰數者，當歸年之數可也。」制可。

宗親海都作亂，其民來歸者七十餘萬，散居雲、朔間。桑哥議徙之內地就食，紹持不可。桑哥怒曰：「馬左丞愛惜漢人，欲令餒死此輩耶？」紹徐曰：「南土地燠，北人居之，慮生疾疫。若恐餒死，曷若計口給羊馬之資，俾還本土，則未歸者孰不欣慕。言有異同，丞相何以怒爲？宜取聖裁。」乃如紹言以聞，帝曰：「馬秀才所言是也。」

桑哥集諸路總管三十人，導之入見，欲以趣辦財賦之多寡爲殿最。帝曰：「財賦辦集，非民力困竭必不能。然朕之府庫，豈少此哉！」紹退至省，追錄聖訓，付太史書之。議增鹽課，紹獨力爭山東課不可增。議增賦，紹曰：「苟不節浮費，雖重斂數倍，亦不足也。」事遂寢。都城種苜蓿地，分給居民，權勢因取爲己有，以一區授紹，紹獨不取。桑哥欲奏請賜紹，紹辭曰：「紹以非才居政府，恒憂不能塞責，詎敢徼非分之福，以速罪戾！」桑哥敗，跡其所嘗行賂者，索其籍閱之，獨無紹名。

桑哥既敗，乃曰：「使吾早信馬左丞之言，必不至今日之禍。」帝曰：「馬左丞忠潔可尙，其復舊職。」尙書省罷，改中書左丞，居再歲，移疾還家。元貞元年，遷中書右丞，行江浙省事。大德三年，移河南省。明年卒。有詩文數百篇。

校勘記

〔一〕給濱棣（青）〔清〕滄鹽券　據本書卷八五百官志、卷九四食貨志所見「提舉清滄鹽課使」改。按清州、滄州皆河間路屬州，有鹽場。

〔二〕十年　按本書卷八世祖紀至元十一年正月丙午、六月丙寅、九月丙戌條、卷一二七伯顏傳，事在至元十一年。道光本改「十」爲「十一」。

〔三〕十月圍潭州　按本書卷八世祖紀至元十二年十一月丁卯條、卷一二八阿里海牙傳，事在至元十二年。道光本改作「十二年十月，圍潭州」。

〔四〕十一年奉旨撫諭廣西　按本書卷九世祖紀至元十三年七月丁未條、卷一二八阿里海牙傳，事在至元十三年。道光本改「一」爲「三」。

〔五〕留夢（賢）〔炎〕謝（元昌）〔昌元〕　按留夢炎爲宋丞相，降元爲尚書，「賢」字誤，今從道光本改。謝昌元，禮部尚書，「昌元」二字誤倒，據本書卷一一世祖紀至元十八年十二月丙辰條、卷一四八董俊傳附董文忠傳改正。元書已校。

〔六〕（或）〔彧〕又言　從道光本改。按此言崔彧上言，非另指他人。

〔七〕不灰〔木〕　據雪樓集卷二一燕公楠神道碑補。按不灰木即不忽木，本書卷一三〇有傳。新元史已校。下同。

元史卷一百七十四

列傳第六十一

姚燧

姚燧字端甫，世系見燧伯父樞傳。父格，燧生三歲而孤，育於伯父樞。樞隱居蘇門，謂燧蒙暗，教督之甚急，燧不能堪，楊奐馳書止之曰：「燧，令器也。長自有成爾，何以急爲！」且許醮以女。年十三，見許衡於蘇門，十八，始受學於長安。時未嘗爲文，視流輩所作，惟見其不如古人，則心弗是也。二十四，始讀韓退之文，試習爲之，人謂有作者風。稍就正於衡，衡亦賞其辭，且戒之曰：「弓矢爲物，以待盜也；使盜得之，亦將待(之)〔人〕。〔一〕文章固發聞士子之利器，然先有能一世之名，將何以應人之見役者哉！非其人而與之，與非其人而拒之，鈞罪也，非周身斯世之道也。」

至元七年，〔二〕衡以國子祭酒教貴胄，奏召舊弟子十二人，燧自太原驛致館下。〔三〕燧年三十八，始爲秦王府文學。未幾，授奉議大夫，兼提舉陝西、四川、中興等路學校。十二年，以秦王命，安輯庸、蜀。明年，漢嘉新附，入諭其民。又奉命招王立於合州。又明年，撫循夔府。凡三使蜀，皆稱職。十七年，除陝西漢中道提刑按察司副使。錄囚延安，逮繫詿誤，皆縱釋之，人服其明決。調山南湖北道。按部澧州，興學賑民，孜孜如弗及。二十三年，自湖北奉旨趨朝。明年，爲翰林直學士。二十七年，授大司農丞。

元貞元年，以翰林學士召修世祖實錄。初置檢閱官，究覈故事，燧與侍讀高道凝總裁之，書成。大德五年，授中憲大夫、江東廉訪使，移病太平。九年，拜中奉大夫、江西行省參知政事。

至大元年，仁宗居藩邸，開宮師府，燧年已七十，遣正字呂洙，如漢徵四皓故事，起燧爲太子賓客。未幾，除承旨學士，尋拜太子少傅。武宗面諭燧，燧拜辭，謝曰：「昔臣先伯父樞，嘗除是官，尙不敢拜，臣何敢受！」明年，授榮祿大夫、翰林學士承旨、知制誥兼修國史。四年，得告南歸，中書以承旨召；明年，復召。〔四〕燧以病，俱不赴。卒于家，年七十六。謚曰文。

燧先在蘇門山時，讀通鑑綱目，嘗病國統散於逐年，不能一覽而得其離合之概，至告病江東，著國統離合表若干卷，年經而國緯之，如史記諸表，將附朱熹凡例之後，復取徽、建二本校讎，得三誤焉，序於表首。略曰：「其一，建安二十五年，徽本作『延康元年』。凡例：中歲改元，在興廢存亡之際，以前爲正。當從建本，於建安二十五年下，注『改元延康』。其二，章武三年，徽本大書『三年，後主禪建興元年』，建本無『三年』，則昭烈爲無終。徽、建皆曰『後主』，於君臣父子之敎，所害甚大，是起十四卷、盡十六卷，凡曰後主者，皆失於刊正也。當於三年下注『帝禪建興元年』，明年大書『帝禪建興二年』，庶前後無齟齬也。其三，天寶十五載注『肅宗皇帝至德元載』，明年惟曰『二載』，爲無始。當大書『二載』上加『肅宗皇帝至德』，使上同於開元。三者鈞失，而建安之取，至德之去，統固在也。若章武之距建興，纔三年耳，遽有帝父主子之異，豈不於統大有關乎！」詳見序篇。

燧之學，有得於許衡，由窮理致知，反躬實踐，爲世名儒。爲文閎肆該洽，豪而不宕，剛而不厲，舂容盛大，有西漢風，宋末弊習，爲之一變。蓋自延祐以前，文章大匠，莫能先之。或謂世無知燧者，曰：「豈惟知之，讀而能句，句而得其意者，猶寡。」燧曰：「世固有厭空桑而思聞鼓缶者乎，然文章以道輕重，道以文章輕重。彼復有班孟堅者出，表古今人物，九品中必以一等置歐陽子，則爲去聖賢也有級而不遠，其文雖無謝、尹之知，不害於行後。豈有一言幾乎古，而不聞之將來乎！」當時孝子順孫，欲發揮其先德，必得燧文，始可傳信；其不得者，每爲愧耻。故三十年間，國朝名臣世勳、顯行盛德，皆燧所書。每來謁文，必其行業可嘉，然後許可，辭無溢美。又稍廣置燕樂，燧則爲之喜而援筆大書，否則弗易得也。時高麗瀋陽王父子，連姻帝室，傾貲結朝臣。一日，欲求燧詩文，燧靳不與，至奉旨，乃與之。王贈謝幣帛、金玉、名畫五十篋，盛陳致燧。燧卽時分散諸屬官及史胥侍從，止留金銀，付翰林院爲公用器皿，燧一無所取。人問之，燧曰：「彼藩邦小國，唯以貨利爲重，吾能輕之，使知大朝不以是爲意。」其器識豪邁過人類如此。然頗恃才，輕視趙孟頫、元明善輩，故君子以是少之。平生所著，有牧庵文集五十卷行于世。子三：墉，圻，埴。

郭貫

郭貫字安道，保定人。以才行見推擇，爲樞密中書掾，調南康路經歷，擢廣西道提刑按察司判官，會例格，授濟南路經歷。至元二十七年，拜監察御史。承詔分江北沿淮草地，劾淮西宣慰使昂吉兒父子專權，久不遷調，蠹政害民。三十年，僉湖南肅政廉訪司事。大德初，遷湖北道，言「令四省軍馬，以數萬計，征八百媳婦國，深入炎瘴萬里不毛之地，無益於國」。五年，遷江西道，賑恤饑民，有惠政，入爲御史臺都事。八年，遷集賢待制，進翰林直學士，奉詔與遼陽行省平章政事別速(合)〔台〕徹里帖木兒往鎭高麗。〔五〕十一年，召爲河東廉訪副使。

至大二年，仁宗至五臺山，貫進見，仁宗因問：「廉訪使滅里吉歹何以有善政？」左右對曰：「皆副使郭貫之敎也。」因賜貫瑪瑙數珠、金織文幣，入爲吏部考功郎，遂拜治書侍御史。四年，除禮部尚書，帝親書其官階曰嘉議大夫，以授有司。皇慶元年，擢淮西廉訪使，尋留不遣，改侍御史，俄遷翰林侍講學士。明年，出爲淮西廉訪使。建言「宜置常平倉，考校各路農事」。延祐二年，召拜中書參知政事。明年，陞左丞，加集賢大學士。五年，除太子詹事。貫言：「皇太子受金寶已三年，宜行册禮；又，輔導之官，早宜選置。」從之。六年，加太子賓客，謁告還家。至治元年，復起爲集賢大學士，尋致仕。泰定元年，遷翰林學士承旨，不起。至順二年，以疾卒，年八十有二。贈光祿大夫、河南行省平章政事、柱國，追封蔡國公，謚文憲。貫博學，精於篆籀，當世册寶碑額，多出其手云。

夾谷之奇

夾谷之奇字士常，其先出女眞加古部，後訛爲夾谷，由馬紀領撒曷水徙家於滕州。之奇少孤，舅杜氏攜之至東平，因受業於康曄。授濟寧敎授，辟中書省掾。大兵南伐宋，授行省左右司都事。時行省官與中書權臣有隙，特遣使覈其財用，而之奇職文書，亦被按問。

張弘範率其屬詣使者言：「夾谷都事素公清，若少有侵漁，弘範當與連坐。」會御史臺立，〔擢〕之奇僉江南浙西道提刑按察司事，〔六〕既而移僉江北淮東。

至元十九年，召爲吏部郎中，立陟降澄汰之法，著爲令式。歲大旱，有司議平穀價，以遏騰涌之患。之奇言：「莫若省經費，輟土木之役，庶足召和氣，弭災變，而有豐稔之期。」

二十一年，遷左贊善大夫。時裕宗爲皇太子，每進見，必賜坐，顧遇甚優。權臣有欲以均輸法益國賦者，慮提刑按察司撓其事，請令與轉運司併爲一職，詔集羣臣議之。之奇言：「按察司者，控制諸路，發擿姦伏，責任匪輕。若使理財，則心勞事冗，將彌縫自救之不暇，又安能繩糾他人哉！併之弗便。」事遂寢。又與諭德李謙，條具時政十事，上之皇太子：一曰正心，二曰睦親，三曰崇儉，四曰幾諫，五曰戢兵，六曰親賢，〔七曰革敝〕，八曰尚（友）〔文〕，〔七〕九曰定律，十曰正名。會皇太子薨，除翰林直學士，改吏部侍郎，遂拜侍御史。二十五年，丁母憂，以吏部尚書起復，屢請終制，不許。明年，卒。

之奇慮識精審，明於大體，而不忽細微，爲政卓卓可稱；雖老於吏學者，自以爲不及。爲文章尤簡嚴有法，多傳於世云。

劉賡

劉賡字熙載，洺水人。五世祖逸，以郡吏治獄，有陰德。祖肅，爲（右）〔左〕三部尚書。〔八〕賡幼有文名，師事翰林學士王磐。至元十三年，用薦者授國史院編修官。十六年，遷應奉翰林文字。辟爲司徒府長史，仍兼應奉；補外，同知德州事，考滿，擢太廟署丞、太常博士，拜監察御史。是時，御史中丞崔彧，好盛氣待人，他御史拜謁，或平受之，獨見賡，則待以上客。大德二年，陞翰林直學士。六年，奉使宣撫陝西。〔九〕由侍講學士陞學士。

至大二年，遷禮部尚書，仍兼翰林學士；尋拜侍御史；頃之，還翰林爲學士承旨，兼國子祭酒。國學故事，伴讀生以次出補吏，莫不爭先出。時有一生，親老且貧，同舍生有名在前者，因博士以告曰：「我齒頗少，請讓之先。」賡曰：「讓，德之恭也。」從其讓，别爲書薦其人，朝廷反先用之。自是六館之士，皆知讓之爲美德也。

皇慶元年，遷集賢大學士，仍兼國子祭酒。延祐元年，復爲承旨；六年，拜太子賓客；七年，復入集賢爲大學士；尋又入翰林爲承旨。泰定元年，〔一〇〕加光祿大夫。會集議上尊號，賡獨抗言其不可，事遂已。天曆元年卒，年八十一。

賡久典文翰，當時大製作多出其手，以耆年宿德，爲朝廷所推重云。

耶律有尙

耶律有尙字伯强，遼〔金〕〔東〕丹王十世孫。〔二〕祖父在金世嘗官于東平，因家焉。有尙資識絕人，篤志于學，受業許衡之門，號稱高第弟子。其學邃於性理，而尤以誠爲本，儀容辭令，動中規矩，識與不識，莫不服其爲有道之君子。

至元八年，衡罷中書左丞，除集賢大學士，兼國子祭酒，以教國人之子弟，乃奏以門人十二人爲齋長以伴讀，有尙其一也。十年，衡告免還鄉里，朝廷乃以有尙等爲助教，嗣領其學事。居久之，拜監察御史，不赴。除祕書監丞，出知薊州，爲政以寬簡得民情。

裕宗在東宮，召爲詹事院長史。自有尙既去，而國學事頗廢，廷議以謂非有尙無足以繼衡者，除國子司業。時學館未建，師弟子皆寓居民屋，有尙屢以爲言，二十四年，朝廷乃大起學舍，始立國子監，立監官，而增廣弟子員。於是有尙陞國子祭酒，儒風爲之丕振。二十七年，以親老，辭職歸。

大德改元，復召爲國子祭酒。尋除集賢學士，兼其職。頃之，遷太常卿，又遷集賢學士。八年，葬父還鄉里。已而朝廷思用老儒，以安車召之于家，累辭不允，復起爲昭文館大學士，兼國子祭酒，階中奉大夫。

有尚前後五居國學，其立教以義理爲本，而省察必眞切；以恭敬爲先，而踐履必端慤。凡文詞之小技，綴緝雕刻，足以破裂聖人之大道者，皆屏黜之。是以諸生知趨正學，崇正道，以經術爲尊，以躬行爲務，悉爲成德達材之士。大抵其教法一遵衡之舊，而勤謹有加焉。身爲學者師表者數十年，海內宗之，猶如昔之宗衡也。有尚旣以年老，力請還家，朝廷復頒楮幣七千緡，卽其家賜之。卒年八十六，賜謚文正。

郝天挺 子佑附

郝天挺字繼先，出於朶魯別族，自曾祖而上，居安肅州，父和上拔都魯，太宗、憲宗之世多著武功，爲河東行省五路軍民萬戶。

天挺英爽剛直，有志略，受業於遺山元好問，以勳臣子，世祖召見，嘉其容止，有旨：宜任以政，俾執文字，備宿衞春宮。裕宗遇之甚厚。建省雲南，選官屬，遂除參議雲南行尚書省事，尋陞參知政事，又擢陝西漢中道廉訪使；未幾，入爲吏部尚書，尋除陝西行御史臺中丞，又遷四川行省參政及江浙行省左丞，俱不赴。拜中書(右)〔左〕丞，〔三〕與宰相論事，有不合，輒面斥之。一日，以奏事敷陳明允，特賜黃金百兩，不受。帝曰：「非利汝也，第旌汝肯言耳。」

成宗崩，仁宗以太后命，首定大難，及武宗還自朔方，遂入正大統，定策之際，天挺與有力焉。仁宗臨御，收召故老天挺與少保張閭等十人，共議大政，革尙書省之弊，遂成皇慶之治。又出爲江西、河南二省右丞，召拜御史中丞。入見，首陳紀綱之要，以獵爲喩曰：「御史職在擊奸，猶鷹揚焉禽之，弱者易獲也，其力大者，必借人力。不然，不惟失其前禽，仍或有傷鷹之患矣。」帝嘉其言，既出，臺臣皆以爲賀，風紀大振。又上疏陳七事，曰惜名爵、抑浮費、止括田、久任使、論好事、獎農務本、勵學養士，詔中書省舉行之。尋俾均逸于外，拜河南行省平章政事。時河南王卜憐吉歹爲丞相，待以師禮，由是政化大行。

皇慶二年卒，年六十七。贈光祿大夫、中書平章政事、柱國，追封冀國公，謚文定。天挺嘗修雲南實錄五卷，又註唐人鼓吹集一十卷，行于世。

子佑，字君輔，小字朶魯別台。由宿衞補官，仁宗時拜殿中侍御史，以廉直著名，大受知遇。遷陝西行省參知政事，拜陝西行御史臺侍御史。

張孔孫

張孔孫字夢符，其先，出遼之烏若部，爲金人所幷，遂遷隆安。父之純，爲東平萬戶府參議，夜夢謁孔子廟，得賜嘉果，已而孔孫生，因丐名於衍聖公，遂名今名。既長，以文學名，辟萬戶府議事官，萬戶嚴忠範之兄爲陝西行省平章政事，聘孔孫，以母老不應。

時汴梁既下，太常樂師流寓東平，舊章缺落，止存登歌一章而已。世祖居潛邸，嘗召樂師至日月山觀之，至是，徐世隆奏帝，宜增設宮縣及文、武二舞，以備大典。因詔徐世隆爲太常卿，而孔孫以奉禮郎爲之副，以董樂師，肄成，獻之京師。廉希憲居政府，辟爲掾。及安童爲相，尤禮重之，授戶部員外郎，出爲南京總管府判官。

時方議下襄樊，朝廷急用兵，孔孫謂：「今以越境私販坐罪者，動以千數，宜開自新之條，俾得效戰贖死。」朝論采之。僉四川道提刑按察司事，尋陞湖北道提刑按察副使。行部巴陵，有囚三百人，因怒龔乙建言興銀利，發其墳墓，而燒其家，燒死者三人，有司以眞圖財殺人坐之，孔孫原其情，減罪。遷浙西提刑按察副使，改同知保定路總管府事，俄拜侍御史，行御史臺事。

至元二十二年，安童復入相，言于帝曰：「阿合馬顓政十年，親故迎合者，往往驟進，據顯位；獨劉宣、張孔孫二人，恬守故常，終始如一。」乃除宣吏部尙書，孔孫禮部侍郎。尋陞孔孫禮部尙書，擢燕南提刑按察使。二十八年，提刑按察司改肅政廉訪司，仍爲使，蒞治于大名，一以所沒贓糴粟五千斛，賑饑民。拜僉河南江北行中書省事；亡何，除大名路總管，兼府尹，大興學校。有獻故河隄三百餘里于太后者，卽上章，謂宜悉還細民，從之。擢淮東道肅政廉訪司使，因讞獄鹽場，民尹執中兄弟誣伏爲强盜，平反之。召還，拜集賢大學士、中奉大夫，商議中書省事。丞相完澤卒，孔孫與陳天祥上封事，薦和禮霍孫可爲相。

會地震，詔問弭災之道，孔孫條對八事，其略曰：蠻夷諸國，不可窮兵遠討；濫官放譴，不可復加任用；賞善罰惡，不可數賜赦宥；獻鬻寶貨，不可不爲禁絕；供佛無益，不可虛費財用；上下豪侈，不可不從儉約；官冗吏繁，不可不爲裁減；太廟神主，不可不備祭享。帝悉嘉納之，賜鈔五千貫。又累疏言：「凡七十致仕者，宜加一官；丁憂服闋者，宜待起復；宿衞之冒濫者，必當革；州郡之職，必當遴選，久任達魯花赤，宜量加遷轉；又宜增給官吏俸祿；修建京師廟學，設國子生徒，給賜曲阜孔廟洒掃戶；相位宜參用儒臣，不可專任文吏；故相安童、伯顏、和禮霍孫與廉希憲等，各宜贈謚。」久之，請老還家，拜翰林學士承旨、資善大夫，致仕，集賢大學士如故。大德十一年，卒，年七十有五。

孔孫素以文學名，且善琴，工畫山水竹石，而騎射尤精。及其立朝，讜言嘉論，有可觀者，士論服之。

校勘記

〔一〕亦將待(之)〔入〕　據許文正公遺書卷一語錄改。新元史已校。

〔二〕至元七年　本書卷七世祖紀至元八年三月乙酉條、卷一五八許衡傳、卷一七四耶律有尙傳皆作八年事。牧庵集附劉致姚燧年譜置于「至元七年庚午」下，本傳從之，實誤。道光本改作「八年」。

〔三〕燧自太原驛致館下　考異云：「案姚燧撰白棟墓碣，稱魯齋先生奏召舊弟子散居四方者，以故王梓自汴」，「孫安與高凝、燧、燉自河內」，「獨公自太原」，十二人皆驛致館下。蓋燧由河內應召自闕下。所云公者，謂白棟也。傳謂燧自太原者，誤。」

〔四〕四年得告南歸中書以承旨召明年復召　牧庵集附劉致姚燧年譜云：至大四年，「中書遣陳檢閱復以承旨召」。皇慶元年，「居廬山」，皇慶二年，「先生七十六歲。是年，復以翰林承旨召」，「九月十有四日薨」。此處脫皇慶元年事，逕于至大四年後書「明年」，則復召之年、卒年皆誤。

〔五〕別速(合)〔台〕徹里帖木兒　按別速台爲姓氏，卽別速氏。「合」訛，今改。

〔六〕〔擢〕之奇僉江南浙西道提刑按察司事　原空闕，從北監本補。

〔七〕六曰親賢〔七曰革獘〕八曰尙(友)〔文〕　據本書卷一一五裕宗傳、卷一六〇李謙傳補、改。

〔八〕祖肅爲(右)〔左〕三部尙書　本證云：「案肅傳，右當作左。」本書卷一七一劉因傳「右」亦作「左」。據改。

〔九〕六年奉使宣撫陝西　本書卷二一成宗紀大德七年三月庚寅條有「詔遣奉使宣撫循行諸道」，「劉賡往河東陝西」。道園學古錄卷十七劉賡神道碑有「六年，加少中大夫。以學士奉使宣撫陝西」。當爲六、七二年事連書。傳略去「加少中大夫」，逕云六年奉使宣撫陝西，實誤。道光本改作「七年」。

〔一〇〕泰定元年　道園學古錄卷一七劉賡神道碑作泰定二年，且記載較詳。疑「元」當作「二」。

〔一一〕遼(金)〔東〕丹王　道光本與滋溪文稿卷七耶律有尚神道碑合，從改。按此卽遼東丹王突欲。

〔一二〕拜中書(右)〔左〕丞　據本書卷二二武宗紀大德十一年七月辛巳、九月丁丑條、卷一一二宰相年表改。本證已校。

元史卷一百七十五

列傳第六十二

張珪

張珪字公端，弘範之子也。少能挽强命中，嘗從其父出林中，有虎，珪抽矢直前，虎人立，洞其喉，一軍盡讙。至元十六年，弘範平廣海，宋禮部侍郎鄧光薦將赴水死，弘範救而禮之，命珪受學。光薦嘗遺一編書，目曰相業，語珪曰：「熟讀此，後必賴其用。」師還，道出江淮，珪年十六，攝管軍萬戶。

十七年，眞拜昭勇大將軍、管軍萬戶，佩其父虎符，治所統軍，鎭建康。未幾，弘範卒，喪畢，世祖召見，親撫之。奏曰：「臣年幼，軍事重，聶禎者，從臣父、祖，久歷行陣，幸以副臣。」帝嘆曰：「求老成自副，常兒不知出此。」厚賜而遣之，徧及其從者。十九年，太平、宣、徽羣盜起，行省檄珪討之，士卒數爲賊所敗，卒有殺民家豕而幷傷其主者，珪曰：「此軍之所以敗也。」斬其卒，悉平諸盜。

二十九年，入朝。時朝廷言者謂，天下事定，行樞密院可罷；江浙行省參知政事張瑄，領海道，亦以爲言。樞密副使暗伯問於珪，珪曰：「見上當自言之。」召對，珪曰：「縱使行院可罷，亦非瑄所宜言。」遂得不罷。命爲樞密副使。太傅月兒魯那演言：「珪尙少，姑試以僉書，果可大用，請俟他日。」帝曰：「不然，是家爲國滅金、滅宋，盡死力者三世矣，而可吝此耶！」拜鎭國上將軍、江淮行樞密副使。

成宗卽位，行院罷。大德三年，遣使巡行天下，珪使川、陝，問民疾苦，賑卹孤貧，罷冗官，黜貪吏。還，擢江南行御史臺侍御史，換文階中奉大夫，遷浙西肅政廉訪使。劾罷郡長吏以下三十餘人、府史胥徒數百，徵贓巨萬計。珪得（監）〔鹽〕司奸利事，〔一〕將發之，事干行省，有內不自安者，欲以危法中珪，賂遺近臣，妄言珪有厭勝事，且沮鹽法。帝遣官雜治之，得行省大小吏及鹽官欺罔狀，皆伏罪。召珪拜僉樞密院事，入見，賜只孫冠服侍宴，又命買宅以賜，辭不受。拜江南行臺御史中丞，因上疏，極言天人之際、災異之故，其目有修德行、廣言路、進君子、退小人、信賞必罰、減冗官、節浮費，以法祖宗成憲，累數百言。劾大官之不法者，不報；幷及近侍之熒惑者，又不報。遂謝病歸。久之，拜陝西行臺中丞，不赴。

武宗卽位，召拜太子諭德。未數日，拜賓客，復拜詹事，辭不就。尙書省立，中外洶洶，中丞久闕，方議擇人，仁宗時在東宮，曰：「必欲得眞中丞，惟張珪可。」卽日召拜中丞。至大四年，帝崩，仁宗將卽位，廷臣用（太皇）〔皇太〕后旨，〔二〕行大禮於隆福宮，法駕已陳矣，珪言：「當御大明殿。」御史大夫止之曰：「議已定，雖百奏無益。」珪曰：「未始一奏，詎知無益！」入奏，帝悟，移仗大明。旣卽位，賜只孫衣二十襲、金帶一。帝嘗親解衣賜珪，明日復召，謂之曰：「朕欲賜卿寶玉，非卿所欲。」以帨拭面額，納諸珪懷，曰：「朕澤之所存，朕心之所存也。」

皇慶元年，拜榮祿大夫、樞密副使。徽政院使失列門請以洪城軍隸興聖宮，而已領之，以上旨移文樞密院，衆恐懼承命，珪固不署，事遂不行。延祐二年，拜中書平章政事，〔三〕請減煩冗還有司，以淸政務，得專修宰相之職，帝從之，著爲令。敎坊使曹咬住拜禮部尙書，珪曰：「伶人爲宗伯，何以示後世！」力諫止之。皇太后以中書右丞相鐵木迭兒爲太師，萬戶別薛參知行省政事，珪曰：「太師論道經邦，鐵木迭兒非其人，別薛無功，不得爲外執政。」車駕度居庸，失列門傳皇太后旨，召珪切責，杖之，珪創甚，輿歸京師，明日遂出國門。珪子景元掌符璽，不得一日去宿衞，至是，以父病篤告，遽歸。帝驚曰：「（卿）〔鄉〕別時，卿父無病。」〔四〕景元頓首涕泣，不敢言。帝不懌，遣參議中書省事換住，往賜之酒，遂拜大司徒，謝病家居。繼丁母憂，廬墓寢苫啜粥者三年。六年七月，帝憶珪生日，賜上尊、御衣。

至治二年，英宗召見於易水之上曰：「四世舊臣，朕將畀卿以政。」珪辭歸，遣近臣設醴。丞相拜住問珪曰：「宰相之體何先？」珪曰：「莫先於格君心，莫急於廣言路。」是年冬，起珪爲集賢大學士。先是，鐵木迭兒既復爲丞相，以私怨殺平章蕭拜住、御史中丞楊朶兒只、上都留守賀伯顏，大小之臣，不能自保。會地震風烈，敕廷臣集議弭災之道，珪抗言於坐曰：「弭災，當究其所以致災者。漢殺孝婦，三年不雨；蕭、楊、賀冤死，非致沴之端乎！死者固不可復生，而情義猶可昭白，〔五〕毋使朝廷終失之也。」又拜中書平章政事，侍宴萬壽山，賜以玉帶。

三年秋八月，御史大夫鐵失既行弒逆，夜入都門，坐中書堂，矯制奪執符印，珪密疏言：「賊黨罪不可逭。」既皆伏誅，鐵木迭兒之子治書侍御史鎖南，獨議遠流，珪曰：「於法，强盜不分首從，發冢傷尸者亦死。鎖南從弒逆，親斫丞相拜住臂，乃欲活之耶！」遂伏誅。盜竊仁廟神主，時參知政事馬剌兼領太常禮儀使，當遷左丞，珪曰：「以參政遷左丞，姑曰敍進。而太常奉宗祏不謹，當待罪，而反遷官，何以謝在天之靈！」命遂不下。

泰定元年六月，車駕在上都。先是，帝以災異，詔百官集議，珪乃與樞密院、御史臺、翰林、集賢兩院官，極論當世得失，與左右司員外郎宋文瓚，詣上都奏之。其議曰：

國之安危，在乎論相。昔唐玄宗，前用姚崇、宋璟則治；後用李林甫、楊國忠，天下騷動，幾致亡國。雖賴郭子儀諸將，效忠竭力，克復舊物，然自是藩鎭縱橫，紀綱亦不復振矣。良由李林甫妬害忠良，布置邪黨，奸惑蒙蔽，保祿養禍所致，死有餘辜。如前宰相鐵木迭兒，奸狡險深，陰謀叢出，專政十年。凡宗戚忤己者，巧飾危間，陰中以法，忠直被誅竄者甚衆。始以贓敗，諂附權姦失列門，及嬖幸也里失班之徒，苟全其生，尋任太子太師。未幾，仁宗賓天，乘時幸變，再入中書。當英廟之初，與失列門等恩義相許，表裏爲姦，誣殺蕭、楊等，以快私怨。天討元凶，失列門之黨既誅，坐要上功，遂獲信任，諸子內布宿衛，外據顯要，蔽上抑下，杜絕言路，賣官鬻獄，威福己出，一令發口，上下股栗，稍不附己，其禍立至，權勢日熾，中外寒心。由是羣邪並進，如逆賊鐵失之徒，名爲義子，實其腹心，忠良屏迹，坐待收繫。先帝悟其姦惡，仆碑奪爵，籍沒其家，終以遺患，構成弒逆。其子鎖南，親與逆謀，所由來者漸矣，雖剖棺戮尸，夷滅其家，猶不足以塞責。今復回給所籍家產，諸子尚在京師，夤緣再入宿衛。世祖時，阿合馬貪殘敗事，雖死猶正其罪，況如鐵木迭兒之姦惡者哉！臣等議：宜遵成憲，仍籍鐵木迭兒家產，遠竄其子孫外郡，以懲大姦。

君父之讎，不共戴天，所以明綱常、別上下也。鐵失之黨，結謀弒逆，君相遇害，天下之人，痛心疾首，所不忍聞。比奉旨：「以鐵失之徒既伏其辜，諸王按梯不花、孛羅、月魯鐵木兒、曲呂不花、兀魯思不花，亦已流竄，逆黨脅從者衆，何可盡誅。後之言事者，其勿復舉。」臣等議：古法，弑逆，凡在官者殺無赦。聖朝立法，强盜劫殺庶民，其同情者猶且首從俱罪，況弑逆之黨，天地不容，宜誅按梯不花之徒，以謝天下。

書曰：惟辟作福，惟辟作威。臣無有作福作威，臣而有作福作威，害于而家，凶于而國。蓋生殺與奪，天子之權，非臣下所得盜用也。遼王脫脫，位冠宗室，居鎮遼東，屬任非輕，國家不幸，有非常之變，不能討賊，而乃覬幸赦恩，報復讎忿，殺親王妃主百餘人，分其羊馬畜產，殘忍骨肉，盜竊主權，聞者切齒。今不之罪，乃復厚賜放還，仍守爵土，臣恐國之紀綱，由此不振。設或效尤，何法以治！且遼東地廣，素號重鎮，若使脫脫久居，彼旣縱肆，將無忌憚，況令死者含寃，感傷和氣。臣等議：累朝典憲，聞赦殺人，罪在不原，宜奪削其爵土，置之他所，以彰天威。

刑以懲惡，國有常憲。武備卿卽烈，前太尉不花，以累朝待遇之隆，俱致高列，不思補報，專務姦欺，詐稱奉旨，令鷹師强收鄭國寶妻古哈，貪其家人畜產，自恃權貴，莫敢如何。事聞之官，刑曹逮鞫服實，竟原其罪。輦轂之下，肆行無忌，遠在外郡，何事不爲！夫京師，天下之本，縱惡如此，何以爲政！古人有言，一婦銜寃，三年不雨，以此論之，卽非細務。臣等議：宜以卽烈、不花，付刑曹鞫之。

中賣寶物，世祖時不聞其事，自成宗以來，始有此弊。分珠寸石，售直數萬，當時民懷憤怨，臺察交言，且所酬之鈔，率皆天下生民膏血，錙銖取之，從以捶撻，何其用之不吝！夫以經國有用之寶，而易此不濟饑寒之物，又非有司聘要和買，大抵皆時貴與斡脫中寶之人，妄稱呈獻，冒給回賜，高其直且十倍，蠶蠹國財，暗行分用。如沙不丁之徒，頃以增價中寶事敗，具存吏牘。陛下卽位之初，首知其弊，下令禁止，天下欣幸。臣等比聞中書乃復奏給累朝未酬寶價四十餘萬錠，較其元直，利已數倍，有事經年遠者三十餘萬錠，復令給以市舶番貨，計今天下所徵包銀差發，歲入止十一萬錠，已是四年徵入之數，比以經費弗足，急於科徵。臣等議：番舶之貨，宜以資國用、紓民力，寶價請俟國用饒給之日議之。

太廟神主，祖宗之所妥靈，國家孝治天下，四時大祀，誠爲重典。比者仁宗皇帝、皇后神主，盜利其金而竊之，至今未獲。斯乃非常之事，而捕盜官兵，不聞杖責。臣等議：庶民失盜，應捕官兵，尚有三限之法；監臨主守，倘失官物，亦有不行知覺之罪。今失神主，宜罪太常，請揀其官屬免之。

國家經賦，皆出於民，量入爲出，有司之事。比者建西山寺，損軍害民，費以億萬計；刺繡經幡，馳驛江浙，逼迫郡縣，雜役男女，動經年歲，窮奢致怨。近詔雖已罷之，又聞姦人乘間奏請，復欲興修，流言喧播，羣情驚駭。臣等議：宜守前詔，示民有信，其創造、刺繡事，非歲用之常者，悉罷之。

人有寃抑，必當昭雪，事有枉直，尤宜明辨。平章政事蕭拜住、中丞楊朶兒只等，枉遭鐵木迭兒誣陷，籍其家，以分賜人，聞者嗟悼。比奉明詔，還給元業，子孫奉祀家廟，修葺苟完，未及寧處，復以其家財仍賜舊人，止酬以直，卽與再罹斷沒無異。臣等議：宜如前詔，以元業還之；量其直以酬後所賜者，則人無寃憤矣。

德以出治，刑以防姦。若刑罰不立，奸宄滋長，雖有智者，不能禁止。比者也先鐵木兒之徒，遇朱太醫妻女故省門外，强拽以入，姦宿館所。事聞，有司以扈從上都爲解，竟弗就鞫。輦轂之下，肆惡無忌，京民憤駭，何以取則四方！臣等議：宜遵世祖成憲，以姦人命有司鞫之。臣等又議：天下囚繫，寃滯不無，方今盛夏，宜命省臺選官審錄，結正重刑，疏決輕繫，疑者申聞詳讞。邊鎭利病，宜命行省、行臺體究興除，廣海鎭戍卒更病者，給粥食藥；力死者，人給鈔二十五貫，責所司及同鄉者，歸骨於其家。

歲貢方物有常制。廣州東莞縣大步海及惠州珠池，始自大德元年，姦民劉進、程連言利，分蜑戶七百餘家，官給之糧，三年一採，僅獲小珠五兩六兩，入水爲蟲魚傷死者衆，遂罷珠戶爲民。其後同知廣州路事塔塔兒等，又獻利於失列門，創設提舉司監採，廉訪司言其擾民，復罷歸有司。既而內正少卿魏暗都剌，冒啓中旨，馳驛督採，耗廩食，疲民驛，非舊制，請悉罷遣歸民。

善良死於非命，國法當爲昭雪。鐵失弒逆之變，學士不花、指揮不顏忽里、院使禿古思，皆以無罪死，未褒贈；鐵木迭兒專權之際，御史徐元素以言事鎖項死東平，及賈禿堅不花之屬，皆未申理。臣等議：宜追贈死者，優敍其子孫，且命刑部及監察御史，體勘其餘有寃抑者，具實以聞。

政出多門，古人所戒。今內外增置官署，員冗俸濫，白丁驟陞出身，入流壅塞日甚，軍民俱蒙其害。夫爲治之要，莫先於安民；安民之道，莫急於除濫費、汰冗員。世祖設官分職，俱有定制。至元三十年已後，改陞創設，日積月增，雖嘗奉旨取勘減降，近侍各私其署，夤緣保祿，姑息中止。至英宗時，始銳然減罷崇祥、壽福院之屬十有三署，徽政院斷事官、江淮財賦之屬六十餘署，不幸遭罹大故，未竟其餘。比奉詔：凡事悉遵世祖成憲。若復循常取勘，調虛文，延歲月，必無實效，卽與詔旨異矣。臣等議：宜敕中外軍民，署置官吏，有非世祖之制，及至元三十年已後改陞創設員冗者，詔格至日，悉減併除罷之；近侍不得巧詞復奏，不該常調之人亦不得濫入常選，累朝斡耳朶所立長秋、承徽、長寧寺及邊鎭屯戍，別議處之。

自古聖君，惟誠於治政，可以動天地、感鬼神，初未嘗徼福於僧道，以厲民病國也。且以至元三十年言之，醮祠佛事之目，止百有二；大德七年，再立功德使司，積五百有餘，今年一增其目，明年即指爲例，已倍四之上矣。僧徒又復營幹近侍，買作佛事，指以算卦，欺昧奏請，增修布施莽齋，自稱特奉、傳奉，所司不敢較問，供給恐後。況佛以清淨爲本，不奔不欲，而僧徒貪慕貨利，自違其教，一事所需，金銀鈔幣不可數計，歲用鈔數千萬錠，數倍於至元間矣。凡所供物，悉爲己有，布施等鈔，復出其外，生民脂膏，縱其所欲，取以自利，畜養妻子，彼既行不修潔，適足褻慢天神，何以要福！比年佛事愈繁，累朝享國不永，致災愈速，事無應驗，斷可知矣。臣等議：宜罷功德使司，其在至元三十年以前及累朝忌日醮祠佛事名目，止令宣政院主領修舉，餘悉減罷；近侍之屬，並不得巧計擅奏，妄增名目；若有特奉、傳奉，從中書復奏乃行。

古今帝王治國理財之要，莫先於節用，蓋侈用則傷財，傷財必至於害民；國用匱而重斂生，如鹽課增價之類，皆足以厲民矣。比年游惰之徒，妄投宿衞部屬及宦者、女紅、太醫、陰陽之屬，不可勝數，一人收籍，一門蠲復，一歲所請衣馬芻糧，數十戶所徵入不足以給之，耗國損民爲甚。臣等議：諸宿衞宦女之屬，宜如世祖時支請之數給之，餘悉簡汰。

闊端赤牧養馬駝，歲有常法，分布郡縣，各有常數，而宿衞近侍，委之僕御，役民放牧。始至，即奪其居，俾飲食之，殘傷桑果，百害蠭起；其僕御四出，無所拘鈐，私鬻芻豆，瘠損馬駝。大德中，始責州縣正官監視，蓋暖棚、團槽櫪以牧之。至治初，復散之民間，其害如故。監察御史及河間路守臣屢言之。臣等議：宜如大德團槽之制，正官監臨，閱視肥瘠，拘鈐宿衞僕御，著爲令。

兵戎之興，號爲凶器，擅開邊釁，非國之福；蠻夷無知，少梗王化，得之無益，失之無損。至治三年，參卜郎盜，始者劫殺使臣，利其財物而已；至用大師，期年不戢，傷我士卒，費國資糧。臣等議：好生惡死，人之恒性。宜令宣政院督守將嚴邊防，遣良使抵巢招諭；簡罷冗兵，明敕邊吏謹守禦，勿生事，則遠人格矣。

天下官田歲入，所以贍衞士，給戍卒。自至元三十一年以後，累朝以是田分賜諸王、公主、駙馬，及百官、宦者、寺觀之屬，遂令中書酬直海漕，虛耗國儲。其受田之家，各任土著姦吏爲莊官，催甲斗級，巧名多取；又且驅迫郵傳，徵求餼廩，折辱州縣，閉償逋負，至倉之日，變鬻以歸。官司交忿，農民窘竄。臣等議：惟諸王、公主、駙馬、寺觀，如所與公主桑哥剌吉及普安三寺之制，輸之公廩，計月直折支以鈔，令有司兼令輸之省部，給之大都；其所賜百官及宦者之田，悉拘還官，著爲令。

國家經費，皆取於民。世祖時，淮北內地，惟輸丁稅，鐵木迭兒爲相，專務聚斂，遣使括勘兩淮、河南田土，重併科糧；又以兩淮、荆襄沙磧作熟收徵，徼名興利，農民流徙。臣等議：宜如舊制，止徵丁稅，其括勘重併之糧，及沙磧不可田畝之稅，悉除之。世祖之制：凡有田者悉役之，民典賣田，隨收入戶。鐵木迭兒爲相，納江南諸寺賄賂，奏令僧人買民田者，毋役之以里正主首之屬，逮今流毒細民。臣等議：惟累朝所賜僧寺田及亡宋舊業，如舊制勿徵；其僧道典買民田及民間所施產業，宜悉役之，著爲令。

僧道出家，屏絕妻孥，蓋欲超出世表，是以國家優視，無所徭役，且處之宫寺，宜清淨絕俗爲心，誦經祝壽。比年僧道往往畜妻子，無異常人，如蔡道泰、班講主之徒，傷人逞欲、壞教干刑者，何可勝數！俾奉祠典，豈不褻天瀆神！臣等議：僧道之畜妻子者，宜罪以舊制，罷遣爲民。

賞功勸善，人主大柄，豈宜輕以與人。世祖臨御三十五年，左右之臣，雖甚愛幸，未聞無功而給一賞者。比年賞賜汎濫，蓋因近侍之人，窺伺天顏喜悅之際，或稱乏財無居，或稱嫁女取婦，或以技物呈獻，殊無寸功小善，遞互奏請，要求賞賜回奉，奄有國家金銀珠玉，及斷沒人畜產業。似此無功受賞，何以激勸，既傷財用，復啓倖門。臣等議：非有功勳勞效著明實蹟，不宜加以賞賜，乞著爲令。

臣等所言：弑逆未討、姦惡未除、忠憤未雪、寃枉未理、政令不信、賞罰不公、賦役不均、財用不節、民怨神怒，皆足以感傷和氣。惟陛下裁擇，以答天意，消弭災變。

帝不從。珪復進曰：「臣聞日食修德，月食修刑，應天以實不以文，動民以行不以言，刑政失平，故天象應之。惟陛下矜察，允臣等議，乞悉行之。」帝終不能從。

未幾，珪病增劇，非扶掖不能行。有詔：常見免拜跪，賜小車，得乘至殿門下。帝始開經筵，令左丞相與珪領之，珪進翰林學士吳澄等，以備顧問。自是辭位甚力，猶封蔡國公，知經筵事，別刻蔡國公印以賜。泰定二年夏，得旨暫歸。

三年春，上遣使召珪，期於必見。珪至，帝曰：「卿來時，民間如何？」對曰：「臣老，少賓客，不能遠知，眞定、保定、河間，臣鄉里也，民饑甚，朝廷雖賑以金帛，惠未及者十五六，惟陛下念之。」帝惻然，敕有司畢賑之。拜翰林學士承旨、知制誥兼修國史，國公、經筵如故。帝察其誠病，命養疾西山，繼得旨還家。

未幾，起珪商議中書省事，以疾不起。四年十二月薨，遺命上蔡國公印。珪嘗自號曰澹菴。子六人。

李孟

李孟字道復，潞州上黨人。曾祖執，金末舉進士。〔六〕祖昌祚，歸朝，授金符、潞州宣撫使。父唐，歷仕秦、蜀，因徙居漢中。

孟生而敏悟，七歲能文，倜儻有大志，博學强記，通貫經史，善論古今治亂，開門授徒，遠近爭從之。一時名人商挺、王博文，皆折行輩與交。郭彥通名能知人，嘗語唐曰：「此兒骨相異常，宰輔之器也。」至元十四年，隨父入蜀，行省辟爲掾，不赴；調晉原縣主簿，又辭；行御史臺交薦之，亦不就。後以事至京師，中書右丞楊吉丁一見奇之，薦于裕宗，得召見東宮。未幾，裕宗薨，不及擢用。

成宗立，首命採訪先朝聖政，以備史官之紀述，陝西省使孟討論編次，乘驛以進。時武宗、仁宗皆未出閤，徽仁裕聖皇后求名儒輔導，有薦者曰：「布衣李孟有宰相才，宜令爲太子師傅。」大德元年，武宗撫軍北方，仁宗留宮中，孟日陳善言正道，多所進益。成宗聞而嘉之，詔授太常少卿，執政以孟未嘗一造其門，沮之不行，改禮部侍郎，命亦中止。

仁宗侍昭獻元聖皇后降居懷州，又如官山，孟常單騎以從，在懷州四年，誠節如一，左右化之，皆有儒雅風，由是上下益親。每進言曰：「堯、舜之道，孝悌而已矣。今大兄在朔方，大母有居外之憂，殿下當迎奉意旨以娛樂之，則孝悌之道皆得矣。」仁宗深納其言，日問安視膳，婉容愉色，天下稱孝焉。有暇，則就孟講論古先帝王得失成敗，及君君臣臣父父子子之義。孟特善論事，忠愛懇惻，言之不厭，而治天下之大經大法，深切明白。厥後仁宗入清內難，敬事武皇，篤孝母后，端拱以成太平之功，文物典章，號爲極盛。嘗與羣臣語，握拳示之曰：「所重乎儒者，爲其握持綱常，如此其固也。」其講學之功如此者，實孟啓之也。

成宗崩，安西王阿難答謀繼大統，成后爲之主，丞相、樞密同聲附和。中書（左）〔右〕丞相哈剌哈孫答剌罕密使來告，〔七〕仁宗疑而未行。孟曰：「支子不嗣，世祖之典訓也。今宮車晏駕，大太子遠在萬里，宗廟社稷危疑之秋，殿下當奉大母，急還宮庭，以折奸謀、固人心。不然，國家安危，未可保也。」仁宗猶豫未決。孟復進曰：「邪謀得成，以一紙書召還，則殿下母子且不自保，豈暇論宗族乎！」仁宗悅，曰：「先生之言，宗廟社稷之福。」乃奉太后還都。

時哈剌哈孫稱病堅臥，仁宗遣孟往問之，適成后使人問疾，絡繹不絕。孟入，長揖而坐，已而前引其手，診其脈，衆以爲醫，乃不疑之。既得知安西王卽位有日，還告曰：「事急矣！先發者制人，後發者制於人，不可不早圖之。」左右之人皆不能決，惟曲出、伯鐵木兒勸其行。或曰：「皇后深居九重，八璽在手，四衞之士，一呼而應者累萬；安西王府中從者如林。殿下侍衞寡弱，不過數十人，兵仗不備，奮赤手而往，事未必濟。不如靜守，以俟阿合之至，然後圖之，未晚也。」阿合，中國稱兄，謂武宗也。

孟曰：「羣邪違棄祖訓，黨附中宮，欲立庶子，天命人心，必皆弗與。殿下入造內庭，以大義責之，則凡知君臣之義者，無不捨彼爲殿下用，何求而弗獲！克淸宮禁，以迎大兄之至，不亦可乎！且安西旣正位號，縱大太子至，彼安肯兩手進璽，退就藩國；必將鬭于國中，生民塗炭，宗社危矣。且危身以及其親，非孝也；遺禍難於大兄，非悌也；得時弗爲，非智也；臨機不斷，無勇也。仗義而動，事必萬全。」

仁宗曰：「當以卜決之。」命召卜人，有儒服持囊遊于市者，召之至，孟出迎，語之曰：「大事待汝而決，但言其吉。」乃入筮，遇乾三五皆九，立而獻卦曰：「是謂乾之睽。乾，剛也；睽，外也。以剛處外，乃定內也。君子乾乾，行事也。飛龍在天，上治也。輿曳牛掣，其人耏且劓，內兌廢也。厥宗筮膚，往必濟也。大君外至，明相麗也。乾而不乾，事乃睽也；剛運善斷，無惑疑也。」孟曰：「筮不違人，是謂大同，時不可以失。」仁宗喜，振袖而起，乃共扶上馬，孟及諸臣皆步從，入自延春門。哈剌哈孫自東掖來就之，至殿廊，收首謀及同惡者，悉送都獄；奉御璽，北迎武宗，中外翕然，隨以定。

仁宗監國，使孟參知政事。孟久在民間，備知閭閻幽隱，損益庶務，悉中利病，遠近無不悅服，然特抑絕僥倖，羣小多不樂，孟不爲變。事定，乃言于仁宗曰：「執政大臣，當自天子親用，今鑾輿在道，孟未見顏色，誠不敢冒當重任。」固辭弗許，遂逃去，不知所之。夏五月，武宗卽位，有言于帝曰：「內難之初定也，李孟嘗勸皇弟以自取，如彼言，豈有今日！」武宗察其誣，弗聽，仁宗亦不敢復言孟。

至大二年，仁宗爲皇太子，嘗侍帝同太后內宴，飲半，仁宗深思，戚然改容。帝顧語曰：「吾弟今日不樂，何所思邪？」仁宗從容起謝曰：「賴天地祖宗神靈，神器有歸，然成今日母子兄弟之歡者，李道復之功爲多。適有所思，不自知其變於色也。」帝甚友愛，感其言，卽命搜訪之，得之許昌陘山，遣使召之。

三年春正月，入見武宗于玉德殿，帝指孟謂宰執大臣曰：「此皇祖妣命爲朕賓師者，宜速任之。」三月，特授榮祿大夫、中書平章政事、集賢大學士，同知（樞密）〔徽政〕院事。〔八〕仁宗嗣立，眞拜中書平章政事，進階光祿大夫，推恩其三世，且諭之曰：「卿，朕之舊學，其盡心以輔朕之不及。」孟感知遇，力以國事爲己任，節賜與，重名爵，覈太官之濫費，汰宿衞之冗員。貴戚近臣，惡其不便於己，而心服其公，無間言焉。

司空、司徒、太尉，古之三公，自大德以來，封拜繁多；釋、老二教，設官統治，權抗有司，撓亂政事，僧道尤苦其擾。孟言：「人君之柄，在賞與刑，賞一善而天下勸，罰一惡而天下懲，柄乃不失。所施失當，不足勸懲，何以爲治！僧、道士既爲出世法，何用官府繩治！」乃奏雪寃死者，復其官蔭；濫冒名爵者，悉奪之；罷僧道官。天下稱快。

仁宗初出居懷，深見吏弊，欲痛剗除之。孟進言曰：「吏亦有賢者，在乎變化激厲之而已。」帝曰：「卿儒者，宜與此曹氣類不合，而曲相護祐如此，眞長者之言。卿在朕前，惟舉人所長，而不斥其短，尤朕所深嘉也。」時承平日久，風俗奢靡，車服僭擬，上下無章，近臣恃恩，求請無厭。時宰不爲裁制，乃更相汲引，望幸恩賜，耗竭公儲，以爲私惠。孟言：「貴賤有章，所以定民志；賜與有節，所以勸臣下。請各爲之限制。」帝皆從之。

孟在政府，雖多所補益，而自視常若不及，嘗因間請曰：「臣學聖人道，遭遇陛下，陛下堯、舜之主也。臣不能使天下爲堯、舜之民，上負陛下，下負所學，乞解罷政權，避賢路。」帝曰：「朕在位，必卿在中書，朕與卿相與終始，自今其勿復言。」繼賜爵秦國公，帝親授以印章，命學士院降制。又圖其像，敕詞臣爲之贊，及御書「秋谷」二字，識以璽而賜之。入見，必賜坐，語移時，稱其字而不名，其見尊禮如此。

帝嘗語近臣曰：「道復以道德相朕，致天下蒙澤。」賜之鈔十萬貫，令將作爲治第。孟辭曰：「臣布衣際遇，所望於陛下者，非富貴之謂也。」悉辭不受。皇慶元年正月，授翰林學士承旨、知制誥兼修國史，仍平章政事。未幾，請告歸葬其父母，帝勞餞之曰：「事訖，宜速還，毋久留，孤朕所望！」十二月，入朝，帝大悅，慰勞甚至，因請謝事，優詔不允；請益堅，乃命以平章政事議中書省事，承旨翰林。二年夏，乞還國公印，奏三上，始如所請。帝每與孟論用人之方，孟曰：「人材所出，固非一途，然漢、唐、宋、金，科舉得人爲盛。今欲興天下之賢能，如以科舉取之，猶勝於多門而進；然必先德行經術，而後文辭，乃可得眞材也。」帝深然其言，決意行之。

延祐元年十二月，復拜平章政事。二年春，命知貢舉，及廷策進士，爲監試官。七月，進金紫光祿大夫、上柱國，改封韓國公，職任如故。已而以衰病不任事，乞解政權歸田里，帝不得已從所請，復爲翰林學士承旨，入侍宴閒，禮遇尤厚。

延祐七年，仁宗崩，英宗初立，太師鐵木迭兒復相，以孟前共政時不附己，讒搆誣謗，盡收前後封拜制命，降授集賢侍講學士、嘉議大夫，度其必辭，因中害之。孟拜命欣然，適翰林學士劉賡來慰問，卽與同入院。宣徽使以聞曰：「李孟今日供職，舊例當賜酒。」帝愕然曰：「李道復乃肯俯就集賢耶？」時鐵木迭兒子八爾吉思侍帝側，帝顧謂曰：「爾輩謂彼不肯爲是官，今定何如！」由是讒不得行。嘗語人曰：「老臣待罪中書，無補于國，聖恩寬宥，不奪其祿，今老矣，其何以報稱！」帝聞而善之，恩意稍加。至治(九)〔元〕年卒。〔九〕御史累章辨其誣，詔復元官。至治中，〔一〇〕贈舊學同德翊戴輔治功臣、太保、儀同三司、上柱國，(進)〔追〕封魏國公，〔二〕謚文忠。

孟宇量閎廓，材略過人，三入中書，民間利害，知無不言，引古證今，務歸至當。士無貴賤，苟賢矣，不進拔不已。遊其門者，後皆知名。退居一室，蕭然如布衣。爲文有奇氣，其論必主於理，其獻納謀議，常自毀其藁，家無幾存。皇慶、延祐之世，每一政之繆，人必以爲鐵木迭兒所爲；一令之善，必歸之於孟焉。子獻，御史中丞、同知經筵事。

張養浩

張養浩字希孟，濟南人。幼有行義，嘗出，遇人有遺楮幣于途者，其人已去，追而還之。年方十歲，讀書不輟，父母憂其過勤而止之，養浩晝則默誦，夜則閉戶，張燈竊讀。山東按察使焦遂聞之，薦爲東平學正。游京師，獻書于平章不忽木，大奇之，辟爲禮部令史，仍薦入御史臺。一日病，不忽木親至其家問疾，四顧壁立，歎曰：「此眞臺掾也。」及爲丞相掾，選授堂邑縣尹。人言官舍不利，居無免者，竟居之。首毀淫祠三十餘所，罷舊盜之朔望參者，曰：「彼皆良民，饑寒所迫，不得已而爲盜耳；既加之以刑，猶以盜目之，是絕其自新之路也。」衆盜感泣，互相戒曰：「毋負張公。」有李虎者，嘗殺人，其黨暴戾爲害，民不堪命，舊尹莫敢詰問。養浩至，盡寘諸法，民甚快之。去官十年，猶爲立碑頌德。

仁宗在東宮，召爲司經，未至，改文學，拜監察御史。初，議立尚書省，養浩言其不便；既立，又言變法亂政，將禍天下。臺臣抑而不聞，乃揚言曰：「昔桑哥用事，臺臣不言，後幾不免。今御史既言，又不以聞，臺將安用！」時武宗將親祀南郊，不豫，遣大臣代祀，風忽大起，人多凍死。養浩于祀所揚言曰：「代祀非人，故天示之變。」大違時相意。

時省臣奏用臺臣，養浩歎曰：「尉專捕盜，縱不稱職，使盜自選可乎？」遂疏時政萬餘言：一曰賞賜太侈，二曰刑禁太疏，三曰名爵太輕，四曰臺綱太弱，五曰土木太盛，六曰號令太浮，七曰倖門太多，八曰風俗太靡，九曰異端太横，十曰取相之術太寬。言皆切直，當國者不能容。遂除翰林待制，復搆以罪罷之，戒省臺勿復用。養浩恐及禍，乃變姓名遁去。

尚書省罷，始召爲右司都事。在堂邑時，其縣達魯花赤嘗與之有隙，時方求選，養浩爲白宰相，授以美職。遷翰林直學士，改祕書少監。延祐初，設進士科，遂以禮部侍郎知貢舉，進士詣謁，皆不納，但使人戒之曰：「諸君子但思報效，奚勞謝爲！」擢陝西行臺治書侍御史，改右司郎中，拜禮部尚書。

英宗卽位，命參議中書省事，會元夕，帝欲於內庭張燈爲鼇山，卽上疏于左丞相拜住。拜住袖其疏入諫，其略曰：「世祖臨御三十餘年，每值元夕，閭閻之間，燈火亦禁；況闕庭之嚴，宮掖之邃，尤當戒愼。今燈山之搆，臣以爲所翫者小，所繫者大；所樂者淺，所患者深。

伏厩，以崇儉慮遠爲法，以喜奢樂近爲戒。」帝大怒，既覽而喜曰：「非張希孟不敢言。」即罷之，仍賜尙服金織幣一、帛一，以旌其直。後以父老，棄官歸養，召爲吏部尙書，不拜。丁父憂，未終喪，復以吏部尙書召，力辭不起。泰定元年，以太子詹事丞兼經筵說書召，又辭；改淮東廉訪使，進翰林學士，皆不赴。

天曆二年，關中大旱，饑民相食，特拜陝西行臺中丞。既聞命，卽散其家之所有與鄉里貧乏者，登車就道，遇餓者則賑之，死者則葬之。道經華山，禱雨于嶽祠，泣拜不能起，天忽陰翳，一雨二日。及到官，復禱于社壇，大雨如注，水三尺乃止，禾黍自生，秦人大喜。時斗米直十三緡，民持鈔出糴，稍昏卽不用，詣庫換易，則豪猾黨蔽，易十與五，累日不可得，民大困。乃檢庫中未毀昏鈔文可驗者，得一千八十五萬五千餘緡，悉以印記其背，又刻十貫、伍貫爲券，給散貧乏，命米商視印記出糶，詣庫驗數以易之，於是吏弊不敢行。又率富民出粟，因上章請行納粟補官之令。聞民間有殺子以奉母者，爲之大慟，出私錢以濟之。

到官四月，未嘗家居，止宿公署，夜則禱于天，晝則出賑饑民，終日無少怠。每一念至，卽撫膺痛哭，遂得疾不起，卒年六十。關中之人，哀之如失父母。至順二年，贈攄誠宣惠功臣、榮祿大夫、陝西等處行中書省平章政事、柱國，追封濱國公，謚文忠。二子：彊、引，彊先卒。

敬儼

敬儼字威卿，其先河東人，後徙易水。五世祖嗣徽，仕金官至參知政事；曾祖子淵，樂陵令；祖鑑，同知嵩州事。皆以進士起家。父元長，有學行，官至太常博士。儼其仲子也，幼不爲嬉戲事，長嗜學，善屬文，御史中丞郭良弼薦爲殿中知班，著憲章若干卷。受知於廣平王月呂祿那演，連辟太傅、太師兩府掾，調高郵縣尹，未赴，選充中書省掾。朱清、張瑄爲海運萬戶，豪縱不法，適儼典其文牘，嘗致厚賂，儼怒拒之，二人以罪伏誅，權貴多以賄敗連坐，獨儼不與。

大德二年，授吏部主事，改集賢司直。會湖湘有警，丞相哈剌哈孫答剌罕奏儼奉詔恤民，且覘釁，甚稱旨意。六年，擢禮部員外郎，有故郡守子，當以廕補官，繼母訴其非嫡者，儼察其誣，按之，果如所言。

七年，拜監察御史。時省臣有既黜而復收用者，參預官巧佞，與相比周，以黷貨撓法，儼即日劾去之。江浙行省與浙西憲司交章相攻擊，事聞，命省臺遣官往治之，儼與阿思蘭海牙偕行，議多不合，兩上之，朝廷卒是儼議。七月，遷中書左司都事，扈從上京。西京賈人有以運糧供餉北邊而得官者，盜用至數十萬石，以利啗主者，匿不發，儼按徵之以輸邊。

九年，授吏部郎中，以父病辭，已而父卒，既終喪，復入御史臺爲都事。中丞何某與執政有隙，省議欲罷臺選之當否，儼曰：「邇者，省除吏千餘人，臺亦當分別之邪？」語聞，議遂寢。江南行御史臺與江浙省爭政，事聞，儼曰：「省臺政事，風化本原，各宜盡職，顧乃以小故忿爭，而瀆上聽乎！」建康路總管侯珪，貪縱事敗，儼亟遣官決其事，及其夤緣近倖，奏請原之，命下，已無及矣。

武宗撫軍北邊，成宗昇遐，宰臣有異謀者，事定，命儼預鞫問之，悉得其情。除山北廉訪副使，入爲右司郎中。武宗臨御，湖廣省臣有僞爲警報，馳驛入奏，以圖柄用者，儼面詰之曰：「汝守方面，既有警，豈得離職，是必虛誕耳。」其人竟以狀露被斥。旱蝗爲災，民多因饑爲盜，有司捕治，論以眞犯。獄既上，朝議互有從違，儼曰：「民饑而盜，迫於不得已，非故爲也。且死者不可復生，宜在所矜貸。」用是得減死者甚衆。

至大元年，授左司郎中，擢江南諸道行御史臺治書侍御史。先是，儼以議立尚書省，忤宰臣意，適兩淮鹽法久滯，乃左遷儼爲轉運使，欲以陷之。比至，首劾場官之貪污者，法既大行，課復增羨至二十五萬引。河南行省參政來會鹽筴，將以羨數爲歲入常額。儼以亭戶凋弊已甚，以羨爲額，民力將殫，病人以爲己，非宰臣事，事遂止。仁宗踐阼，召爲戶部尚書，廷議欲革尚書省弊政，儼言：「遽罷錢不用，恐細民失利。」不從，以疾辭。

皇慶元年，除浙東道廉訪使。有錢塘退卒，詐服僧衣，稱太后旨，建婺州雙谿石橋，因大興工役以病民。徽命有司發其奸贓，杖遣之，仍請奏罷其役。郡大火，焚數千家，徽令發廩以賑貧餒。取憲司廢堂材木及諸路學廩之羨者，建孔子廟。

二年，拜江西等處行中書省參知政事。舊俗，民有爭，往往越訴于省，吏得並緣爲奸利，訟以故繁。徽令下省府，非有司，不得侵民，訟事遂簡。詔設科舉，徽薦臨川吳澂、金陵楊剛中爲考試官，得人爲多。其年冬，移疾退居眞州。除江南諸道行御史臺侍御史，不赴。

四年春，〔二〕詔促就前職，以疾辭。七月，召爲侍御史；十月，遷太子副詹事，御史大夫脫歡答剌罕奏留之，制曰「可」。湖廣省臣以贓敗，徽一日五奏，卒正其罪。臺臣有劾去而復職者，御史復劾之，章再上，有旨命丞相、樞密共決之。徽曰：「如是，則臺事去矣。」遂卽帝前奏黜之，因伏殿上，叩頭請代。帝諭之曰：「事非由汝，汝其復位。」

五年夏五月，拜中書參知政事，臺臣復奏留之，徽亦陛辭，不允。賜大學衍義及所服犀帶。每入見，帝以字呼之，曰威卿而不名，其見禮遇如此。舊制，諸院及寺監，得奏除其僚屬者，歲久多冒濫，富民或以賂進，有至大官者。徽以名爵當愼惜，會臺臣亦以爲言，乃奏請悉追奪之，遂著爲令。六年，告病，賜衣一襲，遣醫視療。徽以其鄉在近圻，恐復徵用，乃徙居淮南，雖親故，皆不接見。

至治元年，除陝西諸道行御史臺中丞。泰定元年，改江南諸道行御史臺中丞。皆不赴。年六十五，卽告老，朝廷雖命其子自强爲安慶總管府判官，而未從其請。四年春，遣使賜酒，徵爲集賢大學士、榮祿大夫，商議中書省事。儼令使者先返，而挈家歸易水。九月，帝特署爲中政院使，復賜酒，召之，乃輿疾入見，賜食慰勞，親爲差吉日使視事，命朝會日無下拜；是月，拜中書平章政事，復以老病辭，不從。

天曆改元，朝議欲盡戮朝臣之在上京者，儼抗論，謂是皆循常歲例從行，殺之非罪。衆賴之獲免。居月餘，傷足，告歸。家居十餘年，痹不能行，猶劬書不廢。臨終，戒子弟曰：「國恩未報，而至不祿，奈何！汝曹當淸白守恒業，無急仕進。」正冠幘，端坐而逝。贈翰林學士承旨、光祿大夫、柱國，封魯國公，謚文忠。

自强，朝散大夫、禮部員外郞。儼有詩文若干卷，藏於家。叔祖鉉，與太原元好問同登金進士第，國初爲中都提學，著春秋備忘四十卷，仁宗朝命刻其書，今行于世。

校勘記

〔一〕珪得（監）〔鹽〕司奸利事　據道園學古錄卷一八張珪墓誌銘改。按後文文意，「監」當作「鹽」自明。

〔一〇〕至治中　按黃金華集卷二三李孟行狀、至正集卷三五秋谷文集序皆以封贈者爲順帝，而兩文皆作于至正八年。疑「至治」爲「至正」之誤。

〔一一〕（進）〔追〕封魏國公　據黃金華集卷二三李孟行狀、至正集卷三五秋谷文集序改。蒙史已校。

〔一二〕四年春　本證云：「上脫延祐二字。」按前文有皇慶元年、二年，後文有五年，皇慶、至治間自爲延祐。道光本增「延祐」二字。

〔二〕用（太皇）〔皇太〕后旨　道光本與道園學古錄卷一八張珪墓誌銘合，從改正。

〔三〕延祐二年拜中書平章政事　續通鑑皇慶二年正月丁未條考異云：「道園學古錄撰張珪墓誌銘，以珪拜平章政事在延祐二年，此誤也。珪在中書，請清中書之務，在皇慶二年正月，至五月已去位。延祐中，珪未嘗復出，以太后惡之也，安得有延祐二年拜平章之事！此蓋以皇慶、延祐同爲仁宗紀年，道園誤認二年爲延祐。元史本傳祇以誌銘爲據，不復詳考矣。宰相表作皇慶二年正月，當得其實。本紀系于元年十二月李孟致仕之後，疑因珪代李孟而連書之也。」

〔四〕（卿）〔鄉〕別時卿父無病　據道園學古錄卷一八張珪墓誌銘改。蒙史、新元史已校。

〔五〕而情義猶可昭白　按道園學古錄卷一八張珪墓誌銘「情義」作「清議」，較長。

〔六〕曾祖執金末舉進士　按此傳原本當據黃金華集卷二三李孟行狀，行狀原作「金末舉進士不第」。中庵集卷六李唐神道碑亦云「祖考諱執」，「嘗事科舉弗利，輒棄去」。疑此處有脫文。

〔七〕中書（左）〔右〕丞相哈剌哈孫答剌罕　據本書卷一三七哈剌哈孫傳、卷一一二宰相年表改。元書已校。

〔八〕同知（樞密）〔徽政〕院事　據黃金華集卷二三李孟行狀、本書卷二三武宗紀至大三年正月乙酉條改。

〔九〕至治（九）〔元〕年卒　道光本與黃金華集卷二三李孟行狀合，從改。按至治僅有三年。